=22.4.2003.=

dear Ann,

a real souvenir from Groningen!

love,

Ward

A HEBREW ALEXANDER ROMANCE

# HEBREW LANGUAGE AND LITERATURE SERIES

Edited by

W. Jac. van Bekkum

STYX
PUBLICATIONS
GRONINGEN
1994

# HEBREW LANGUAGE AND LITERATURE SERIES

## Volume 1

A Hebrew Alexander Romance
according to MS Héb. 671.5
Paris, Bibliothèque Nationale

W. Jac. van Bekkum

**STYX**
PUBLICATIONS
GRONINGEN
1994

Copyright © 1994 W. Jac. van Bekkum
Copyright © 1994 STYX Publications, Groningen

ISBN 90 72371 62 3
ISSN 1381–2564
CIP

STYX Publications
Postbus 2659
9704 CR GRONINGEN
THE NETHERLANDS
Tel. 050–717502
Fax 050–733325
E-mail: 100326.3603@CompuServe.Com

**CONTENTS**

Introduction

| | |
|---|---|
| Hebrew text and Translation | 1 |
| Annotations | 159 |
| Indices | 169 |
|   I  Personal Names | 169 |
|   II  Geographical Names | 173 |
|   III  Terminology | 178 |
| Selective Subject Index | 181 |

## Introduction

This book represents a critical edition of the Alexander Romance found in MS Héb. 671.5 (to which I refer as MS Paris) from the Bibliothèque Nationale in Paris.[1] The text of this Alexander Romance has been published previously by Israel Lévi in 1886, but is urgently in need of re-edition.[2] The majority of medieval legends about the life of Alexander the Great is based upon the Greek *Pseudo- Callisthenes*, a composition which contributed enormously to the spread and popularity of the Alexander Romance all over the world during the Middle Ages.[3] The *Pseudo-Callisthenes* was already translated into Latin in the fourth century by Julius Valerius as *Res gestae Alexandri Macedonis*, from the ninth century known in an abridged version as *Iulii Valerii Epitome*,[4] but its influence was surpassed by the translation of Leo, the Archpresbyter of Naples, around the year 960, entitled *Nativitas et victoria Alexandri Magni regis*. Its second recension under the well-known title *Historia de Preliis Alexandri Magni* (rec. I[2]) came into being during the late eleventh or early twelfth century and is the source of most of the medieval Hebrew Alexander Romances.[5]

Also MS Paris is based upon the I[2] recension of the *Historia de Preliis* through a lost Arabic version. The text dates from the twelfth or thirteenth century, but there is no colophon and also the translator/copyist is unknown. The MS is in every respect closely related to the Jews' College MS, no. 145, known as MS London.[6] Both MS Paris and MS London are to some extent related to the first part of the Alexander Romance in *Sefer Yosippon*, which itself is again a translation from the same Latin source through an Arabic Alexander Romance.[7]

In comparing MS Paris with MS London it can easily be concluded that both MSS represent two different versions of a Hebrew translation of rec. I[2] through an Arabic intermediary. Both translations closely follow the Latin text in the general framework of the narrative, but they are often distinct in their wording. The London and Parisian version of the Alexander Romance show a large number of omissions and expansions throughout the story and many proper names and terms are transliterated in different forms and spellings.[8]

## 2. Some notes to the text of MS Paris

Our MS contains a complete Alexander Romance which starts in a *once upon a time* fashion: ויהי מלך אחד ממלכי מצרים ושמו נתקיבור האיש ההוא נבון וחכם

> *Once there was a king from the kings of Egypt whose name was Nectanebus and this man was clever and wise...*

The beginning words *a king from the kings* are an immediate proof of Arabic syntax according to the expression *malik min al-muluk*. Arabic influence can be detected in various ways:

1. The misunderstanding of the Arabic definite article *al* in personal names and geographical terms: אלברא המה (fol.268a,l.20 : *Brahmans*) next to אל נפריוש (fol. 261a, l.18: *Olympias*), אלימאן (fol. 250b, l.24: *Jemen*) next to אל ערק (fol. 248b, l.19: *Illyrica*) and also לור (fol. 279a, l.19: *Illyria*).
2. The replacement of the letter *peh* by *beth* as in אבולון (fol. 251b, l.15: *Apollo*), אנבלוס(fol. 256a, l.14: *Anepolus*), ברמניון (fol. 248b, l.1: *Parmenius*), באריתיה (fol. 260a, l.9: *Parthia*).
3. The representation of the Arabic letter *sad* by *sade* next to *shin* or *samekh*: רוצנאן next to רושנאן (fol. 259a, l.12 and fol. 259b, l.23: *Roxane*), צנדל next to סנדל (fol. 261b, l.16 and fol. 273b, l.25: *sandal-wood*).
4. The explicit use of Arabic words and names followed by the expression בלשון הגר(י) or בלשון הגרים (e.g., fol. 249a, l.6 and fol. 251b, l.10: *in the Arabic language*).
5. Casual Arabic terminology like לחן (fol. 251b, l.10: *melody*, *song*, compared to the term מוסיקא - *music*, erroneously defined as an Arabic word, פלספה (fol. 252b, l.3: *philosophy*), זחל (fol. 255b, l.10: *Saturnus* — mistaken as *Mercurius*), אלסלחפה (fol. 264b, l.21: *turtle* — mistaken as *frog*), אקלים (fol. 265a, l.17: *land*, *district*, originally from Greek: *klima*).
Many alternations in the contents of the Paris version are part of the attempt to free the Hebrew text from the most acute reminiscences of paganism and idolatry in the Latin text. It is likely that this tendency was found as well in the Arabic *Vorlage*. The adaptations, however, were carried out incompletely and not always successfully. We encounter Apollo, Ammon, Serapis and Jupiter as well as *the gods* against various epitheta of God such as *Creator*, *the holy Name*, *the ineffable Name* and *the highest God*. A possibly parallel translation of the Latin plural *dei* may explain the very frequent use of אלהים.

Most interesting within this context is the story of Alexander's visit to the Temple of Jerusalem (fol. 248b). This episode offers a fine opportunity to glorify the God of Israel, but its climax is put in rather vague terms: upon the criticism of his commander Parmenius as to why he bows to the High Priest, Alexander replies that he did not prostrate himself for a man, but for the Name that is engraved on the diadem on his forehead. The continuation of the text describes favours to the Jews in a political sense: the High Priest requests guarantees of freedom for Jews to bring sacrifices according to the Law of Moses and to exempt the Jews from the annual tribute once every seven years because of the שמיטה (Ex.23:10-11).

One alternation of the text illustrates that the Parisian version of the Alexander Romance originates from a western European country (like the London version and presumably also their Arabic predecessor). When Alexander has sent away the messengers of Darius it was told to Philippus that ארץ אלמניא ופרובינצא וכל ארץ המערב (fol. 245b, l.23: *Almaniya, Provinza and every country of the West*) rebelled against him, unwilling to pay the annual tribute. The Latin original of rec. $I^2$ reads: *Igitur nuntiatum est Philippo regi quod levasset arma contra eum Armenia provincia*! The deliberate change with the designation *every country of the West* points to a 'western European' tendency in the translation.[9]

Our text concludes with a confusing paragraph on Alexander's age and achievements. Apparently a second version of it has been interpolated here, though only in part because of some lacunae in the information on Alexander's dates of birth and death. The reference to a book of the kings of Media and Persia in which additional stories on Alexander are recorded, is not found in other Alexander Romances.

## 3. Edition of MS Paris

Throughout the edition of the text I have maintained the numbers of the folio's as found in the MS. Following the new edition of Hilka's *Historia Alexandri Magni* I have not employed paragraph numbering. The explanation of signs is as follows:

- -   = scribal errors
[ ]   = lacunae; conjectural additions to the Hebrew text
< >   = lacunae; conjectural additions to the English translation
{ }   = additions in the MS
---   = leap in the MS
\*    = full stop

## Notes

[1] I am most grateful to the Bibliothèque Nationale for granting me permission to study and to publish MS Héb. 671.5.

[2] cf. I. Lévi, *Sefer Toldot Alexander*, Sammelband kleiner Beiträge aus Handschriften (Kobez al Jad) II, 1886/5646; appeared separately under the title *Le Roman d'Alexandre, Texte hébreu anonyme*, Paris 1887.

[3] For a survey of the Greek and Latin sources of the medieval Alexander Romance, cf. the introduction to my edition *A Hebrew Alexander Romance according to MS London, Jews' College, no. 145*, Orientalia Lovaniensia Analecta 47, Louvain 1992, pp. 13–16.

[4] cf. B. Kübler, *Iulii Valerii Alexandri Polemi res gestae Alexandri Macedonis*, Leipzig 1888.

[5] cf. A. Hilka, *Der altfranzösische Prosa-Alexanderroman nebst dem lateinischen Original der Historia de Preliis (Rezension $J^2$)*, Halle 1920, reprint Genève 1974; A. Hilka, *Historia Alexandri Magni (Historia de Preliis) Rezension $J^2$ (Orosius-Rezension)*, Erster Teil, hrsg. von H.-J. Bergmeister, Beiträge zur klassischen Philologie, Heft 79, Meisenheim am Glan 1976; Zweiter Teil, hrsg. von R. Grossmann, Beitr. zur klass. Phil., Heft 89, 1977.

[6] For the description of their relationship, cf. note 3, p. 19.

[7] cf. D. Flusser, *Sefer Yosippon*, vol. I–II, Jerusalem 1978-81. On the relations of MS Paris and MS London to *Sefer Yosippon*, cf. note 3, pp. 27–30.

[8] cf. M. Steinschneider, *Die Hebraeischen Uebersetzungen des Mittelalters und die Juden als Dolmetscher*, Berlin 1893, pp. 900-901. The remarks of Steinschneider on the relationship between MS London as *Anonymous A* and MS Paris as *Anonymous B* seem still valid.

[9] In this respect the use of the *Spanish* word *palafrénes* (fol.262b,l.16: *horses*) is very conspicuous!

**TEXT AND TRANSLATION**

(1) ויהי מלך אחד ממלכי מצרים ושמו נתקיבור והיה האיש ההוא נבון {וחכם}
(2) [בחכמת] אצטגנינות ומשכיל במלאכת הכישוף והקסם* ובקי במלאכת (3)
המנחשים והמ[עונ]גים וראש למהירים בחכמת הרוחות ומופלג בשמוש כח
הכוכבים (4) והיה ישר דרך נאה מן המצרים ונחמד בעיני השרים וכל עם הארץ*
ויגד לו כי (5) מלך אחד ממלכי פרס ושמו ארתחשסת אסף המון רב וחיל כבד
לבוא אל ארצו (6) להלחם בו* ויהי כשמוע נתקיבור את הדבר הזה ויתיעץ
לדעת אם אמת {היה} הדבר (7) הזה לבא עליו מלך פרס* ויקח משרי עמו*
ומקריאי משרתיו* ויצו עליו ללכת (8) אל פאתי ארץ ממשלתו* ואל גלילות ערי
פרס לרגל ולחקור על הדברים האלה ולשוב (9) אליו אל נכון* ויסתר גם הוא
בחדר בית מלכותו לדרוש בחכמת הקסם ולדעת (10) את כל התוקף אל אודות
הדברים אשר שמע על מלך פרס* ויקח מכונה אחת (11) נחשת גדולה מלאה
גשמים שמורה אצלו ולקוחה בעת ידוע ומנוסה כחק (12) הקסם ההוא* ויקח
בידו כ[ף] תמרים אשר כורתה גם היא בשעת בחינה ומנוסה (13) למלאכה הזאת
וילחש על המים כמשפטו כרצותו לדעת על סתרי ההויות עד (14) שנראה אליו
בתוך מימי המכונה צורות הספינות והאניות* והמחנות הבאים (15) עליו* וישב
אל לבו ויתן דעתו לדעת מה לעשות להנצל מהרעה הזאת הבאה (16) אליו
וכעומדו מחריש והנה איש אחד מן המרגלים אשר שלח אל גלילות ארץ (17)
פרס בא ויאמר אדני המלך נתקיבור הנה ארתחשסת מלך פרס בא עליך* (18)
בחיל כבד וביד חזקה להלחם בך* ועמו עם רב ממדי ופרס ואשור וכשדים (19)
והגרים ועילם ופתרוס ושנער וחמת וכל איי הים וכל אנשי המלחמה אשר (20)
ממזרח השמש וישחק עליו המלך נתקיבור* ויאמר לו איש חלש ירא ורך הלבב*
(21) מבשר רעה וצופה קשה סורה לך נטה הלאה* מה מאד נבער מדעת כל אשר
(22) ישלחך גדולה או קטנה* ויקם נקתניבור וילך אל חדר המפתרים אשר לו
ויקח (23) דונג ויעש ממנו צורת אוניות ופרשים ואנשי מלחמה וישליכם אל
המים* (24) אשר במכונה ויקח כף תמרים אשר בידו וילחש בקסמיו לדעת מה
יהיה (25) באחרונה* ויגידו לו קסמיו ויכר מתוך הנחושים אשר עשה כי אלילי
מצרים אשר (26) לו וצלמי עצביהם נכנסים בתוך אוניות מלך פרס והמה
חובלים* ותופשי משוט (27) לבוא עליו* ויצר לו מאד וידע כי כלתה אליו
הרעה* וישם לבו להמלט בנפשו

## 241b

Once there was a king from the kings of Egypt whose name was Nectanebus; this man was clever and wise in astrology, learned in magic and divination, skilled in the work of astromancy, a great expert in the knowledge of winds, outstanding in the use of the power of the stars. He was upright, pleasant among the Egyptians, honoured by nobles and all people. He was informed that one of the kings of Persia whose name was Artaxerxes, was gathering an enormous army to come to his land and fight him. When Nectanebus heard this, he took counsel in order to find out the truth with regard to this matter, that the king of Persia would come against him. He took one of the nobles of his people among his prominent servants and ordered him to go to the borders of his kingdom and to the territory of Persian cities to spy and to investigate these matters and to return to him with certainty. He himself retired to a room in his palace where he studied the magic powers in order to understand, if the things he had heard about the king of Persia, were valid. He took a big bronze basin full of water which was kept with him and could only be taken out on an appropriate moment according to the law of magic. He took in his hand palm branches which had been cut, also on the right moment of inspection and experience in accordance with this practice. He muttered incantations over the water in accordance with the custom, because he wanted to know the hidden things of the present until he beheld in the water of the basin the images of ships and boats and the armies mobilizing against him. Thereafter he returned to reconsider in order to find out, if he could be saved from the evil that was about to befall him. When he stood there in silence one of the spies he had sent to the territory of Persia returned and said: "My lord king Nectanebus, Artaxerxes, the king of Persia, comes to you with a numerous army and a mighty force to fight against you. With him is a multitude from Media, Persia, Assyria, Chaldeans, Arabs, Elam, Patros, Sinear, Chamat, and all the islands of the sea; all warriors who are in the whole East." King Nectanebus laughed about him and said to him: "<You are> a weak and timid man who brings bad tidings and foresees hardship, turn aside and go away, how ignorant <are you> not knowing about anything you are sent for, either great or little." Nectanebus arose and went to his room of the interpreters. He took wax and out of it he shaped ships and soldiers and warriors, and he threw them into the water of the basin, and he took palm branches in his hand and muttered magical formulae in order to find out the future. He was informed through his magic and found out from the sorcery he performed that his Egyptian idols and images entered the ships of the king of Persia as sailors and paddlers to come against him. He became very distressed and knew that the evil would destroy him. He considered to escape by himself

(1) ויגלח ראשו [ויקח ... ... ... ...] ויברח לילה ויקח בידו אשר מצא כסף וזהב
(2) וחרוץ וחלי כתם ואת כל הכלים העשויים לחכמת האיצטגנינות ולמל{א}כת
הקסמים (3) וילך אל ארץ בלוסיה ומשם ארץ אנספיה וילבש בגדי שש ומשי
לבנים כמנבג (4) נזיריהם פרושי המדברות אשר בארץ שנער וילך ארץ מקדון
וישב בתוך המון (5) העם ויתנבא בתוכם ויגד לכל איש ואיש יצר מחשבות לבו
ויפלא בעיני העם (6) ויגדל מאד בעיניהם* ואנשי מצרים ראו כי ברח מלכם ונס
גבורם ויחרדו ותרפי{נה} (7) ידיהם וילכו אל בית עצביהם ושם צלם ושמו
סרפיס ויקריבו לו מנחת כשפים כמשפט{ם} (8) וישאלוהו על דבר מלכם* ויען
הצלם ההוא הלא מלככם ברח וימלט מפני ארתחשסתא (9) מלך פרס הבא עליכם
כי ידע והכיר בחכמת קסמיו כי הוא ימשול בכם וימלוך על (10) ארצכם ימים
רבים עד שיבוא הבחור בן מלככם ויקח נקמתו מאוייבכם והייתם אתם (11)
ואויביכם המושלים עליכם עבדים לבחור ההוא* וכאשר שמעו מצריים את
הדבר (12) ההוא לקחו אבן שחורה ויעשו להם צורת נקתניבור ויכתבו על רגליו
[צו״ר] דבר (13) הצלם להיות להם ולבאים אחריהם זכרון* ונקתניבור ישב
בארץ מקדון נכבד (14) בתוך העם ולא נודע מי הוא* ומאין הוא* ויהי לעת צאת
המלכים להלחם זה עם (15) זה ויצא פיליפוס מלך מקדון לצבא להלחם עם מלך
אחר* ויעל נתקניבור אל היכל (16) המלך לבקר אל אשתוושמה אלנפדיוש
וכראותו אותה נשאה חן בעיניו ותבער (17) בו אהבתה ויכרע לפניה וישתחו לה
וישק על ידה ויאמר לה יעזרך אלהים מלכת (18) מקדונייא ותאמר לו אלהים
עמך גבור החכמה והבינה סורה שבה פה ויסר (19) וישב* ותסב פניה אליו
ותאמר לו שמעתי את עצם חכמתך* ואמנה איש מצרי (20) אתה* ויאמר לה מאד
היטבת לכבדני באמרך עלי כי איש מצרי אנכי* הלא (21) הם המצרים הידועים
בכל דבר חכמה* ומשכילים בכל שכל* ואם אינני מהם גס לי (23) לבב כמוהם
לא נופל אנכי מהם בחכמה* ובדברו את הדברים האלה לא גרע ממנה (24)
עיניו* ולא נטה פניו* ותאמר לו מה זאת שמת עלי מבטך* ויען ויאמר לה
מראיך (25) הזכירוני את אשר אמרו לי עצבי אלהי שאני עתיד להתחבר אל מלכה
גדולה (26) ולשרת לפניה ונכון לבי ובטוח שאת היא המלכה* ויוצא מתחת בגדו
לוח אבן השהם* (27) ועליו זר זהב סביב מ[ש]ובץ באבני כדכד ואקדח ובתוך
הלוח שלש צפירות* הצפיר{ה} (28) הראשונה צורת י״ב מזלות* ושנית צורת
כוכבי לכת*והשלישית כללות רבות

and he shaved his head [and he took ...] and he fled in the night. He took with him silver and pure, fine gold and all the instruments made for astrology and magic. He came to the land of Pelusium and thence to the land of Antioch and he clad himself in white linen and silken garments in accordance with the custom of the hermits, secluded in the deserts of Sinear. He came to the land of Macedon and he sat there among the people and he was prophesying to them and telling to any one of them the intentions of his heart and he amazed them and he was esteemed highly by the people.

When the sages of Egypt saw that their king had fled and their lord had escaped, they trembled and were discouraged and they went to the house of their images. There was an idol who was called Serapis, and they usually brought him sacrifices of sorcery and they asked him about their king. That idol answered: "Did your king not flee and escape because of Artaxerxes, the king of Persia, who marches against you, for he found out from his knowledge of magic that he will reign over you and your land for many days until the boy, his son, will come and take revenge for you on your enemies and then you and your enemies who rule over you will be slaves to that boy."

When the Egyptians heard this, they took black stone and made a statue in the shape of Nectanebus, and they wrote at his feet the reply of the idol to be a remembrance to them and their offspring.

Meanwhile Nectanebus remained in the land of Macedon, honoured by the people without them knowing who he was and where he came from. When the time came for kings to go forth to fight each other, also king Philip of Macedon went out to wage war against another king, whereas Nectanebus went to the palace to visit his wife Olympias. When he saw her he was pleased by her and his love for her burnt inside him. He bowed down for her and he kissed her hand. He said: "God help the queen of Macedon." She replied: "God be with the man of wisdom and understanding, draw near and sit here." He drew near and sat down. She turned her face towards him and said to him: "I have heard about your powerful wisdom, surely you are an Egyptian." He replied: "You have spoken well and honoured me by saying about me that I am an Egyptian, because the Egyptians are well-known in any wisdom and clever in any way. If I am not one of them, I would have been haughty with regard to them, and I am not exceptional to them in wisdom." When Nectanebus spoke these words he did not distract his eyes from her and turn his face. She said to him: "Why do you cast your eyes at me?" He replied: "Looking at you reminds me of my gods <who said> that I will be attached to a great queen and serve her, and I am right and feel sure that you are that queen."

Thereafter he drew forth from his bosom a plate of onyx, and upon it a crown of gold round about filled with carnolean stones, in which there were three circles. In the first circle <were engraved> the twelve signs of the zodiac, in the second one the seven planets, and the third one the many regulations

(1) מחכמת האיצטגנינות ועל [... ... ... ... אבנים יקרות ממלכות] (2) ואחת יקרה מאד למראה עיניה ותאמר לו מה מאד גדלה חכמתך ותבונתך (3) אשר נתן לך אלהים וא{ו}לם אם הגד תגיד לי השעה והרגע אשר נולד בה המלך* (4) אז אדע כי אין נבון וחכם כמוך* ויקסום ויעונן בחכמת קסמיו ויגד לה את העת* (5) ואת השעה* ואת הרגע אשר נולד בה פיליפוס המלך ויאמר לה כאשר הגדתי (6) לך את זאת* כן אגיד לך את כל אשר תשאלני* הקשי נא ושאלי* ותשאל אליו* (7) ותאמר שמעתי כי המלך פיליפוס שם אל לבו לגרשני מבית מלכותו בשובו מן המלח{מה} (8) אשר הלך* ויען ויאמר לה שקר אמרו לך* כי לא יהיה בעת הזאת* ואולם יארכו (9) הימים ויגרשך המלך ותפרדי ממנו ימים אחדים* ואחר ישוב אליך על כרחו (10) ותשאלהו לפרש לה הדבר הזה ולהיות ידו ועצתו עמה בדבר הזה ובכל (11) אודותיה* ויאמר לה אבל יש באלילים אליל גדול בוחר בך ואוהב אותך מאד (12) ורוצה להזדקק לך והוא יעזרך בכל אשר תשאליהו ומה תאמר נפשך ויעשה (13) לך*ותאמר לו מי האלוה הזה ומה שמו ומה צורתו כי יבא אלי וכבדתיו ושמעתי (14) בקולו*ויאמר לה שם האלוה הבוחר בך הוא אמון האמיץ* ונקרא שמו אמיץ* (15) מפני שיש בידו כח ועצמה לתת און ולהרבות גבורה לבוטחים בו* ותאמר (16) אליו מה צורתו לבעבור אכירהו בבואו אלי* ויאמר לה צורתו צורת אדם (17) בינוני לא זקן ולא בחור* ועל מצחו קרנים כקרני השור* וזקנו כזקן כלב* (18) ובחלום הלילה יבוא אליך לבקש ממך ולשכב עמך* ותען המלכה ותאמר אליו (19) ואם אמת הדבר הזה מהיום והלאה אינך בעיני כי אם כנביא* או כמלאך ויצא (20) מלפניה וילך אל המדבר אל אשר ידע ששם עשבים ועקרים הצריכים למלאת (21) הכשוף ויעש מהם בחכמת כשפים עד שהיתה המלכה רואה בחלומה כל (22) דבריו* ויהי בבקר ותשלח ותקרא אליו ויבא אליה ותאמר לו הנה ראיתי בחלומי (23) ככל דבריך בא אלי המלאך ויאמר לי הנני מפקיד אצלך איש לעשות בכל דבריך (24) ויאמר לה שמעתי את חלומך* ואולם בואי החדרה ואראה לי שם מקום ואודיעך (25) את מספר החלום ואת שכרו* ואראה כל אותן הדברים כי ידעתי כי האלוה הזה (26) עוד יתראה אליך בדוגמת תנין גדול ואחר כך יהפך איש כתבניתי* ואם אסתר (27) עמך באותו מעמד איעצך איך תתנהגי עמו* ומה תעשי* ואם לאו לא אוכל

of astrology. And [among four precious stones of the kingdoms], one was very wonderful in her eyes. She said to him: "The gods have bequeathed you enormous wisdom and understanding. If you can tell me the hour and moment that the king was born, then I will know that there is no sage like you." He practised his magic and told her the time, hour and moment of the birth of king Philip. He said to her: "Now I told you this, everything you want to ask me, continue to ask." She replied: "I have heard that king Philip wants to expel me from his palace, when he returns from the war." He replied: "They have told you a lie as far as the present time is concerned. Indeed, after a long time this will happen to you. The king will expel you and you will be separated from him for a few days, but then he will return to you submissively."

She beseeched him to tell her the matter and to give her his advice on anything concerning herself. He said to her: "You must know that one of the gods has elected you and desires you and he wants to be attached to you so that he may help you in everything you wish." She said to him: "Who is this god and what is his name and what does he look like that he will come to me, and I will honour him and listen to him?" He said to her: "This god who has elected you, is called the strong Ammon, for he is able to strengthen and fortify anyone who leans upon him." She said to him: "Describe me his form and appearance so that I will recognize him when he comes to me." He said to her: "His appearance is that of an average man, neither an old man nor a youth; on his forehead he has the horns of an ox, and he has the beard of a dog. He will come to you in a dream and ask you to lie with him." The queen replied: "If this proves to be true, from then onwards I will consider you as a prophet or as an angel."

He left her and went to the desert where he knew to find herbs and roots for the practice of magic. He engaged in divination until the queen saw in a dream all that which he had related to her. On the next morning she summoned him and he came to her. She said to him: "I have seen in my dream everything you told me. The messenger came to me and told me: I entrust you to a man to do everything you told." He said to her: "I heard your dream. If I can enter the room, I shall provide myself there a place and I shall inform you about the interpretation and the reward of the dream. I shall show all these matters, because I know that this god will return to you in the form of a large dragon and afterwards he will change into the form of a man like me. If I can hide myself at your place, I will inform you of how you have to behave towards him and what you have to do. If not,

(1) ליעצך על זה ותאמר לו הן דברת בא אל [ה]חדרה ועשה כטוב בעיניך וכי יבוא {דברך} (2) אתנך לאב לנער היולד כי על ידך יהיה לי הבן הזה* ועתה ציותה המלכה להכין (3) לו מקום בחדר משכבה שילין שם עמך הלילה*ויהי בלילה ההוא ויקם נקתניבור (4) ויתהפך בכשפיו ויהי לתנין גדול כי כך יעשו המכשפים יהפכו לתנינים בחכמת (5) כשפיהם וילך על מטת המלכה בדוגמת תנין ויהפך לאיש ויבא אליה ותהר לו* וככלותו (6) אמר אליה הנה הזרע הזה יצא איש חזק ואמיץ על כל הגבורים* אז נפרד ממנה* (7) ויצא מהיכלה וילך לו* ויהי כמשלש חדשים והרגישה המלכה כי הרה היא ותשלח (8) אל נקתניבור ותאמר לו הנה אנכי הרה ועתה הודיעני איך יפול דבר אל המלך פיליפוס* (9) כבואו וירגיש בדבר הזה* ויען אליה אל תיראי כי אמון האמיץ אלהיך אשר בא אליך (10) יהיה לך לעזר וישיב לב פיליפוס לאהבתך* ויסע משם וילך המדברה אל המקום (11) אשר עשה שם כשפיו וילקט עשבים ושרשים לעצור ולהשתמש בכח הכוכבים* (12) להראות לכל איש את אשר יחפוץ להראותו בחלומו* בלילה ההוא נראה לפיליפוס* (13) בחלום כי האליל אמון שכב עם אשתו ואחרי שכבו עמה סגר רחמה וחתם עליו בחותם (14) זהב וצורתו צורת תנין ועל ראשו מאכלת חדה* והשמש מנוצץ עליו ואמון (15) אומר לה הנך הרה מדוגמת פיליפוס וחבירו* ויקץ פיליפוס והנה חלום ותפעם רוחו (16) ויקרא אל הכהן אשר היה עמו במחנהו ויספר לו את חלומו ויאמר לו הכהן אם (17) אמת החלום הזה הנה המלכה הרה מרוח האליל אמון ותלד בן גבורתו כגבורת (18) נחש ומלכותו יגיע עד מזרח השמש* וזה פתרון הצורות אשר ראית ממעל לחות{ם}* (19) ויהי לקץ ימים וילכד פיליפוס את המדינה אשר צר עליה* ונדמה לו בתוך המלחמ{ה}* (20) כאילו נחש הולך לפניו ונופח בפני המלחמה הנלחמים עמו ומבריחם והוא נוצח וכאש{ר} (21) נכנס פיליפוס לתוך המדינה שב למלכותו בארץ מקדון* ויהיה כאשר בא פיליפוס אל (22) היכלו ותצא המלכה לקראתו ויחבקה וינשקה ויאמר אליה אם ויתרת גופך אין (23) עליך אשם* כי אין כח בנולדים לבטל רצון אלילים* וכבר הראני אלילי בחלומי את (24) כל אשר עשית* ואשר אירע לך* ועל כן אין אדם יכול להאשימך* ויהי מקץ (25) ימים והמלך יושב על כסאו* והמלכה נצבת לימינו ושם מבחר שריו והנה (26) נקתניבור בא בדמות תנין בתוך ההיכל מקפץ ומדלג* ובהגיעו למלכה (27) הכניס ראשו לתוך חיקה וינשקה ויבהלו מאד כל היושבים לפניו* וגם המלך

then I cannot advice you in this matter. She said to him: "You have spoken rightly, come into my room and do as you please. When your word comes true, you shall be a father to the child who will be born; because of you he will be <born> to me." The queen arranged for him to have a place in her bedroom to spend the night there with <her>.

It came to pass in that night that Nectanebus got up and transformed himself into a dragon through his magic according to the ways of the magicians who transform themselves into dragons. He went over to the queen's bed in the form of a dragon and turned into a man. He had intercourse with her and she became pregnant. When he had lain with her, he said to her: "From this seed a man will come forth who will have more strength and courage than any hero." Thereupon he took leave of her and left the palace and went away. After three months the queen felt she was pregnant and she summoned Nectanebus. She said to him: "Now that I am pregnant, tell me how king Philip will take the matter. When he came, he understood the question and replied: "Do not be afraid, because your strong god Ammon who came to you, will help you and he will turn Philip's heart in love to you." He went forth from there to the desert to a place where he practised his magic, and he gathered herbs and roots with which he could stop and use the powers of the stars, showing every man whatever he wants to show in his dream.

In that night it was shown to Philip in a dream that the god Ammon was lying with his wife and when he was finished he closed her womb and sealed it with his golden ring in the form of a dragon; above his head was a sharp knife and the sun was shining upon him. Ammon said to her: "Behold, you are pregnant from <a son> who will look like Philip and <will be> his peer. When Philip awoke, his spirit was troubled by the dream and he summoned a priest who was with him in the army. He told him his dream and the priest told him: "If the dream is right, then the queen has become pregnant from the spirit of the god Ammon and she would give birth to a son, who would have the power of a serpent and whose kingdom would reach to every place where the sun shines. This is the interpretation of the images you have seen on the seal." After a period of time Philip attacked the city he was besieging, and in his warfare it appeared to him that something like a snake was going in front of him, fighting those who were fighting against him, and victoriously causing them to flee. When Philip had entered the city, he returned to his kingdom, the land of Macedon. And it came to pass, that at his arrival at the palace the queen went out towards him and he embraced her and kissed her and said to her: "If you have withdrawn your body, you are not to blame, because no one can stop the will of the gods. My god has already shown me in my dream everything that you did and happened to you. Therefore nobody can accuse you."

After a period of time Philip was sitting on his throne and the queen was sitting at his right hand and his best commanders were there <too>. Nectanebus entered the palace in the form of a dragon, leaping and bounding. When he reached the queen he laid his head in her lap and kissed her. The king was terrified as well as all who were sitting before him were terrified, and the king was

(1) נבעת מאד ויאמר הלא הוא התנין אשר ראיתי ביום לכדי העיר אשר (2) צרתי עליה נלחם עם אויבי ונוצח לפני פליאה מאד דברו וגדולה היא לי*(3) אחר הדברים האלה ופיליפוס יושב על כסא מלכותו ונפל בחיקו צפור* והטיל (4) ביצתו בחיקו ויפל מחיקו על הארץ ונשבר ויצא ממנו נחש קטן וירץ (5) הנחש ללכת על פניו כמעט* ואחר רצה לשוב אל השפופרת שיצא ממנה ולא (6) הגיע שם ומת* אז פחד המלך ונבהל ויאמר לאסף את כל שריו ועבדיו (7) ויספר להם את כל אשר קרהו ויראם את הצפור והביצה* והנחש (8) שיצא ממנה* ויעץ אחד מגדולי קוסמיו ויאמר הלא זאת אות מאת האליל* (9) כי בן נולד שיכבוש את כל הממלכות ויהי בשובו ממלחמותיו אל מלכותו ימות (10) בדרך ולא יגיע אל העיר שיצא ממנה* ויהי אחרי כן ותתחלחל המלכה (11) ויאחזוה חבלי יולדה והיא לא ידעה על מה החבלים האלה כי לא ידעה (12) ולא הרגישה ביום עיבורה איש למשכב זכר* ותשלח ותקרא לנקתניבור אז (13) ידע על מה תדרשנו כי שמר ימי עבורה* ויהי -בבואה- בבואו ויאמר לנעֲרותי{ה} (14) שאוה והעמידוה על רגליה* ויהי מידי עמדה והשמים נתקדרו בעבים והשמש (15) נתכסה בענן ויאמר שבי המלכה ותשב* ויהי כשבתה המליטה זכר (16) אז רגזה ותרעש הארץ והשמים רעשו ויהי ברקים ורעמים וברד כבד (17) מאד לפניו לא היה כן ויצאו הסריסים ויבשרו את המלך הנה המלכה ילדה (18) לך בן* והמלך קם אל המקום אשר שם המלכה ויאמר לה הנה נא ידעתי (19) כי בנך אינו -ממנו- ממני ויהי עם לבבי לבלתי החיותו* ואולם על פי (20) הנפלאות שראיתי במולד ידעתי כי רוח אחרת עמו* ובן אלילים הוא ולא נתן (21) להמיתו* וכשר הדבר לגמלו ולגדלו ולשום שמו אלכסדר* ויצו המלך את (22) שרותיו ואמהותיו ותגמלו את הילד ויהי לו לבן* בימים ההם ויגדל הילד (23) ולא דמה בצורתו את פיליפוס וגם לא לאמו* אך שעריו כשער הארי (24) ועיניו גדולות* האחת שחורה* והשנית ירוקה* ושיניו ארוכות* וקולו כקול (25) הארי עד כי ירעדו שומעיו בהרימו קולו ובהגמל הנער* אמר המלך לגמלו (26) וללומדו כל חכמה אז למד והצליח* ויהי בן י״ג שנה והוא רוכב על סוס*(27) ואיש לא יעצור כח לפניו* וכראות פיליפוס את גבורתו* ואת עוצם חכמתו

very frightened. He said: "Is he not the dragon that I saw on the day I conquered the city I besieged, when he victoriously fought with my enemies; this was very amazing and great to me."

Thereafter, when Philip was sitting on his royal throne, a bird fell in his lap. It laid his egg in his lap which fell from his lap to the ground and broke. Out of it came a little serpent, crawling upon him almost, and then trying to get back into the eggshell out of which he came. He did not succeed and died. The king was afraid and terrified. He called for his commanders and servants and told them all that had happened to him, and he showed them the bird and the egg and the snake that came out of it. One of his prominent magicians gave counsel and said: "Is this not an omen of the god that the son who will be born, will conquer all kingdoms, but before he will return from his wars to his own kingdom, he will die on the way and not reach the city he came from."

After that the queen was deeply distressed and she suffered from labour-pains. She did not know why she had labour-pains, because she did not know and feel that a man had lain with her on the day of conception. She summoned Nectanebus. He knew what she asked him, because he kept account of the days of her conception. When he came, he ordered her maidservants to lift her and to help her to stand up. When she stood the heavens grew dark with clouds and the sun was covered by a cloud. He said: "Sit down, O queen!" She sat down and when she sat she was delivered of a male child. The earth and heavens trembled and there was lightning and thunder and a hailstorm stronger than it had ever been before. The eunuchs went forth and announced to the king: "Your wife has born to you a son." The king came to the room of the queen and said to her: "I know that your son was not born from me. I had been harbouring the thought to not let the child stay alive. Now I have seen these great portents that have occurred during his birth I know that another spirit is with him. He is a son of the gods and will not be put to death. It is appropriate to nurse and to raise the child and to call him Alexander."

The king ordered his maidservants and foster mothers to nurse him and to raise him and to call him Alexander. Thereupon the child was raised and he did not resemble his father and also not his mother, but he had the hair of a lion and big eyes, one black and the other green, and he had big teeth and the voice of a lion. When he rose his voice, every one who heard it trembled.

When the child grew up, the king ordered him to be raised and taught all wisdom. Thereupon he went to school and was successful. When he was twelve years old, he rode on a horse and no one could prevail against him because of his power. When Philip saw his strength and great wisdom,

(1) נשא חן בעיניו ויאמר לו אי אלכסדר טוב אתה בעיני* אבל א{י}ני בך אם
יצאת (2) מחלצי שהרי אינך דומה לי בצורתי* והמלכה שמעה ותירא מאד
ותאמר אולי (3) לב המלך עלי על דבר בני ותשלח ותקרא לנקתניבור ותאמר לו
גם לו נס ראה מה (4) יהיה סוף הדבר עלי מאת המלך כי יראתי על זה* ויען
ויאמר אליה אל תחשבי (5) עליו רעה כי אין בלבו עליך רק טוב* אז שמע
אלסכדר את דברי נקתניבור (6) ויאמר לו איזה הדרך עבר רוח ייי לדבר אותך
ולהגיד לאדם מה שיחו ואשר (7) בלב המלך* ונקתניבור היה אחד מן המלמדים
אשר העמיד המלך ללמדו במיני (8) החכמות* ויאמר הלא מחכמת האיצטגנינות
ושימוש הכוכבים יעמוד אדם על (9) אלה* ויען אמנם הרעות כי לא גילית אזני
ותכס ממני בחכמה הזאת כי על זאת (10) יש לי לבבי משאר החכמות כולן* ויען
ויאמר לו רבו אבל בעל החכמה הזאת (11) בהתלמד צריך להמשך במדברות
לבדוק אחרי הכוכבים מקום שכלה רגל משם* (12) וישאל אלכסדר המן החכמה
הזאת יעמד אדם על מדת ימיו ומתי תמות (13) ויאמר לו כן* וגם אני רואה
בחכמתי {כי קרבו} ימי למות* ויוצא חלצי יהרוג אותי* ויען (14) אלכסדר
ויאמר עתה אני חושק לדעת בחכמה הזאת ואבינה לאחריתם* ועתה (15) הגד לי
איך יפול דבר* ויאמר לו הלא אמרתי כי תצא אחרי ונטשתיך המדבר* (16) אז
תבין* ואז תבחין* ויהי הלילה ויועדו יחדיו לצאת המדבר* ויצאו בלילה ההוא*
(17) המה יצאו מן העיר עד החריץ העשוי מחוצה לחומת העיר סביב לה כמשפט
(18) העיירות הבצורות ויאמר רבו שא נא עיניך השמימה והבט אל שבתי איך
אורו (19) נוטה לחשוך* וכוכב צדק ונוגה איך יחל אורם וזהרם* ויאמר לו רבי
הראני (20) איפוה הם ומי הם הכוכבים* ויהי כצאת רבו עיניו ובהראותו אליו את
הכוכבים* (21) ויקרב אלכסדר וידחף נקתניבור אל תוך החריץ ויפול שמה*
ויאמר אלכסדר (22) לנקתניבור בנופלו שמה רדה אל שאול ברעתך כה משפט
איש אשר יגלה סודי (23) המלכים שלא במצותם* ונקתניבור נשא קולו מתוך
החריץ ויאמר שמע נא (24) אלכסדר הנה יום אשר אמרתי לך כי יוצא חלצי
יהרגני* ויען ויאמר איך אני בנך ויען הרף ממני כי אין כזב בדברי* והאמת
דברתי* ואם לא אפרש (25) לך עוד* ויהי כשומעו ויחר אפו וירגמהו אבן וימת
שם* ויהי אחרי כן ויך (26) לבו על הרגו רבו* ויאמר בלבו אולי אמת הדבר
וינחם מאד וירד אל החריץ

he was pleased and he said to him: "Alexander, I am pleased about you, but not wholeheartedly, because you are not the issue of my loins and your appearance does not resemble mine." The queen heard this and she feared. She said: "Maybe the king will be angry at me because of my son." She summoned Nectanebus and said to him: "<If not by miracle,> see what the king eventually thinks of doing with me, because I am afraid. He replied: "Do not worry about him, for his heart is well disposed towards you."

When Alexander heard the words of Nectanebus, he said to him: "How does the spirit of God come to speak to you and to tell a man what to say and what is in the heart of the king?" Nectanebus was one of his masters who the king had elected to teach him all sciences. He explained to him: "Is it not from astrology and the use of stars that a man gains insight into this?" He replied to him: "You have done wrong by not telling this to me. You concealed this science for me and I prefer this science to all others." His master said to him: "When one studies this science, one has to go in the deserts to observe the stars in isolation." Alexander asked: "Can one study from this science the number of his days and when one will die?" He said: "Yes, I even know from my science that I am near to die and the issue of my loins will kill me." Alexander replied: "I want to study this science and learn <the> end of days. Tell me how to do it." He replied: "Did I not say that you have to go with me and I will leave you in the desert and then you will understand and learn." In the night they met to go out to the desert and they went out that night; they left the city to the ditch outside around the city wall as is customary with fortified cities. His master said: "Lift up your eyes to the heaven and see, how the light of Saturn grows dim and see the bright light of Jupiter and Venus." He replied: "Show me, master, where they are and which stars they are." When his master was looking to show him the stars Alexander drew near and pushed Nectanebus into the ditch and he fell down. Alexander said to Nectanebus when falling down: "Descend into the underworld in your evil, for such deserves the one who reveals the secrets of the kings against their order." Nectanebus raised his voice from the ditch and said: "Listen, Alexander, this is the day I told you that the issue of my loins would kill me." He replied: "How can I be your son?" He said: "Leave me now; it is no lie and I have spoken the truth, although I cannot explain this to you anymore." When Alexander heard him, he became angry at him, and he stoned him and he died there. Only after he felt remorse about killing his master and he thought: "Maybe it is true." He was very sorry and descended into the ditch

(1) ויקח נבלתו ואת גופתו שם על שכמו ויבא עד אמו אל ההיכל* ותראהו אל
(2) אמו ותאמר לו מה המשא הזה ויאמר לה את גופת רבי אשר הרגתי אמש*
(3) ויחר לה מאד ותאמר מה הגמול אשר שלמתו ותהרוג אביך או אשר הוא (4)
כאביך ויאמר הלא מפתיותך ומרע דעתך היה כל אלה* ותצו המלכה ויקברהו
(5) בכבוד בתוך היכלה* ומלך קפלוסייא היא הקרובה למקדונייא אהב לפיליפוס
(6) ושלח לו מנחה אשר נתן עליו סוס חשוב מאד והיו קורין אותו סוס בוסאפל
(7) ולא היה אדם יכול לעוצרו ולבלום את פיו וכל הקרב אליו יהרגנו* ויצו המלך
(8) ויעשו כמין קובה של ברזל וישימו בתוכו הסוס וישליכו אליו כל המתחייבים
הריגה (9) למלכות לאכלם להיות זו מיתתם* ויהי מקץ ימים הלך המלך אל בית
אליליו* (10) ויאמר לו אשר יוכל לרכוב על סוס אשר בתוך קובת הברזל הוא
ימלוך אחריך (11) ואלכסאר בן ט״ו שנה ויהי איש משכיל מהיר ובקי בכל
החכמות וילמד חכמת (12) האיצטגנינות* וחכמת השיעור והמדה והמשקל
והמניין מן קלסתיאוס* (13) וחכמת המשפט והנימוסין מן נקסיאניס* וחכמת
הפילוסופיי׳ מן אריסטוטליס* (14) וילך שמו בכל הארץ על עצם גבורתו ורוב
חכמתו והוד מלכות אשר נתן עליו* (15) ויהי היום ויעבור אלכסדר לפני קובת
הסוס וירא והנה בין רגליו איברי אדם (16) אשר נותרו לפניו מאותן שאכל וירע
מאד בעיניו וישלח בתוך אשנבי הקובה (17) לאחזו ממול ערפו* ויהי כראות
הסוס את יד אלכסדר ויסב פניו ויל{ח}כהו בלשונו (18) ויצו אלכסדר ויפתחו
את שער הקובה ויבא בתוך הקובה וימסס את הסוס (19) מראשו ועד רגליו ויכנע
הסוס לפניו ולא נע ולא זז ממקומו* וירכב על הסוס* (20) ולא שם עליו סרג ולא
רסן ולא אסרו* ויצא בתוך העיר ויתמהו הרואים אותו (21) מאד* וירא פיליפוס
אלכסדר רוכב על הסוס וישמח ויאמר ברוך אלהים (22) אשר דבר בפיו ובידו
מלא כך דבר האלילים אשר נבאו עליך ויספר לו את (23) חלומו* ויען אלכסדר
ויאמר לו היטבת לחלום אם תקימנו ותעשה כן להושיבני (24) על כסאך אחריך*
ותתן לו רשות לצבא אל המקום אשר אראה* ויען ויאמר (25) לו צא ועשה כן
לך* וקח עמך חיל ופרשים ככל אשר תאמר נפשך ופנה (26) אל כל אשר תרצה*
ראה ציותי לתת לך ארבעים אלף דינרי זהב להוצאת הדרך (27) ויבחר לו מאה
פרשים מגבורי פיליפוס* ויקח את הסוס בוספאל ויצא עמו

and drew out of it his corpse and dead body. He carried it over his shoulder and went to his mother in the palace. He showed it to his mother and she said to him: "What is this burden?" He said to her: "The corpse of my master who I have killed yesterday night." She became very angry and said: "Why did you repay him like that and kill your own father or he was like a father to you?" He said: "All this is because of your foolishness and wrong thinking." Thereupon queen Olympias ordered the corpse of Nectanebus to be buried with honour in her palace.

The king of Cappadocia, a neighbouring land of Macedon, was a close friend of Philip. He sent him as a gift an important horse which was called Bucephalus. Nobody could control him or put a curb on his mouth and he would kill any one who approached him. The king ordered to make an iron stable and they put him in there and threw before him all those who were officially condemned to death, so that he would eat them and this was the way they died. After a period of time Philip went to the house of his gods and <one of them> said to him: "The man who can ride the captive horse in the iron stable, will reign after you."

Alexander was fifteen years old, he was clever, bright and skilled in all sciences. He learned astrology and mathematics from Callisthenes, law and moral science from Anaximenes and philosophy from Aristotle. His name became very famous in the entire land because he was endowed with strength, wisdom and royal glory.

It came to pass one day that Alexander passed by the horse-stable and he saw human limbs left between its feet from those he had eaten. He was very displeased and stretched out his hand inside the hatch of the stall to seize him by the neck. When the horse saw the hand of Alexander, he turned his head and licked it with his tongue. Then Alexander ordered the door of the stable to be opened. He entered the stable and touched the horse from his head to his feet. The horse submitted to him and did not move from his place. Alexander rode him without reins and unbridled. He went through the city and every one who saw him was amazed.

When Philip saw Alexander riding the horse, he rejoiced and said: "Blessed be God who spoke and fulfilled the words of the gods that were prophesied unto you." He told him his dream. Alexander replied: "Your dream is right, if you would make us stand up and do so, putting me on your throne after you. Give him permission to wage a war against any place I show." He answered him: "Go and do as you please, take with you an army and riders according to your wish and go forth to any place you like. Look, I ordered 40,000 golden dinars to be given you for the campaign." Alexander chose a hundred of the strongest riders of Philip, and he took the horse Bucephalus and set out with him

(1) בצבא* ויקח עמו את פסתיוס סופרו ויפגע בדרך את נקלוא{ו}ס* מלך {ארדנס} (2) בחיל כבד* וכראות המלך את אלכסדר וישאלהו מי אתה* וישיבהו אלכסדר בשפה (3) רפה אני הוא אלכסדר בן פיליפוס* ויען ניקלאוס ויאמר לו הלא הוגד לך מי אני (4) ואיך השיבותני בשפה גאוה* ויאמר לו אמנם ידעתיך -ל- ניקולואוס מלך ארדנ{ס} (5) אתה* ועתה אל תתגאה ואל תתפאר על עצמך לבעבור כי אתה מלך מעצמך (6) ואני מלך תחת אבי הלא הרבה שפלים ובעלי -גאוה- ענוה נצחו במעט אנשי{ם} (7) וגברו על מלכים גדולים ואנשי גאוה* ויען ניקולאוס ויאמר לו הלא תשים לבך (8) להמלט על נפשך אז טוב לך מגבורה* אשר אתה מתחזק בה* ויאמר לו אלכסדר* (9) והוא כמצחק זה הדבר אשר דברת אינו מסור בידי ולא בידך* וכשמע נקולאוס (10) דברי אלכסדר אשר קראו בן אדם ולא מלך ויחר לו מאד* ויאמר לו מדבריך (11) אתה ניכר שאינך מכיר את עצמך* וגם אינך בקי לדבר את המלכים לפי גדולת{ם} (12) הלא אם צויתי את האנשים ההולכים עמי לרוק בפניך הלא תטבע ברוקים (13) אתה ואנשיך עוד הדבר הזה בפיו* ותבער בו חמתו וימהר וירוק על פני אלכסדר* (14) ואלכסדר עצר את חמתו וימשול ברוחו ולא גילה את חמתו בפעם* ויען לו במענה (15) רכה ובקול נמוך* דע לך ניקולאוס כי לא אשיבך עתה גמול [כפי] המעשה הרע (16) אשר עשית לי* אך אם נוועדה יחד לעת נכון אז תבין מי הכלב ומי האריה* (17) וישימו להם מועד להראות פנים* ולהתגרות יחד וישב איש למקומו עד יום (18) המועד* ויהי ליום המועד ויאספו את מחניהם ותהי המלחמה חזקה בין שניהם* (19) וילחמו מערכה עד רוב היום ותעז יד אלכסדר ואשר עמו ויהפך נקולאוס עורף (20) לנוס לפני אלכסדר וירדף אלכסדר אחריו וישיגהו וימיתהו שם במלחמה* וירדף (21) אחרי הצבא עד שער המדינה וילכוד את המדינה ואת המלכות וישם עליה (22) פקיד למלוך תחתיו וישב למקדון ועטרת המלכות בראשו* וימצא פיליפוס חתן (23) אשר לקח לו אשה על אמו* ושמה פליוטרא ועושה משתה גדול לכל שריו ועבדיו (24) ויבא עליהם אלכסדר וימצאם אוכלים ושותים וחוגגים* ויאמר לפיליפוס ברוך (25) אל עליון וברוך אדני המלך אשר על ידו נצחתי את החיל הראשון אשר עמד (26) עלי* ואני יש עם לבבי להשיא אמי לאחד מן המלכים לאשה ואעשה לה (27) משתה גדול ולא אקראך* כי אתה לא קראתני אל המשתה אשר עשית* ושם

in the army. He took with him Hephaistius his scribe.

On the way he met Nicholas, king of Acarna, with a great army. When the king saw Alexander he said: "Who are you?" He replied softly: "I am Alexander, the son of king Philip." Nicholas said: "Are you not informed about who I am and how you arrogantly spoke to me?" He replied: "I know that you are Nicholas of Acarna. However, do not exalt yourself and boast just because you are a king; I am a king after my father. Many humble and modest men have triumped with a few people and subdued great kings and proud men." Nicholas said: "The best thing for you to do is to flee; it is better for you than playing the hero." Alexander said to him laughing: "The matter you spoke about, does neither lie in my hand nor in yours." When Nicholas heard the words of Alexander, who called him a man and not a king, he turned really angry and he said to him: "It is clear from your words, that you are not capable to speak with kings in accordance with their greatness. If I would order the people who accompany me to spit in your face, you and your men would drown into their spittle." While saying this his anger burned and he hurried to spit in Alexander's face. Alexander controlled his anger and restrained himself. He did not show his anger this time. He replied calmly and softly: "Know, Nicholas, that I will not repay you your evildoing this time, but if we shall meet each other on an appointed moment, then you will understand who is the dog and who is the lion." They both agreed to see and to fight each other and each of them returned home until the appointed day. And it was that day that they gathered their armies and the war between them was fierce. They fought in battle for the most part of the day and Alexander proved to be stronger. Nicholas turned his neck to flee from Alexander and Alexander pursued him until he seized him and killed him in the war. He pursued the army until the gate of the city and he captured the city and the kingdom and appointed a commander to reign instead of him.

He returned to Macedon with the royal crown on his head. He found Philip married to another wife instead of his mother; her name was Cleopatra. He had arranged a great banquet for all his commanders and servants. Alexander came in and found them eating and drinking and celebrating. He said to Philip: "Blessed be the highest God and blessed be my lord the king, because of him I have triumphed over the first army that stood up against me. I wish to let my mother marry to one of the kings and I shall arrange for her a great banquet. I shall not invite you, because you did not invite me to this banquet!" And Lysias,

(1) בתוך המשתה סליגואוס שר צבא פיליפוס ויאמר לאלכסדר הלא המלך (2)
נשא את פליוטרא להוליד ממנה כדמותו בצלמו והוא ימלוך אחריו* ויהי (3) ויהי
כשמוע אלכסדר את דבריו ויחר אפו ויכהו בכשיל אשר בידו וימת* וכראו{ת}
(4) המלך כי מת צר צבאו ויחר אפו ויעמד על אלכסאר להכותו בסכין אשר בידו
(5) וכשעמד אחזהו כאב גדול ויפול ארצה וינס אלכסדר מפניו ויבהל המשתה
ביום (6) ההוא* ותהפך משמחה ליגון וישאר חולה בתוך ההיכל* ויהי ביום
השלישי הלך (7) אלכסדר לבקרו ויאמר לו אי פיליפוס* ואם אין משפט הבן
לקרא לאביו בשמו* (8) א'ע'פ'כ' אני לא אכנה בשמך כאשר יכנה הבן בשם אביו
כי אם כאשר יכנה (9) איש את ידידו* ואיעצך שתשיב את אמי אשתך כי שלמתה
גמול רע ואל יהיה (10) בלבך עלי על שהרגתי שר צבאך כי בן מות היה על
הדברים אשר {דבר} לי בבית המשתה (11) ולא נכון לפקוד עלי את הריגתו כי
במשפט הרגתיו* וכאשר שמע המלך את (12) דבריו וישא את קולו ויבך וגם הוא
בכה עמו ויצא מלפניו ויבא אל אמו (13) ויאמר לה אמי אל יחר לך על אשר עשה
לך המלך כי בגד בך* כי את בגדת (14) בו בסתר והחטא ההוא גורם לך את כל
זה* ולא יהיה לנשים לבוז אם ישובו (15) לבעליהן ויקחה ויאחז בידה ויביאה אל
המלך* ויהי כראותה ויחבקה וינשקה (16) -וישבה- וישיבה לו לאשה* ויצו
ויוציאו מביתו האשה האחרת אשר לקח* (17) ויהי מימים וישלח דריוש מלאכים
אל פיליפוס לקחת מידו הממון שהיה משיב (18) לו בכל שנה* ויהי כראות
אלכסדר אותם ויצו לבלתי תת להם מאומה (19) ויאמר להם אמרו לדריוש כי
במדה שהיה פיליפוס קודם שנולד לו בן אינו (20) היום* כי אז היתה לו תרנגולת
מטילה ביצי זהב* וכשנולד לו בן -סיג- סגר אלהים (21) את רחמה* ויתמהו
האנשים על דבריו איך מלאו לבו לדבר כאלה וישובו (22) אל דריוש בפחי נפש*
ויהי אחרי כן ויוגד לפיליפוס לאמר הנה פשעה עליך (23) ארץ אלמניא
ופרובינצא וכל ארץ המערב אשר תחת ידיך ולא השיבו לך (24) מס מנחת שנה
בשנה ויצו אלכסדר בנו לקחת אתו חיל רב ולעלות לצבא* (25) על הארץ ההיא*
ויקח אתו מבחר הצבא אשר לפיליפוס ואנשי המלחמה (26) אשר לו* וילך הארץ
וילחם בה ויצר על ערי הבצורות ויתפשם ויכבשם (27) תחת ידי פיליפוס כימי
קדם* ובהיותו לשם מרדו על פיליפוס גם אנשי

a general of Philip, sat there in the banquet. He said to Alexander: "The king has married Cleopatra who will bear him a son in his appearance and his image and he will reign after him." When Alexander heard his words, he became furiously angry and struck him with the staff in his hand so that he died. The king, seeing that his general was dead, was greatly vexed. He went for Alexander with a knife in his hand to kill him, but much pain seized him and he fell on his ground. Alexander fled before him and the banquet was left in panic that day and turned from joy to distress.

<Philip> remained ill in the palace. Alexander visited him on the third day and said to him: "O Philip, although it is not usual to call you by your name, I will this time not speak to you as son to father, but as a friend to a friend. I advise you to bring back my mother your wife, because you have done wrong. Do not accuse me of killing your general, because he was guilty of death, when he spoke those words to me in the room of the banquet. It is not right to punish me for his death, because I did the right thing when I slew him." When Philip heard his words, he wept tearfully and <Alexander> wept with him. He came to his mother and he said to her: "Mother, do not be angry about what the king has done. He deceived you, because you deceived him secretly. That sin is the cause of all this. It is not a shame for women to return to their husbands." He took her by the hand and brought her to the king. When he saw her, he embraced her and kissed her. He put her back as his wife and ordered the other woman whom he had taken, to be expelled.

Then Darius sent messengers to Philip to take from him the usual annual tribute. When Alexander saw them, he refused to give them anything. He said to them: "Tell Darius that Philip is nowadays not in the same position as in the period that he had no son, then he had a hen that laid golden eggs. When a son was born to him, God closed her womb." The messengers were astonished because of how words filled his heart to speak as such, and they returned to Darius in disappointment.

Thereafter Philip was thus informed: "The countries of Almania en Provincia and every western land under your rule have sinned against you by not paying you tribute as usual." His son Alexander ordered a great army to be gathered and to go forth to battle against that region. He took the best troops of Philip and his own warriors. He went to the land and fought against it and besieged the fortified cities. He seized them and brought them under the rule of Philip as of old.

During his stay over there the people

(1) בטרניא ומלכה שמו יוסניס והוא איש גבור חיל* ויקח אתו חיל ופרשים {וילך} (2) אל ארץ מקדונייה לתופשה ולקחת לו המלכה לאשה כי אהבה מאד למבראשו{נה} (3) ויצר על מדינות אנגויניה הקרובה למקדונייא* וכאשר שמע פיליפוס כי צר (4) יוסניס על אנגויניה הקרובה למקדוניא -וכאשר שמע פיליפוס- לקח אתו את (5) יתר הצבא ושאר ההמון אשר לו וילך לקראתו מארץ מלכותו* וכאשר קרב (6) פיליפוס אל מחנה יוסניס* וישקף אל מחנהו וירא את המון המחנה אשר לו* (7) ויירא מאד להלחם בו וישב למקדונייה וכשמע יוסניס את הדבר הזה וירדוף (8) אחריו וידבק אותו קרוב לשער מקדון* ותהי המלחמה ביניהם ויפגע יוסניס (9) בתוך המלחמה בפיליפוס* ויך על כתיפיו עד אשר נטה למות* וירדוף יוסניס (10) אחרי מחנה פיליפוס עד שער מקדון* ויבא אל תוך המדינה ויעל אל היכל (11) פיליפוס לקחת לו המלכה ולא מצאה כי ברחה מן העיר אל מגדל עוז אשר (12) בארץ* ויהיה כבוא יוסניס אל תוך היכל מקדון והנה פיליפוס ברח מן העיר (13) וילך אל מדינת יוסניס הקרובה למקדון להאסף שם עם חילו ולבא להלחם* (14) עם יוסניס וידע אלכסדר את מקומו ויקח מתי מספר מגבוריו ויצא פתאום (15) אל יוסניס בתוך המחנה ויכהו בחרב על ראשו וימת* וילך אל המערכה אשר (16) אביו נפל שם וימצאהו קרוב למות ויצעק אל פיליפוס ויהי כשומעו את קולו* (17) ויאמר לו רב אמותה הפעם כי אינני דואג על מיתתי אחרי ראותי את פניך* (18) כי ידעתי כי תקח נקמתי מאויבי ויאנש וימת* ויפל אלכסדר על צוארי המלך (19) ויבך עליו וישאהו אל ההיכל אשר לו וישרף אותו* כשריפת המלכים ויקברוהו (20) בכבוד גדול* ויעברו ימי בכיתו וישב אלכסדר על כסא המלכות וישלח ויאסוף (21) את כל שרי ארצו ויבואו לפניו ויאמר להם שמעו לי* ארץ מקדונייא ותסליא וסרטי{א}* (22) וכל משפחות ארץ יון* שאו עיניכם על פני אלכסדר והביטו אל מראה הודו ושימו (23) לבבכם אל מעשהו והכינו מחשבותיכם אל עבודתו כי הוא עם האלהים מעזכם (24) ומעריצכם וישמרכם מכל צר וא{ו}יב* ויכניע אויביכם תחת כפות רגליכם* ואל תדאגו (25) על מות המלך פיליפוס* בטחו על האלהים ועל אלכסדר כי הוא יתעסק וישתדל (26) בכל צריכם הכינו וקדשו לכם כלי מלחמה משחו המגנים* ומרקו הרחמים* (27) ואשר אין לו כלי מלחמה יקנה כי לא אשכון במקום אחד* ואינני חפץ במנוחה*

of Bithynia rebelled. Its king is Pausanias, a mighty warrior. He took with him an army and riders and went forth against the land of Macedon to reign over it and to marry the queen, whom he had coveted much since the first time. He besieged the cities of Achaia, close to Macedon. When Philip heard about the siege of Pausanias against Achaia, so close to Macedon, he went forth towards him with the remaining troops and left his kingdom. When Philip approached the encampment of Pausanias, he looked at it and saw the great army he had. He became very afraid of fighting him and he turned back to Macedon. When Pausanias heard this, he pursued him and reached him near the entrance of Macedon. A battle broke out between them and Pausanias struck Philip in the battle. He hit his shoulders until he seemed to be dead. Pausanias pursued the army of Philip as far as the entrance of Macedon. He marched into the city and went to the palace of Philip in order to take the queen. He could not find her because she had fled from the city to a fortress in the land. When Pausanias entered the Macedonian palace, Philip fled from the city and went to the city of Pausanias, close to Macedon, to be assembled there with his army and to wage a battle against Pausanias. Alexander knew where he was, and he took some of his valiant men and surprised Pausanias in his encampment. He struck Pausanias with a sword on his head and he died. Then he went to the battle-field where his father and he found him almost dying. He called for Philip and when Philip heard his voice, he said to him: "Surely, let me die, because I am not concerned about my death any more, now I have seen you. I know that you will take vengeance on my enemies." He <sighed> and died. Alexander fell on the neck of his father and wept. He carried him to his palace and cremated him in accordance with the custom of the cremation of kings. They buried him with great honour.

When the days of mourning had passed, Alexander sat on the royal throne and called for the commanders of his land. They appeared before him and he said to them: "Listen to me, Macedonians and Thessalians and Thracians and and all Greeks. Put your eyes upon Alexander and look unto his glory and put your heart upon what he does. Set your mind on serving him, for he is with God, who is your strength and your respect. He will save you from every foe and cause your enemies to fall slain at your feet. Do not worry about the death of king Philip, trust God and Alexander; he will deal with your enemies. Prepare yourselves and purify your weaponry, clean the shields and polish the lances; whoever is unarmed, let him acquire arms, because I will not stay on one place and I do not like rest

(1) כי אם להתגרות במלחמת אויבינו ובכבוש את שונאינו* ויענו זקני הארץ {ויאמרו} (2) לו אדונינו צוה את דברך על הבחורים בני גילך* וזרז -ל- אותם למלחמה ואזור (3) אותם להחלץ לצבא* כי אנחנו עברו הזמנים עלינו* והזקנה מצאתנו* ו{י}מי השיבה (4) פגעונו* שים פניך אל בני הנוער חזקי הלב וקלי רצון והמה* יעשו רצונך* ויען (5) ויאמר להם הזקנים אשר למדתם אותה מנעוריכם* ואתם יודעים מסיבות (6) המערכה ותחבולותיה* ועצת האורב והמצור ולא לנערים אשר לא ערכו מלחמה (7) מעודם ועד היום הזה* ולא ידעו מעשה המערכה אתם תצאו בראשם ותפקדו (8) אותם אל פני המלחמה והם ישמרו מצותכם את כל אשר תצום* ויהי כשמוע (9) השרים והזקנים את דבריו ויפלו על פניהם וישתחוו לו ויאמרו כן נעשה* {כאשר} (10) דברת* הנה אנחנו נכונים אל כל אשר תצונו* ויצאו השרים והזקנים ויתנו ראשים (11) על הצבא* וישימו פקידים על המערכה* ויצאו אנשי החיל בעצת השרים {והזקנים} (12) ככל אשר ציוה המלך* ויהי מימים ויצא המלך לצבא ויפגע לו במקום (13) טרגון* ושם במה גדולה ובתוכה צלם גדול ושמו ובולון* והיה אליל גדול (14) לבני יון בימים ההם* ויאמר אלכסדר לזבח זבח לבני אבולון כמשפט הכהנים (15) הנזירים אשר לפני הבמה ושמו זקודה* ויאמר אדני המלך העת הזה הנה (16) לא עת זבח הוא לפני אבולון ולא לרצון יהיה לך כי כבר פנה השמש לערוב* (17) ופנה היום ונטו צללי ערב* וישמע המלך אל דבר הכהן ויחדל הזבח עד (18) למחרת* ויהי ממחרת כעלות השמש ויזבח המלך את הזבח לפני האליל אבולון* (19) ויקרא האליל ויאמר המלך אי ארקיליאוס מה לך ויתנכר השם הזה בעיניו* (20) ויבזהו ויען ויאמר לאליל למה לא קראתני בשמי עתה ידעתי כי זבחיך ללא (21) הועיל ומנחותיך לא עזר בהם* ויצא אלכסדר מן הבמה וילך עם חילו אל ארץ (22) אלריק* ויכבש את כל ממלכת הארץ ההיא* ויסע משם אל מדינת שולאנא* (23) וילכדה* ויסע משם וילך באניות ארץ לוברדייא* וכשמוע אנשי רומא כי (24) בא אלכסדר אל גלילות ארצם* וייראו מאד פן תדבקם רעתו* ויבקשו להשלים (25) עמו* ויקומו יועציהם וישישיהם וישלחו מלאכים ובידם מנחה שקלים (26) זהב שחוט* ועטרת זהב משקלה אלף אונקיו' ויאמרו להם כה תאמרו לו (27) הנה יועצי רומא וישישיהם מכפרים את פניך במנחה הזאת ושואלים ממך

but I will wage war against our enemies and attack our foes." The veterans of the land replied: "Our lord, give your order to the young men of your age. Stimulate them for war and arm them to get ready for the army. We have grown older; old age found us and the days of grey hairs afflicted us. Turn to youths who are persistent and willing; they will carry out your wish." He replied and said to them: "You, aged men, have learned from your youth onwards. You know the circumstances and tactics of the battle-field and how to ambush and to besiege, not youths who never fought in a battle until now. They do not know warfare; you will go in front of them, you will command them in the face of war. They will keep your commandment and do anything you will tell them." When the commanders and veterans heard his words, they bowed and prostrated and said: "We will do what you have said. We are ready for anything you will order us to do." The commanders and veterans went away and appointed army generals and combat officers. The soldiers followed the advice of commanders and veterans in accordance with the king's orders.

After a few days the king went forth with his army and arrived at a place known as Tragacanthes. There was a big temple with a big statue of Apollo in it. He was an important god to the Greeks in those days. Alexander ordered a sacrifice to be made before Apollo in accordance with the customs of the priests of the temple which was called Zacora. <One of the priests> said: "My lord king, this is not the proper time to sacrifice to Apollo. This is not to your benefit, for the sun is already setting, the day declines and the shadows of evening lengthen." The king heard the words of the priest and he postponed the sacrifice until the next morning. In the morning at sunrise the king made sacrifices to the god Apollo. The god called him and said <to> the king: "What is this, Hercules?" Alexander did not know this name and he despised him and said to the god: "Why do you not call me by my own name? Now I know that your sacrifices are of no use and your offerings are of no help."

Alexander marched from the temple to the land of Illyricum and he reigned over the entire kingdom. From there he went to the land of Salona and conquered it. From there he went onboard ship to the land of Lombardia. When the people of Rome heard that Alexander approached the borders of their country they were very afraid that he might do them evil, so they implored to settle for peace with him. Their counselors and senators stood up and sent messengers with a gift of portions of beaten gold and a golden crown, its weight being 1000 ounces. They said to them: "So will you speak to him. The counselors and senators of Rome appease you with this gift and ask you

(1) להשלים עמהם ולהיות ידך עמם* ויקרא שמך עליהם וילכו ויבואו אליו ויגידו לו את (2) דברי יועצי רומא ויביאו לו את המנחה וישמע אליהם וישלים עמהם* ויכרות להם (3) ברית וישלחם* וישב המלך על הים אל ארץ אפריקייא* ואל ארץ פלישתים* ויערוך (4) אתם מלחמה וינצחם ויכבש את מלכותם* וישב אל איי סקלייא ואקריתוס ופתירוס* (5) וישם פניו ללכת אל הבמה אשר היה שם צלם הנקרא אמון* ויהיה בדרך ויעבר צבי (6) אחד לפני הצבא* ויורו המורים בקשת אל הצבי ולא הכוהו* ויקח אלכסדר את הקש{ת} (7) ויורה את הצבי ויהרגהו* וישמח שם אלכסדר שמחה גדולה כי -ענן- נחש ועונן בדבר* (8) ויקרא שם המקום מקום החצים עד היום הזה* וילך משם אל הבמה אשר הזכרנו (9) ויזבח שם זבח גדול לפני הצלם ויקטר לפניו* אחרי כן הלך אל המקום הנקרא (10) טפורי* וימצא שם בתחתית ההר י״ב חביות* ומכל חבית וחבית יוצאות (11) י״ב עינות מים ובראש ההר בית במה גדולה* ובנינה גדול ומופלא* והיו שערי בית (12) הבמה סגורים ולא ידעו לאיזה אליל הבמה עשויה ויזבח שם זבח גדול ויקטר לאליל (13) סתם ולא קראו בשמו* ויהי בלילה ההוא ויחלם והנה האליל שנקרא סרפוס נגלה* (14) ויאמר לו אי אלכסדר התוכל לעקור את ההר הזה* ולשאת אותו על כתפך* (15) ויאמר הכח הזה אינו בידי ואם היה בידי אעשנו* ויען האליל כאשר לא יוכל איש (16) לעשות ככה* כן לא יוכל לשנות את שמי* ויהי כאשר שמע את הדבר הזה* ויקוד (17) וישתחו לאפיו* וישאל אליו ויאמר לו בי אדוני הודיעני מתי תהיה וכמה* ויען האליל (18) ויאמר לו הקשית לשאול כי הדבר הזה אשר שאלת לא יודע כי אם אחרי טורח (19) גדול* אך מפני כבודך וחשיבותך אצלי אגלהו לך* דע כי מות תמות בימי בחורותיך* (20) על יד סם המות אשר ישקוך בכוס חומר* ויקץ משנתו ויתעצב מאד על הדבר (21) ולא הגיד לאדם* ויקרא אל הצופים אנשי המלחמה הרצים ההולכים בראש הצבא* (22) לכו לכם וצרו עליה ושבו לכם פה עד אשר אלך אליכם* ויחל ויבן עיר ויקרא אותה (23) על שמו בעבור הזכיר שמו אחרי מותו* ויהי כאשר הבונים לבנות ויפתחו אשיות (24) החומה סביב והנה עופות הסמים באו ויחנו סביבות האשיות והנה העופות באים (25) אחריהם* ויבלעו העופות הראשונים ויאכלום ויחר לאלכסדר על הדבר הזה ויחדל (26) לבנות העיר* כי אמר אות היא על העיר חרבה ושוממה תהיה* וימיה לא ימשכו ומדוע (27) אטרח עליה לבנותה* ויאספו אליו חכמי מצרים הכומרים ויודעי העיתים וידעוני{ם}

to make peace with them and that your power be with them and your name be called over them." They went and came to him and told him the words of the counselors of Rome. They brought him the gift and he listened to them and he made peace with them. He made a covenant with them and sent them away.

The king stayed at the sea <near> to the land of Africa and the land of the Philistines. He waged a war against them, subdued them and conquered their kingdom.

He encamped on the islands of Sicilia, Acritas and Pharanites. There he went to the temple of the god Ammon. On the road he chanced upon a stag in front of the army. The archers shot at him, but they were unable to hit it. Alexander bent his bow and hit the stag and killed it. He was very delighted there, because it was a good omen. He called this place "the Place of the Arrows" to this day. From there he went to the above-mentioned temple and he made a great sacrifice to the statue and burned incense before it.

Thereafter he went to a place known as Taphosiris and there he found under the mountain twelve barrels; from each barrel sprang twelve watersprings. On the top of the mountain a big temple was built, a great and beautiful building, but its gates were closed and it was not known to whom the temple was dedicated. He brought a sacrifice and burned incense to the nameless god. In that night he dreamt and the god Serapis appeared and said to him: "Woe unto Alexander, are you able to remove this mountain and to carry it on your shoulder?" He said: "This is beyond my strength and if I could, I would have removed it." The god said: "Just as nobody is able to do this nobody can change my name." When Alexander heard this he bowed down and prostrated. He asked him: "Please, my lord, inform me when will <my death> be and how." The god replied: "You persist in asking, but it is difficult to let you know about it; however, because of your honour and respect for me I will reveal it to you: you must know that you will die in your youth by mortal poison that they will give you in a cup of wine to drink." Alexander woke up from his sleep and he was very distressed, but did not tell it to anyone.

He called his scouts who are soldiers and runners at the head of the army: "Go forth and besiege and stay there until I will come to you." He started to build a city and to call it by his name as a remembrance for him after his death. When the builders started to lay the foundations of the surrounding wall, poisonous birds came and stayed around the foundations. Other birds came and devoured the first birds and ate them. Alexander was grieved about it and he stopped building the city, for he said: "It is a sign that the city will be ruined and desolated. It will not remain; why should I bother to build it?" The sages and priests of Egypt assembled with him as well as prophets and soothsayers.

(1) ויאמרו לו אל יחר בעיניך הדבר ואל תחדל לבנות העיר כי אות היא המעשה {הזה} (2) כי העיר הזאת אשר אתה בונה תהיה עזרה ומנוסה לכלהארצות ומשם יחפרו את (3) כל המדינות ויבאו אליה* מארץ מרחקים ויסחרו בה וכשומעו את הדבר הזה (4) ציוה לבנות ויבנוה* ויצו את חכמי מצרים ללכת לארצם ולבקש שם את קבר ירמי{ה} (5) הנביא ולהוציא עצמותיו ולקברם שם בד׳ פינות המדינה להיות שמור למדינה למען (6) לא יבא לתוכה לא נחש ואפעה וצפרדע ולא חיה רעה ויעשו כן והיא העיר הנקרא (7) אלכסדרייא* ועד היום הזה לא נראה בתוכה חיה רעה* ושרץ רע* ויתקיימו דברי (8) אלכסדר במעשה הזה* ויהי טרם החל לבנות העיר ויבואו אליו אנשי מצרים (9) וישלימו עמו וימליכוהו עליהם* ויהי כבואו בתוך עיר מצרים וירא ברחוב העיר (10) צלם אשר עשו בברוח נקתינבור ממצרים מפני ארתחשסתא וישאל להם מה (11) הצלם הזה ויענו ויאמרו מלך אחד היה לנו ושמו נקתניבור ויברח מכאן ולא {ידענו} (12) אנה הוא ונעשה צורתו ונקימה למצבה וכשומעו זה ויאמר זה היה אבי אשר (13) הולידני* וזו תבניתו* וירד מעל המרכבה ויחבק את היכל הצלם וינשקהו* וירא (14) על רגליו מכתב חרות ויאמר להם מה זהו* ויקראו לפניו המכתב ההוא ואת כל (15) המראה אשר ראה* וישמח שמחה גדולה וידע כי הוא המלך אשר אמרו האלילים* (16) וילך משם ארץ סוריא ויצאו אליו שרי הארץ ויקבצו עליו להלחם בו לגרשו* (17) מן הארץ ההיא* ויהי כראותם כי חזק מהם ורב מאד מחנהו וישלימו עמו* (18) ויביאו לו מנחה מכל המדינות אשר בארץ* ויהי מהם אשר השלימו עמהם ולקח (19) מנחתם* ומהם אשר לא השלים ולא לקח מנחתם ויהרגם* וילך משם ויצר (20) על צר וישלח מלאכים אל ירושלם אל הכהן הגדול* ואל שרי היהודים לאמר כה (21) אמר המלך אלכסדר עשו אתי ברכה והשלימו לי והשיבו לי את המנחה אשר (22) השיבתם לדריוש מלך בבל כי טוב הוא לכם עבור מלך מקדון* מעבור מלך (23) בבל* ויען הכהן הגדול וכל שרי היהודים לא נוכל לעשות כן כי נשבענו בשם (24) אלהינו למלך בבל להיות לו נאמנים ולא נפשע בו כל ימיו* ולא נמירנו במלך (25) אחר חלילה לנו מעשות זאת* מחטוא לאלהים* ולעבור על שבועתנו ולפשוע (26) במלך בבל* וישובו המלאכים אל אלכסדר ויגידו לו דברי היהודים ויחר לו מאד ויאמ{ר} (27) לעלות עליהם לצבא ואקח נקמתי מהם ואודיעם את ידי ואראם הטוב טוב

They said to him: "Do not be grieved and do not stop building the city, because this signifies that the city you build will be a help and a refuge to all countries. From there they will dig <the foundations of> all cities and they will come to it from afar and they will trade in it." When he heard this, he ordered the city to be built, and they built it.

He ordered the sages of Egypt to go to their land, to search there for the burial place of the prophet Jeremiah, to take out his bones and to bury them on the four corners of the city in order to protect the city from snakes and vipers and any beast of prey. So they did. This is the city that is called Alexandria. Until this day no beast of prey or reptile has been seen there. The words of Alexander are fulfilled in this matter.

Before Alexander began to build the city, the Egyptians visited him and settled for peace with him and made him king over them. When he came to <the city of> Egypt he saw in the street of the city the statue that they had erected when Nectanebus fled before Artaxerxes. He asked them: "Whose statue is this?" They replied: "Once we had a king whose name was Nectanebus; he departed from here to an unknown place. We have erected a statue in his image." When he heard this he said: "This was my father to whom I was born. This is his figure." He hurried down from the chariot and embraced the statue and kissed it. He saw the inscription beneath it and he ordered the inscription everything he saw to be read to him. He rejoiced greatly, because he knew that he was the king who the gods have mentioned.

From there he went forth to the land of Syria. The commanders of the land went out to fight against him in order to expel him from that land. When they saw that they could not overcome him, they settled for peace with him and brought him gifts from all the cities in the land. He settled for peace with some of them and accepted their gift, but he did not settle for peace with others and did not accept their gift and he killed them.

He marched from there and besieged Tyrus. He sent messengers to Jerusalem to the High Priest and to the commanders of the Jews saying: "King Alexander says: give me a blessing and settle for peace with me. Bring me the tribute you are paying Darius, the king of Babylon. The rule of Macedon is better for you than the rule of Babylon." The High Priest and the commanders of the Jews replied: "We cannot do this. We have sworn in the name of our God unto the king of Babylon to be loyal to him. We cannot rebel against him or put any ruler over us; far be it from us to do so, to sin against God and to violate our oath and to rebel against the king of Babylon." The messengers returned to Alexander and told him the words of the Jews. He became very angry and said: "Let us go forth to fight against them. I shall wreak vengeance on them and let them know my power. I shall show that I am better

(1) אני מדריוש אם אין* רק לא יכול לעשות מיד להעלות מעל צר עד שילכדנה* ויהי (2) בלילה ההוא ויחלום והנה בידו אשכלות ענבים וישליכם מידו על פני הארץ וישחטם (3) ברגליו וירמסם והנה יין אדום מאד על פני הארץ ויהי בבקר ויקרא חרטומי מצרים (4) וחכמיה ויספר להם חלומו* ויען הגדול שבהם ויאמר הנה צר בידך והרגת אנשיה (5) ושפכת דמם על פני הארץ ותהרס את המדינה ושמת תל עולם* והיין הוא דם (6) האנשים אשר בה הנהרגים על ידך* ויהי כשומעו כן ויקם מהרה ויזעק את הצבא (7) ויקרב את כלי המלחמה וילחם עליה מלחמה גדולה* ולא הגיע חצי היום עד שלכדה (8) ונהרסו חומותיה* ונהרגו אנשיה* ונשבו הנשים והטף אשר בתוכה* ויהרוס {העיר} (9) וינתץ את מגדלותיה* וישימה תל עולם* וכן עשה לשתי מדינות שסביבותיה ויעש (10) בהם רעה גדולה אשר לא עשה כן לכל מדינה אחרת* וזכר הרעה ההיא לא נשכח (11) מזרעם וזרע זרעם* אחרי כן נסע משם וילך אליסיא* ומשם אל רדוס* וישם (12) פניו אל ירושלם ואל בית המקדש* וכששמע פחת יהודה והכהן הגדול וכל שרי -החיילי{ם}- (13) ירושלם וייראו מאד ויאספו כולם אל ירושלם* ויאמר להם הכהן הגדול אנשי ירושל{ם}* (14) ויהודה שובו לייי אלהיכם ויציל אתכם* וכה תעשו קדשו צום* קראו עצרה שלשת (15) ימים רצופים* והרבו תפלה ותחנה* והעלו עולות ושלמים לפני ייי ויצילכם מכף (16) אלכסדר ויעשו כן* ויהי ביום השלישי לתעניתם* וירא הכהן הגשול בחלומו והנה (17) קול קורא לו אל תירא מאלכסדר וצבאותיו ורב מחנהו כי לא יעשה עמכם רעה השכימו (18) בבקר ופנו את רחובות העיר ואתה לבוש בגדי הכהונה אשר תעבור בהם לפני (19) לפנים* ופנו את כל הדרכים* ולבשו בגדי לבן חליפות* ושים הציץ על ראשך ופתחו (20) את שערי העיר וצאו אליו* ויהי בבקר ויאסוף כל העם ויספר להם החלום וישמחו* (21) ויכרעו וישתחוו לייי ועשו כאשר ציום להם ויצאו לקראת אלכסדר ויעבר בראשם (22) הכהן הגדול* ויעלו אל הר הלבנון ויראו משם את עיר ירושלם ואת בית המקדש* (23) ויעמדו שם עד אשר קרב* ויהי כראותו מסנה היהודים בראש ההר* ויאמר אל חילו* (24) התייצבו פה אל תוסיפו לעבור ויקח עמו משריו הגדולים ומתי מספר עמו ויקרב (25) אל הכהן וירד מעל המרכבה ויחבק לו* וינשק לו* וישתחו אל השם הגדול אשר על ראשו* (26) וידבר אל הכהן דברי שלום ויעשו לו כבוד גדול* וכראות עבדיו את המעשה אשר (27) עשה ויתמהו ויפלא מאד בעיניהם* ויען אחד משריו גדול ונשוא פנים מכל השרי{ם}*

than Darius!" Only he could not immediately depart from Tyrus until he would have captured it.

That night Alexander had a dream. In his hands was a cluster of grapes. He threw it on the ground and trod it with his feet, causing deep red wine to issue over the land. In the morning he called for the magicians and sages of Egypt and he told them his dream. The most prominent among them said: "Tyrus is in your hand. You will kill its people and pour their blood over the land. You will destroy the city and make it to a ruin for ever. The wine is the blood of the people who will be killed by you."

When Alexander heard this, he alarmed his army and brought arms. He fought fiercely against it. It took him half a day to capture it, to destroy its walls and to kill its people. Women and children were taken captive. He destroyed the city and demolished its towers. He made it to a ruin for ever. He did the same with two neighbouring cities; such evil was not done to any other city and its remembrance was never forgotten for many generations.

From there he set out for Cilicia and he marched on to Rodus. He turned to Jerusalem and the Temple. When the governor of Judea and the High Priest and the commanders of Jerusalem heard this they feared exceedingly and all assembled in Jerusalem. The High Priest said to them: "People of Jerusalem and Judea, return to God, He will save you. So you will do: call for a fast and an assembly for three successive days. Multiply your prayers and supplications and sacrifice burnt-offerings and peace-offerings before God; He will save you from the hands of Alexander." So they did.

On the third day of their fast the High Priest <heard> in his dream a voice telling him: "Dread not Alexander, his troops and his great army, he will not do to you any harm. Get up in the morning and clean the streets of the city. You have to wear your priestly vestments which you usually wear. Clean the streets and wear white clothes. Put on your diadem and open the gates of the city and go towards him."

In the morning he gathered all people and told them the dream. They were joyful and kneeled and prostrated before God. They did all that he commanded them. They went towards Alexander, the High Priest in front. They climbed the mountain of Lebanon from which they could see the city of Jerusalem and the Temple. They stood there until he approached.

When he saw the <...> of the Jews on the top of the mountain, he said to his army: "Stop here! Do not proceed!" He took with him the most prominent of his commanders and some men and he approached the High Priest. He descended from his chariot and embraced him and kissed him. He prostrated before the great Name that was on his head. He greeted the High Priest and they paid him great honour. When his servants saw this they were very astonished and it was very marvellous in their eyes. One of the greatest and most favoured commanders

(1) אשר עמו ושמו ברמניון אדוני המלך כל ממלכות הארץ נתן אלהים בידך* ואתה (2) מלך גדול על כל הארץ* ומדוע השתחוית אל הזקן הזה שאינו מתורתך והשפלת (3) לפניו נפלא מאד הדבר בעינינו ובעיני כל צבאות מחניך* ויען ויאמר שמע (4) נא ברמניון לא השתחויתי לאיש הזה אלא לשם החקוק על מצחו החרות בציץ* (5) הזהב* ועתה שמעוני אחי -ועמו- ועמי* אני בהיותי במקדונייא ויהי עם לבבי (6) לקבץ החיל הזה* וארא בחלומי והנה במדבר דוגמת המקום הזה והנה שם אנשי{ם} (7) מלובשים בגדי לבן מדוגמת אלו ולפניהם אחד כדוגמת הכהן הגדול ומלבושיו (8) ויאמר אלי בחלום המלך אלכסדר ואומר הנני* ויאמר אני המלאך השלוח לעזרתך (9) מאת האלהים מבשרני לך כי כבוד גדול ומעלה גדולה יהיה לך* ואעזרך בכל (10) מקום* ועתה כראות זה ואזכרה את חלומי ואדעה כי איש אלהים הוא* ויהי (11) כשמוע עבדיו את דבריו וייטב בעיניהם* ויהי אחרי כן ויבא אלכסדר (12) אחרי הכהן אל תוך המקדש וישתחו על אפיו לפני ההיכל* ויוצא לו הכהן ספר (13) דניאל ויראהו אודות הבחור מלך יון שיתגרה את מלכי מדי ופרס ועשה והצליח* (14) וכשמעו זה שמח שמחה גדולה ויאמר להעלות עולות ושלמים לשם אלהי ישראל* (15) ויצו הכהן הגדול להעלות עולתו ושלמיו על פי התורה וכמצות משה איש האלהי{ם} (16) ויעשו כן הכהנים* ואחרי כן ציוה המלך לתת לכהן מתנות גדולות וחמודות ובקש (17) ממנו להעלות עולות תמיד ולהתפלל בעבורו ואחר כל תפלותיו מה שאלתך הכהן (18) וינתן לך* ויאמר לו הכהן שאלתי אם על המלך טוב להעביר קול בכל מחנהו* (19) אשר בכל מקומות ממשלתו* וגם כאשר ילחם בבל ואשור ואל ערק שימצא (20) שם איש מעמיו לא ימצא לו נזק* וינשאהו עבדי המלך עד הגיע עדינו הנה* (21) ובכל המקומות אשר אחד מישראל גר שם לא יאנס לעבוד על תורתנו כמשפט* (22) וגם אנחנו נעבוד את אלהינו כמשפטנו לעשות את זבחינו* ואת נסכינו* ואשר (23) יתן לנו {עזר} המלך לעשות לנו הנחה מעבוד לו בשנה השביעית* ומהשיב לו מנחה* (24) שעלינו להשיב לו מדי שנה בשנה כי מצות אלהינו עלינו לאמר בשנה השביעי{ת}* (25) תשבות הארץ* וכאשר תשבת הארץ נשבת אנחנו בשנה ההיא* ויצו המלך (26) ותנתין דת להעשות כן ככל אשר שאל הכהן ויכרת ברית על פי הדברים האלה (27) ויכתב בשם המלך ויחתם בטבעת המלך* אחרי כן יצא מירושלם המלך וכל

who was called Parmenius, said: "My lord king, God has put all kingdoms into your hand. You are a great king on earth. Why did you prostrate before this old person who does not follow your law. You humbled yourselves before him; this is very marvellous in our eyes and in the eyes of all your troops." He replied: "Listen, Parmenius, I did not bow to this old man but to the Name that is engraved on the golden diadem on his forehead. Listen to me, my brothers, my people, when I was still in Macedon, I beheld myself in a dream assembling this army. I saw in my dream a person just like this one in the desert with people who were dressed in white garments just like these. Before them there walked a man just like the High Priest with the same vestments. He said to me in the dream: "King Alexander?" I said: "Yes!." He said: "I am the messenger sent by God to help you. I am the herald of the great honour and great virtue that will befall you. I shall help you in any place." "Now I have seen him I remember my dream and I know that this is a man of God."

When his servants heard his words, they were pleased. Afterwards, Alexander entered the Temple together with the Priest. He prostrated before the Temple-hall. The Priest brought out the Book of Daniel and showed him the passage about the young king of Greece who shall fight the kings of Media and Persia and succeed. When he heard this, he rejoiced greatly and ordered burnt-offerings and peace-offerings to be brought to the God of Israel. The High Priest ordered his burnt-offering and peace-offerings to be brought in accordance with the Torah and the commandment of the prophet Moses. So the priests did.

Afterwards the king ordered the Priest to be given great and lovely presents and he begged him to bring the the daily offerings and to pray for him. After all the prayers <he said>: "Ask me anything you like, O Priest, and I shall grant it." The Priest said: "I request according to the will of the king to proclaim in his entire realm in every place under his rule, also when he fights against Babylon and Assyria and Illyrica, that where he finds someone of his people, he should not do him any harm. His servants should bring him here with us. Any Jew who lives in any place should not be forced to violate our Torah; just like us who worship our God in accordance with our custom and bring our sacrifices. The king will help us to exempt us from serving him in the seventh year and to remove our annual tribute. It is prescribed to us by God to let the land lie fallow in the seventh year, because we too shall rest in that year." The king ordered a law to be given to do everything in accordance with the request of the Priest. He signed a covenant with regard to these matters. It was written and sealed in the name of the king.

Afterwards the king departed from Jerusalem

(1) שריו עמו וכל מקום שהלך השלימו עמו ויביאו לו מנחה והפלטים אשר פלטו מצור (2) אחרי אשר לכדה* וילכו אל דריוש ויגידו לו בא עלינו אלכסדר ולכד צור והפיל חומותיה (3) והחריב הארץ* והרבה חלליה* וישב ממנה שבי נשינו בנינו בנותינו* ויהי כשומעו (4) כן ויצו להחקק לו תבנית צורת אלכסדר* וימצא בם איש אשר נמצא אתו צורת אלכסד{ר} (5) ותבניתו חרותה על לוח ויוציאה למלך* וכראותו צורת אלכסדר ויבז לו בלבו מאד* (6) ויצו ויעשו כדור והמקל אשר ישחקו בו הנערים הנקרא אל צולגאן בלשון הגרי וכוס (7) זהב ויתן ביד אחד משריו ויכתב כתבו וישלח לאלכסדר* וזה פתשגן הכתב (8) מן דריוש בן דריוש המלך* מלך מלכי הארץ* ואשר דומה לשמש (9) בתקופתו בהודו ואורו ואשר כל אלהי פרס מגינים עליו ועומדים לעזרתו* והמולך (10) ממזרח שמש עד מבואו* אל עבדו אלכסדר שלום* שמעתי כי אתה מתנשא לאמר לבא (11) בארץ עם הפרסים הרקים* המורדים והפושעים שנתלקטו אליך להלחם על חילותי (12) המכסים את עין הארץ* ועם מלך גדול כמוני אשר זהב וכסף* ור{א}מות וגביש* ואבנים (13) יקרות ופנינים אשר באוצרותי* אם יתפזרו על כל יושבי הארץ אז יעשירו* ועתה (14) כבוא הספר אליך* המלך לצאת מעצתך* ושוב לארצך אל אמך* ושים ראשך בתוך חיקה* (15) והנה שלחתי לך כדור וצולגאן אשר תשחק בו עם הילדים בני גילך* וגם כוס זהב שלחתי (16) לך למען תמצא בו מקצת מחסורך* ועתה אם לא תשמע לעצתי* תדע כי אצוה עליך (17) מקצת צבאותי לקחתך בציצית ראשך ולה-א-ביאך אלי* ולתלותך על אחד מן השיחים (18) מהגבוהים כמשפט המורדים והפושעים בני גילך* הקמים על אדניהם והמתפרצים על (19) על מלכם* ועתה שתים אני נוטל עליך בחר לך אחד מהם* ויהי כהגיע המלאכים (20) אל אלכסדר ויתנו לו שלום כמשפט המלכים* ויתנו לו הכדור* והצולגאן והכוס* ויצו המלך (21) לקחת מידם ויקרא לפתיוש סופרו ויצוהו לקרוא הכתב באוזני כל היושבים במסבה* (22) ההיא ובשמעם דברי הסופר ההוא ויזעקו ויחר להם מאד לאמר איך מלאו לבו לדבר (23) על המלך כן* ויצו המלך לאמר שימו יד על פה* והחרישו הלא ידעתם והבנתם (24) מעך הספר הזה* כי פחדו ואימתו השיאהו לדבר כן* הלא כאשר הכלב יפחד (25) כי אז יגבה וירם קולו* ועתה הנה נתן בלבנו אמץ וחזק כחנו לבא עליו בהודיעו (26) אותנו את כל תוקף עושרו ומאודו* ושימו לבכם למן היום הזה איך נקח את עושרו (27) ואת ארצו כי אז נעשר ונמצא און לנו* אחרי כן השיב אל מלכי דריוש ויאמר

with all his commanders. Where ever he came, they settled for peace with him and brought him gifts. The refugees who escaped from Tyrus after its capture went to Darius and told him: "Alexander came to us and captured Tyrus. He demolished its walls and ruined the land. Many people were slain and he took our wives, sons and daughters into captivity."

When he heard this, he ordered the appearance of Alexander to be engraved. One craftsman was found who possessed the appearance of Alexander drawn on a tablet. He showed to the king. When he saw the appearance of Alexander, he expressed much contempt. He gave orders that a letter and a ball with which the children play, called *saulajan* in Arabic, and a golden bowl to be brought to him. He sent them through his commanders together with a letter to Alexander. This is the purport of the letter: "Darius, son of Darius, King of the kings of the earth, resembling the sun in her cycle, in her strength and light, who is protected and supported by all the gods of Persia, ruler from East to West, to his servant Alexander, greetings. I have heard that you have advanced yourselves to travel through the land together with sinful and rebellious Persians who are good-for-nothing in order to fight against my troops who cover the eye of the earth, and against a great king like me who possesses so many treasures of gold, silver, corals, crystal and precious pearls that if they would be divided among the inhabitants of the world, they all would become rich. Now this letter has reached you <from> the king to let you turn away from your intention, go back to your land <and> to your mother and put your head in her lap. I have sent you a ball and a rod so that you may play with them together with the children of your age and I have also sent you a golden bowl to support you in your indigence. Now, know that if you do not listen to my advice, I will quickly bring some of my troops to you to take you by your forelock and to put you before me and to hang you from one of the highest trees. That is what I do with rebels and conspirators of your age who rise against their lord and revolt against their king. Now, choose one of the two suggestions I have made."

When the messengers came to Alexander, they greeted him in accordance with the customs of kings. They took out for him the ball, the rod and the bowl. He ordered them to be taken away and he called for Hephaistius the scribe and asked him to read the letter aloud before everyone around. When they heard the words of that scribe, they shouted and were very angry saying: "How did he dare to speak thus about the king?" The king said: "Put your hand upon your mouth and be silent. Don't you know and understand the real meaning of this letter? His fear and anguish make him speak like this. When a dog is frightened, does he not raise his voice and howl? This strengthens us to attack him, after that he informed us about his enormous richness and wealth. Pay attention from this day onwards how we will take his richness and his land, then we will be rich and find a fortune for ourselves."

Thereafter he replied to the messengers of Darius:

(1) הנה אדניכם אמר -לי- עלי לתלותנו* ועתה -הנה- הנני עושה בכם את אשר
אמר* (2) וכשמעו כן ויחרדו ויצא לבם* ויפלו על פניהם וישתחוו ארצה ויאמרו
לו (3) אדונינו המלך מה פשענו ומה חטאתנו הננו עבדים לך וגם למלך השולח
(4) אותנו* ואם טוב בעיניך אין לנו משפט מות כי הננו לכל מצותך ושליחותך
(5) נכונים ולשליחות מלכנו דריוש* וכששמע אלכסדר דבריהם ישרו בעיניו*
ויאמ{ר} (6) להם אל תיראו* ויאמר לתת להם מתנות רבות* ובעת האוכל נתן
להם מקום (7) בראש הקרואים* ויאמרו לו הלמלאכים האלה אדוננו המלך ינתן
נא לעבדיך (8) אלף פרשים לבא עמנו ונביא לך המלך דריוש אסור* וימאן ויאמר
לי מעשות (9) זאת* מתת לכם איש אחד מאנשי* כי אין נכון למלכים גדולים*
ולאיש כמוני* (10) לקשור עליו קשר ביד עבדיו* כי אז יומו יבא או נוועדה
במלחמה* ויצו להשיב (11) תשובה על הספר המובא אליו לדריוש* וזה פתשגן
הכתב* מן אלכסדר בן (12) פיליפוס ואלפנדיוש המלכה אל דריוש המלך האומר
בלבו הוא (13) דומה אל השמש בזהרו ובחדרו והחושב כי כל אלילי פרס מגינים
עליו* הנה כתבך (14) בא אלי ואקראנו ואבין מדבריך שאין עליך הוד מלכות
ודברי כסיל דבריך ואינך בקי (15) במוסר המלכים ודתודיהם* ותגדל עצמך עד
השמים בעצם ידך בכחך ודמיונך (16) לשמש* ואת כבוד עשרך ורב אוצרותיך*
ותמעט אותי להשפילני ואת ממלכתי עד (17) עפר* ועתה דבריך אינן אלא תימה
הלא {המלכים} הגדולים לא יעמדו לפניך* ולא יוכלו לך (18) ואף כי איש
נבזה כמוני ומלך קטן כאשר קראתני חדל נא איך יקום אליך ואיך (19) יערך
לנגדך כי קטן הוא* ואולם שמע נא דריוש אמת הנני אליך אקרה לקראתך (20) כי
רב עשרך אשר הודעתני נתן בלבי לבא בארצך ויהיו לי דבריך כבשורה (21) כי
אירשנו וזה החלך לעשות לי אות בשלחך לי כדור וצולגאן וכוס* הכדור (22)
היא כדמות הארץ ועוגל שלה לאמר כי תשוב לי ואמלוך עליה* וגם הצולגאן
(23) המתעקף בראשו לסוף כאגמון אות ומופת כי כל המלכים יכנעו לפני ויכרעו
וישתחוו (24) לי ויהיו לי לעבדים* והכוס אות לך כי תשיב לי אשכר ומנחה
תמיד וזה אשר (25) החלות לי לעשות* ותבשרני בשורה גדולה על דבריך ועל
משאלותיך* ועתה דע (26) כי בן מות אתה* ומות תמות כי אמרת אשר דמית
בגדלך אל השמש ואל הצבא (27) ותשור על כל המלכים ואם נוועדה יחד
ותנצחני אין יתרון כי מלך הדומה לשמש

"Your lord has said that I should be hanged. I shall do to you what he said." When they heard this, they trembled and panicked. They bowed down and prostrated to the ground and said to him: "Our lord king, what is our offence and our sin? We are servants to you and also to the king who sends us. If you please we should not be sentenced to death, because we are prepared to your command and your message as to the message of our king Darius." When Alexander heard their words, he considered them right and said to them: "Be not afraid!" He ordered many presents to be given to them. At dinner-time he gave them a seat at the head of the guests. They said to him: "As to the messengers of our lord king, let your servant be given 1000 horsemen to come with us, then we shall bring you king Darius in chains."

He refused and said: "<Far be it from> me to do such a thing, I shall not give you even one of my men, because it is not fitting for great kings and a man like me to conspire against him together with his servants. His day will surely come or we will meet in the battle."

He ordered a reply to be written to the letter of Darius that had been brought to him. This is the purport of his reply: "Alexander, son of Philip and queen Olympias, to king Darius who thinks himself to resemble the sun in light and dimension, who believes he is protected by all the gods of Persia, greetings. Your letter has reached me and I have read it. I understand from your words that the glory of kingship does not belong to you. You have spoken foolish words and you are not an expert in the instructions and laws of kings. You have boasted unto heaven of your strength, your power and your resemblance to the sun as well as of your richness and your numerous treasures, but you disparage me by humiliating me and my kingship unto dust. Your words are surprising: if great king do not have the power to fight against you, what about a despicable man and minor king like me, when you call upon him: 'Please stop!'. How could he ever rise against you and be compared to you, because he is minor? Listen well, Darius, verily I shall meet you, because the quantity of your richness encourages me to come to your land. You brought me the good news that I shall inherit it. You gave the first sign by sending me a ball and a rod and a bowl. The ball signifies the globe of the world which I shall reign. The staff with a curved top at its end just like a ruler is a sign that all kings shall bow down and kneel and prostrate before me. They shall be my servants. The bowl is a sign that you will pay me tribute for ever this is what you have began to do. Know that you are an ordinary mortal, you will surely die, although you have said that you resemble the sun and the host <of heaven> in greatness. Watch the kings; if all of you would be gathered and you would defeat them, there is no profit, because a king who resembles the sun,

(1) אם ינצח מלך דל וקטן כמוני לא תהיה תפארתו על ככה* ואולם אם אני אחזק ממך (2) אז יהיה לי השם והיתרון והכבוד כי נצחתי המלך המולך ממזרח ועד מערב* ועתה (3) דע אל נכון כי אלך לקראתך להלחם בך* וישובו המלאכים אל דריוש ובקראו את (4) הספר* ויחר אפו ותבער חמתו וישלח מלאכים אל השלים* והגבורים אשר לו באנטוכייא* (5) וכתב שלח אליהם* וזה הכתב* הנה שמעתי כי אלכסדר המקדוני נתנשא בילדותו (6) ויצא מן הדרך מאד עד אשר נכנס בעסייה אשר בקצה מלכותינו ונס (7) משם ויעש תועה בכל המקומות ההם* ועתה צאו לקראתו וקחהו אלי והביאהו לי (8) ובכל הדרך תייראוהו פן יתיירא למען ידע כי לא יראנוהו כי ידענו כי -ילדות- ילדותו (9) ושחרותו הסיתהו לעשות את הדברים אשר הוא עושה* ובהגיעו אלינו נלבישהו משבצות (10) זהב ונשלחהו אל אמו* ושמה יגדל עם הנערים בני גילו* ולכשיגדל אז יעשה אשר (11) תמצא ידו* אבל עתה ילד הוא ורך ואין לפקוד על אשמיו* ועתה אל תשגו והביאוהו (12) אלי* ויהי כקרוא השליש שבאנטוכייא הספר הזה ויפל על דברי הספר ויכתבם ספר (13) להשיב אל המלך דריוש* אל המלך דריוש מלך מלכים מאת עבדו השליש והגבורי{ם} (14) אשר באנטוכייא לאדוננו שלום* ידע אדוננו כי בא לידנו הספר אשר שלח על (15) אודות הנער אלכסדרייא כי בא בעסייא ונכנס בארץ ההיא* אמנם ידע אדוננו כי אנחנו (16) פה באנטוכייא ביראה ממנו* וגם אנחנו צריכים לעזרתו ולח{י}לותיו להושיענו מידו* ואף כי (17) נלך לקראתו ולתופשו כי זחלנו -בעבורו- בעוברו עלינו יצאנו לקראתו עם הצבא והגבורי{ם} (18) ולא עמדנו בפניו* וכאשר נמלטנו מידו ונשב ונאסף העירה שמחנו הלא הוגד לאדונינו (19) אשר עשה לצור ההיתה צבי המלכות וכל אנשיה גבורים כי הכם לפי חרב* ועוד שאדוננו (20) אינו משלח כי אם להלבישו ולתת לו מתנות* וזה שכרו על הרעה אשר עשה* ואם טוב (21) בעיני אדוננו אל יחר אפו עלינו כי אין בנו כח על זה והוא על ידי שלוחיו ישלח לו (22) כדבר הזה* ויהי כבוא הספר הזה אל דריוש ומלאך בא לו לאמר הנה אלכסדר חונה בארץ (23) אלערק על נחל גוראניק* ויצו את סופרו לכתוב לו ספר* מן דריוש בן דריוש (24) המלך הגדול המולך עד אפסי ארץ* אשר כל האלילים יהללוהו (25) ובספרי מצותם* ודברי הימים יהודוהו* וכל המלכים עליהם קבלוהו ויאשרוהו אליך (26) אלכסדר שלו׳* עתה כבוא הספר אליך אץ מהרה ולך לך אל ארץ מקדונייא* ואני (27) מצוה עליך משני פנים* מפני המצוה שלי עליך* הן מפני העבדות שלך לי שנקרא

defeating a low minor king like me, will not gain his glory from that. On the other hand, if I am stronger than you, I shall gain fame and profit and honour, because I have defeated a king who rules from East to West. So be it known to you, that I shall meet you in war."

The messengers returned to Darius. After reading the letter he became very angry and his wrath was kindled. He sent messengers to the military commander of Antioch. He wrote to them <a letter> and this was the text: "I have heard that Alexander the Macedonian was carried away by his youthful arrogance to invade Asia at the border of our empire and to roam around in those places. You have to set out to seize him and to bring him before me. Intimidate him a little on the way, so that he will know that we do not fear him. We know that his youthfulness incited him to do the things he did. When he comes to us we shall dress him in a coat inlaid with gold and send him to his mother. There he will grow up with his peers. When he will be an adult, he can do what lies in his power. Now he is a only a weak child who cannot be punished for his guilt. So do not blunder and bring him before me!"

When the commander of Antioch read the letter of Darius, he quibbled over its words and he wrote a reply to king Darius: "To king Darius, the greatest king, from his military commander in Antioch, to our lord greetings. Be it known to our lord that the letter which he has sent, has come to us regarding the boy Alexander who came to Asia and entered this land. Our lord must know that we are afraid of him and we need his support and armies to save us from his hand. Although we shall set out against him to seize him we tremble when he marches against us. We have met him with <our> army and warriors, but we could not defeat him. When we escaped from him and returned and assembled into the city, we rejoiced. Is our lord not informed about what he did to Tyrus, the splendour of the kingdom, and all its courageous people who he has slain by the sword? Moreover, our lord has done nothing but clothing him and sending him presents. This is his reward for the evil he did. If it pleases our lord not to be angry at us because of our incapability to do this and as such will be sent to him through his messengers."

When the letter reached Darius, a messenger came to him telling that Alexander had encamped in the land of Illyrica at the river Granicus. He ordered his scribe to write him a letter: "Darius, son of Darius, the great king who rules to the ends of the earth and who is praised by the gods and extolled by the books of the law and the annals and who is accepted and acknowledged by all kings, to you, Alexander, greetings. When you deal with this letter, hurry and return to your homeland Macedon. I give you my order for two reasons: my command is over you; your servitude is to me,

(1) שמי עליך* כי אם לא תעשה הנני מעיר עליך חיל עד אשר לא תמצא מבצר {להמלט} (2) בו* ומערה לא תכילך* ואכן שוב לך אל ארצך* פן תדבקך הרעה ואל ישיאך (3) הילדות אשר בך* וגם אני שולח אליך כלי אחד כשכש אם תוכל לספור אותו אז (4) יעלה בלבך אולי תוכל לעמוד על קצת מקצת חיילותינו* ואם לא תוכל לספרו (5) איך תוכל לספור חיילותינו* ואיך תתגאה להתגרות בנו* אכן ברח לך אל מקומך (6) ושמח אם יהיה לך מקומך לפליטה* ואם נניח לך את הארץ ההיא ולא נפקד (7) עליך הרעה אשר עשית* ויבא המלאך אל אלכסדר ויקרא הסופר וישלח ידו אל (8) הכלי* ויקח מן הזרע הכשכאש* וישלך אל פיו* ויאמר אל המלאכים* אמנם נכונו (9) דבריו כי אין מספר לצבאותיו* ואולם כאשר הזרע הזה מתוק לחיך האדם (10) ומהיר למשחק בתוך פיו כן גבוריו וחיילותיו חתים ונשחקים וגם אני אשלח (11) לו על ידיכם דבר שהוא כדאי* ויהי ממחרת ויבא אליו מלאך מאמו המלכה (12) לאמר הנה אמך חולה מאד ומבקשת לראותיך בטרם תמות* ויכתב ספר ביד (13) המלאכים לאמר* אל דריוש המלך מאת אלכסדר בן פיליפוס המלך והמלכה (14) אלנפריוש שלום* הנה -כתבת- כתבך בא אלי* וגם הזרע ששלח{ת}* (15) וידעתי כאשר הזרע לא יספר כן חיילותיך רבים* ואולם הם נוחים להשחק (16) ולהבלע כמו הזרע* והא לך מאתי כלי מלא פלפלין לאמר כאשר הפלפל מעט* (17) וחד וחזק כן חילי ואם הוא מעט נגד חילך ידוקו ושחקו את חיילותיך (18) ואולם קורות הזמן ומגורותיו יבטלו מחשבות האנשים ואשר בלבם עתה (19) אל יבטיחך יצרך כי מפני פחדך ברחתי כי אמי חולה מאד ואעלה -לפקדך- (20) לפוקדה ולבקרה ולשמור מצותה בכל עת* ואני עתה הולך* ודע כי אשוב אליך (21) אל נכון לקרוב ימים ואשר הבתחתיך אעשה אך השמר ממני ויתן מתנות (22) למלאכים -ונ- וישובו אל דריוש והוא עומד משם ויקם ללכת אל אמו עד מקדון* (23) ויהי שר אחד גדול מכל השרים אשר בארץ פרס ושמו אמונתאן יצא ויחן (24) על עיר גדולה שבארץ אלימאן ויצר עליה* וישמע אל אלכסדר כי יצא להלחם (25) בארצות בבל* ויקם משם ל-א-בוא לקראתו ויקראו שניהם בדרך ותתגר ביניהם (26) מלחמה רבה כל היום ההוא וכל הלילה* וביום השני החלו להלחם כעלות (27) השחר עד צאת הכוכבים* ויהי ביום השלישי החלו להלחם בטרם יכיר איש

for my name is called over yours. If you do not obey, I shall raise an army against you, until you will not find one fortress to escape to and one cave where you can hide. So return to your land, lest evil will overcome you, and let your youthfulness not make you haughty. I send to you one *papaver*: if you are able to count <its seeds>, do not believe that you can defeat only a part of our troops. If you are not able to count <them>, how will you be able to know the number of my troops? How can you be so arrogant to wage a war against us? Therefore run away to your place and be happy to have a refuge. If we leave to you that land, we shall not give you back the evil you did."

When the messenger reached Alexander, he stretched his hand to the vessel to take from it the seeds of the *papaver*. He put them in his mouth and said to the messengers: "Darius is right about the number of his troops, on the other hand, they are tasty and easy to grind in the mouth, so can his heroes and troops be broken and ground. I shall send him something worthwile through you."

On the following day a messenger arrived from his mother the queen informing him that his mother was very ill. She wished to see him before she might die. He wrote a letter to be <put> in the hands of the messengers saying thus: "To king Darius from Alexander, son of king Philip and queen Olympias, greetings. Your letter has reached me and also the seeds you have sent me. I understand that the seeds cannot be counted like your numerous troops, but they are easy to grind and to be devoured like the seeds. Here you will get from me a vessel full of peppercorns to inform you that my army is just like a small peppercorn, yet, it is spicy and strong. Although it is small in comparison with your army, they will crush and grind your troops. The hardships and events of time nullify most of man's plans. Do not trust your inclination that I have fled out of fear. My mother is very ill and I shall go back to pay her a visit and to keep her command at any time. I shall go now, but know that I shall certainly soon return to you. I do what I promise, so beware!"

He gave presents to the messengers and they returned to Darius. He got away from there and went to his mother in Macedon.

One of the great commanders in the land of Persia whose name was Amontas, went forth and besieged a large city in the land of Jemen. Alexander was informed that he set out to fight in the provinces of Babylon. He departed from there to go towards him. Both <armies> met on the way and were plunged into close combat all that day and night. The second day they started to fight at dawn until the stars were shining. The third day they started to fight before one could see

(1) את רעהו ויקומו להלחם כל היום ויפלו חללים רבים מאלה ומאלה* אך נגוף נגף {אמנתאן} (2) ואנשיו מפני אלכסדר וגבוריו* וכראותו את גבורת בני מקדון ויברח לילה עם הפליטי{ם}* (3) אשר נשארו לו מחרב אלכסדר וישובו עד דריוש* ויהי בבקר וירא אלכסדר (4) כי ברח אמנתאן* ויצו לקבור את כל החללים אשר במחנהו ובמחנה (5) פרס ולרפא את המוכים* ובהגיע אמנתאן אל דריוש והנה שבו שלוחיו משליחות (6) אלכסדר וכלי הפלפל בידם* ויקח דריוש מהפלפל וידק בפיו ובשיניו* ובהרגישו (7) חמימותו וחריפותו וישליכהו מפיו ויאמר אי אלכסדר צדקת כי שלחת אלי פלפל כי (8) מראה שלך* ומראה גבוריך משונה במראהו וגם טעמך טעמם לא טוב כטעמו* ויען (9) אמנתאן* ויאמר אדוני המלך הנה עבדיך נקרא עתה אתו בחיל כבד בדרך לא (10) נמלטתי ממנו רק במתי מעט* ועיניך רואות* והמלך אלכסדר הלך לו ויעבר בדרך (11) אסיה הקטנה* ועל כל המדינות אשר הלך* וישיבו לו מנחה ויצא במחוז סרדאן אל (12) המדינה הנקראת גורדאן ולא פתחו לו ויצר עליה וילכדה ויהרוס חומותיה* ויסע (13) משם אל היכל הקרוב לעיר הזאת ויזבח לאליל ההוא זבחים ויסך נסכים* ובני המלכים (14) הכהנים אשר בהיכל ההוא עמדו לפניו כל עת הקרב הקרבן במחתות כסף ויקטירו (15) לפניו קטורת וזה היה הרגלתם וגודל כבודם למלכים* ויסע משם ובא עד נחל (16) אשכומודור ולעיר תרבריאוש ויצאו אנשיה לקראתו ויביאו לו מנחה ויכבד{ם} (17) מאד* ויהללם ויאמר להם אמנם כי אתם עם ונכבדי ארץ* וכמה שבחים זכר שספר (18) עליהם אמירום הפייט בפיוטיו ויען ארכלימיטוס אחד מגדולי חכמי העיר ופילוסופיי{אה} (19) אדוננו המלך לו היה אמירוס חי לא היה פנוי לשום שבח אדם* ולא לשום שבח מדינ{ה}* (20) אך בך היתה שירתו כל ימיו ולא יספיק לו נסע ולך את ספקו* אחרי כן נסע (21) אלכסדר ויעבור המעבר אשר בין אסיה הגדולה* ואסיה הקטנה* ויעבר את גשר (22) פליס ויבא מקדוניה וימצא את אמו שרופאת מחוליה וישמח שמחה גדולה ולא נח (23) ולא מלאו לו הימים ויאסף ויצא מקדוניא ויבא עד תבץ והיא היתה עיר גדולה (24) ויאמר להם החלצו מאתכם אלף איש לצבא בצבאותי* ויתמהו האנשים אשר (25) במדינה לאמר מי יוכל לעשות כדבר הגדול הזה וירוצו ויצאו אל תוך המדינה (26) ויסגרו השערים ויעלו על החומות כ״ד אלפים לבושים שריונות ויצעקו ויאמרו אי (27) אלכסדר לך מעלינו פן בחרב נצא לקראתך* ונבריחך מעלינו בעל כרחך* וישמע

another. They continued to fight the whole day and many were slain at both sides, but Amontas and his men were defeated by Alexander and his warriors. When he saw the strength of the Macedonians, he fled in the night with the fugitives who were saved from the sword of Alexander. They returned to Darius. It came to pass in the morning, when Alexander perceived that Amontas had fled from him, he ordered all the slain among his army and the Persian army to be buried and the wounded to be cured.

When Amontas arrived at Darius, also his messengers returned from their mission to Alexander with the peppercorns in their hand. Darius took some peppercorns and he crushed it with his mouth and teeth. When he noticed how hot and spicy it was, he threw it out of his mouth and said: "Indeed, Alexander was right in sending me peppercorns, because your appearance and that of your warriors is different from his appearance. The taste of you and your men is not like his." Amontas replied: "My lord king, your servants met him with a vast army, but I escaped from him with only a few men. Your eyes can see it!"

King Alexander marched on and passed through Asia Minor. All the cities he passed, paid him tribute. He went forth to the district of Sardis, to a city called Gordien. They did not open <the gate> before him and he besieged it, captured it and destroyed its walls.

Then he marched to the temple near this city and he brought sacrifices to that god and offered libations. The royal priests of that temple stood before him during the time of bringing his sacrifices with silver fire-pans burning incense before him. This was their usual way of paying honour to kings.

He departed thence and arrived at the river Scamandrus and the city of Taurus. Its men welcomed him and brought him a tribute. He honoured and praised them saying: "Indeed, you are very respected and how much praise is to be recalled from what the poet Homer tells in his poems." Archelimeteus, one of the great sages and philosophers of the city, replied: "If Homer had lived, then he would not seek praise to any person or city. His poetry would have been about you all his life, and it would not be sufficient to him. Go on and <complete your travels>."

After that Alexander departed and passed the border between Asia Major and Asia Minor over a crossing-place called the Hellespont until he came into Macedon and found his mother Olympias cured of her illness. He rejoiced greatly, but he did not wait long before gathering his army and departing from the land of Macedon. He came in the large city of Thebes. He ordered the Thebans: "Be armoured and come forth with 1000 men to be mustered to my troops." The citizens were surprised and said: "Who can do such a thing?" They quickly returned to the city and closed its gates. Twenty-four thousand armoured <men> climbed upon the walls and shouted: "Woe, Alexander, withdraw from us, lest we shall set out against you with the sword and let you flee from us unwillingly." Alexander listened

(1) ויצעק וילעג למו* ויאמר שמעו נא בני תבץ אם גבורים אתם למה סגרתם {בעדכם} (2) ומעל החומות תר״צ׳חו* ועתה שמעו נא -בני תבץ* אם גבורים אתם- נא לי באחת (3) לא אפרד מעליכם עד היות המדינה בידיי* ואוציאכם בציצת ראשיכם כאשר יוציאו (4) מן החדר עלמות* לפי שאתם דומים לנשים יותר מאנשים* ויצו את המורים ויורו (5) לאשר על החומה עד שלא נראה מהם חוץ לחומה יד אחת ואחר ציוה למקצת (6) גבוריו ויקחו צנצים ויתנו בהם אש וישימו השערה וישרפום באש* ומקצת (7) אנשיו ציוה בכשלים וכלפות לחפור סביבות החומה ויעשו כן ויפלו אנשי החומה (8) ארצה מהם חיים ומהם מתים וילכד המדינה בכח* וישמחו אנשיו ואיבי תבץ על (9) הלכדה כי איבים רבים להם וימצא בתוכם מנגן אחד ואשמונאי שמו* ויקח עוגבו (10) בידו וינגן מעניין הלחנין הנפרדים בחכמת הניגון הנקרא מוסיקא בלשון הגר (11) על דרך הרחמנות שמנגנין לפני המלכים למען ירחמו עליהם ויבא לפני המלך (12) ויאמר לו הלא אדוני המלך גם לך היה נכון אם היית מתאחר בכבוש המדינה (13) מהרוג אנשיה וכי אביך המלך פוליפוס מולדתו היה מתבץ ואנשים אשר בתוכה (14) קרוביך בני דודך וישמע אלכסדר דבריו ויחר אפו כי קרא אביו קרוב לאנשי תבץ* (15) ויצו להרם את הנשאר בה שלא להרוס ומבניה נסו מהם פליטים אל היכל אבולון* (16) ואלכסדר בהרסו אותה קם וילך לעשות דרכו וגבור׳ היה גבור בתבץ ושמו ליטומיקוס* (17) ובלכת המלך מתבץ נכלל בצבאותיו* ויהי בתוכם ולא הכירוהו ויצא בתוכם {במלחמותם} (18) ימים והפליטים נתנו לבם לבנות את תבץ* ובהיותם בהיכל אבולון* ובתוכו היתה (19) כהנת מכהנת אבולון ומן המעין שהיה בתוך ההיכל היתה מנסכת מים בין ידי צלם (20) אבולון והצלם מגיד לה כל צרכיה וכל משאלותיה ויאמרו לה הפליטים קסמי נא (21) והשיב לנו דבר אם נצליח בבניין אם לאו* ותקח מים ותנסך על ידי הצלם {ותשאלהו} (22) עליה* ויען לה המתינו עד שישוב הגבור שינצח שלשה פעמים ואז תבנו ותצליחו* (23) ויאמינו ויחדלו לבנותה עד בא דבר הצלם* ויהי׳ אלכסדר המלך ויעבור על המדינה (24) הנקרא קרנותיאה* ויצאו אליו ויאמרו לו יקומו נא הגבורים ויצחקו המלך גבורי{נו} (25) וגבוריו כשחוק שעושים רוכבי העגלות במקלות שנקרא צולגאן ויואל המלך כן (26) ויקומו אנשי המדינה ומגבורי אלכסדר ויהי לטומיקוס בתוכם וינצח כל בעלי (27) הצחוק אשר מקרונתיאה וישמח אלכסדר וישאל עליו למן האיש הזה ויקראו

and shouted and mocked at them. He said: "Listen, O Thebans, if you are heroes, why do you lock up yourselves and shout from the walls? Listen well, O Thebans, if you are heroes, I shall not at once withdraw from you until the city is in my hands. I shall take you out by your forelock just like virgins from the chamber; you really look like women more than like men." He commanded his archers to shoot arrows at the city-wall until nobody was seen outside it. Then he ordered some warriors to fetch bundles of wood in order to kindle them, to lay them at the gate and burn them by fire. He ordered another troop to undermine the surroundings of the wall with heavy axes and hatchets. So they did and the men who stood on the walls fell to the ground; some of them alive and some of them dead. He captured the city violently. His men as well as the enemies of Thebes rejoiced about its fall, because the <people of Thebes> had many enemies.

Among them was a man called Hisminea, a musician. He took his flute and played melodies which are different from the knowledge of melody called *music* in Arabic, in a pathetic way as is being played before kings to arouse their compassion. He appeared before the king and said to him: "It would have been correct when my lord king would have tarried with the capture of the city and killing people. Your father king Philip originated from Thebes and its people are your relatives and cousins." When Alexander heard his words relating his father to the people of Thebes, he was greatly incensed. He ordered the remaining part to be destroyed. Some of the survivors fled to the temple of Apollo.

After destroying <the city> he departed thence and one of the warriors of Thebes was called Clitomachus. When the king left Thebes, he was included to his troops. He stayed among them without being recognized, and set out with them in their wars for some time. The survivors intended to rebuild Thebes. When they arrived at the temple of Apollo a priestess was inside worshipping Apollo. From the well which was in the temple she would cast water over the hands of the statue of Apollo. The statue would tell her everything she would ask. The survivors said to her: "Use your magic and let him reply, whether or not we shall succeed to rebuild <Thebes>." She took water and cast it over the hands of the statue and beseeched him about this. He replied to her: "Wait until the warrior returns who shall be victorious three times and then you will rebuild it successfully." They believed <his words> and stopped building until the word of the statue would come true.

When king Alexander passed along the city of Corinth, some men went forth towards him and said to him: "Let the warriors stand up and play before the king, our warriors with theirs, like the play of those who ride on chariots, with sticks called *zocani*. The king gave permission to do so. The people of the city came and some of Alexander's warriors among whom was Clitomachus. He defeated all the players of Corinth and Alexander rejoiced and asked wherefrom he was. They called him

(1) לו ויבא לפניו וישאל לו מי אתה ומאין* ויאמר לו אדני המלך איש אשר אין
לו {צבא} (2) ומקום על מה יקרא שמו ומאין הוא* ויען המלך ומי יש בצבאותי
שאין לו צבא (3) או מקום* ויען מפני שהמלך אלכסדר הרס את מקומי* ויבן
המלך ויאמר אמנם (4) מתבץ אתה* ועתה אם תנצח פעם שנייה ושלישית
כראשונה הנני מצוה לתת לך (5) כתר מלכות בתבץ* ולבנות את מדינתך ויצא אל
השחוק וינצח כפעם ראשונה (6) בפעם שנייה ושלישית ויצו המלך וישימו כתר
מלכות בראשו ויאמר לו לבנות (7) את עירו ולשוב אליה כל הנמלטים ממנה ויהי
כן* ויעבר אלכסדר משם ויבא עד (8) מדינת צלותיאה ואשתרוגוש שר המדינה
לא יצא לקראתו ולא כבדו כמשפט (9) ויחר לו מאד ויבא אל הבמה אשר בקרוב
המדינה בראינה* ותצא לקראתו הכהנת* (10) שבהיכל ההוא ותאמר לו שמח נא
אל{כ}סדר כי ידך תתגבר על איביך* וכבוד יהיה לך (11) מכל המלכים אשר היו
לפניך וישמח על דבריה ומתנות אמר לתת לה וגם לאשתרוגו{ש} (12) השר
אמרה הכהנת דע נא כי נגרש אתה ממלכותך ויחר אפו מאד ויאמר לכהנת (13)
דעי נא כי משפטך הוא שתגרשי מכאן כי כבדת את אלכסדר כבוד גדול ולי
שהמקום (14) הזה שלי אמרת כן* ותען לו ותאמר לא אמרתי אלא אמת ולא
ארכו לו הימים עד (15) שציוה אלכסדר ויגרשהו משלטנתו וילך עד תניאה
המדינה כי משם היתה משפח{תו} (16) ויבקש מהם לעזרו על אלכסדר
וכששמעו כי גרשו אלכסדר חרה להם מאד* ויאמרו (17) לעזרו עד ישיבוהו
למלכותו והשמועה בא אל אלכסדר על בני עיר תניאה ויכתב (18) ספר ושלח
להם* וזה פתשגן הכתב מן אלכסדר בן פיליפוס ואלנפדיוש (19) המלכה לבני
תניאה שלום* הלא שמעתם והוגד לכם כי קמתי (20) ואמליך ואשב על כסא
המלכים* ועל כסא פיליפוס אבי אחריו ורבים מהמלכי{ם} (21) המליכוני
עליהם מהם למען פחדתי וזרוע גבורתי ומהם ממשפט השררה (22) והמלכות
אשר לי עליהם ולא נכחד מכם את אשר עשיתי לתבץ ואליליה ותמצא (23) ידי לי
לאנשיה ואתם ידעתם את אשר אהבתי אתכם ואת כבודכם שמצאתם (24) אצלי
ועתה כבוא הספר הזה אליכם כסף המס אשר תשיבו לי הכינו ותנו בידי (25)
עשרה אנשים הפרתמים וראשי המדברים אשר עמכם ושלחום אלי ועמהם אדבר
(26) טובתכם וכבודכם* ואם לא תשמעו הכינו להם הנשק והלחמו על עירכם
ועל גופותי{כם}* (27) כי אני [לא אשיב] ידי מכם עד אשר יהי כף בני תיניאה
בידי ואנשיה ואעשה

and he came before him. He asked him: "Who and wherefrom are you?" He said to him: "My lord king, a man without army and city, what can he tell and wherefrom is he?" The king replied: "Who among my troops does not have an army or city?" He replied: "Because the king has destroyed my city." The king understood it and said: "You are really from Thebes. If you win a second and third time like the first time, I shall order the royal crown of Thebes to be given to you and to rebuild your city." He went back to play and won a second and third time just like the first time. The king ordered a crown to be put on his head. He told him to rebuild his city and to send back all the survivors. So it happened.

Alexander marched thence to the city of Platea and the commander of the city, Strasagoras, did not bother to go forth to him and did not welcome his as is customary. <Alexander> grew very angry and went to the temple near the city dedicated to Diana. A priestess of that temple went out to him and said to him: "Rejoice, Alexander, that you will triumph over your enemies. More honour will befall you than any king before you." He rejoiced about her words and he ordered her to be given presents. The priestess said also to Strasagoras, the commander: "Be it known to you that you will be expelled from your kingdom." He grew very angry and said to the priestess: "Be it known to you that you ought to be expelled from here, because you have given Alexander great honour and to me who rules over this place, you have told this!" She replied: "I did not tell anything but the truth." It did not take a long time before Alexander ordered him to be removed from his dominion He went to the city of Athens, because his family originated from there. He implored them to give him support against Alexander. When they heard that Alexander had abducted him, they were very angry. They promised to help him until he was reinstated. The news about the people of Athens reached Alexander and he wrote a letter and sent it to them. This is its text: "Alexander, son of Philip and queen Olympias, to the people of Athens, greetings. Did you not hear and are you not informed about <the fact> that I have begun to reign and to sit on the royal throne instead of my father Philip and that many kings made me king over them out of fear for me and my power and some because of my supremacy over them. It did not escape your notice what I did to Thebes and its gods and how I overpowered its people. You have known my love and respect for you. When this letters reaches you, be prepared to pay your tribute of money and bring me ten of your notable people and orators. Send them to me. With them I shall speak about your goodness and honour. If you do not obey me, get your arms ready and fight for your city and your lives. I shall not turn away from you until the people of Athens are within my power and I shall seek

(1) נקמה בכם* ויבא הכתב אליהם וכקראם אותו ויאספו אנשיה אל רחוב העיר (2) להועץ על זה ויהי הם המתייעצים על הדבר והשר [.....] החכם (3) בחכמת הפלספה אשר בארץ רוסה איש עשיר [.....]* נכסים בארץ פרס קם (4) על רגליו ויצעק בני תיניאה לבבכם אל ירך ואל תיראו מדברי אלכסדר וקול פחדו (5) ואל תאשמו מעזור את אחיכם בני אשתרוגבוש עד שתש{י}ביהו למלכותו* ויחרי{שו} (6) כל העם ולא ענוהו דבר אך נתלחשו וירננו זה עם זה חרישית* וככלותו לדבר (7) והנה אשכלוס החכם הפילוסוף עמד על רגליו וישא ידו אל העם ויהם אותם (8) ויאמר שמעו נא בני תניאה* אמנם כי אתם עם וחכמים ונבונים אתם עשו (9) דבריכם והצליחו הנה אם יבא דבר אלכסדר ותבטחו בעצמכם שתוכלו לעמוד (10) בפניו על כל מלחמותיו אשר נתנדב לכם עשו וטוב* אבל אם אתם מסתפקים (11) בדבר הזה לא טוב שתשימו עצמכם בדבר שאין לו סוף ולא קצה של כבוד* (12) ושתוכלו להוציא לאור ואם תבטחו על עצמכם שתוכלו עמוד בפניו אז הלחמו (13) בו כי גנאי גדול לכם בדבר אם תתחילו בדבר ולא תשלימוהו* וכבודכם וחכמתכ{ם} (14) ושמכם עד אפסי ארץ* ועתה אם תכשלו בזה הלא רעה גדולה וקלקלה היא (15) לכם* הלא שמעתם מה עשה אלכסדר אל ארתחשסתא שנלחם במצרים ויגרשוהו* (16) וגם י״ג מלחמות עשה וכולם נצח* שאלו נא מה עשה לצור ותבץ ושאר ארצות (17) שאינו צריך להזכיר לכם* וכל אלה לא היתה מלחמה אלא במשפט וצדק ואחרי (18) כן שאל בשלום המדינות ויגרשם מטפשותם ויחזירם אליו* ועתה אשתרוגורוש (19) פקידכם נגרש מעירו באיולתו ובעונו וכי פשע על המלך שהמליכו ועתה (20) אם תלחמו על ככה עמו ותנצחו מה יהיה סופכם* או מה תוכלו לבקש ממנו* (21) ולהתחנן כי תקרא אתכם רעתו ויתיעצו על דבריו לאמר כן דברת* ויקומו (22) ויעשו עטרת זהב חרוץ משקלה ו׳ ליטרין* וישלחו לו ביד שלוחם עם ספר* (23) לפניהם אנשים מראשי המדברים אשר שאל* והמס לא שקלו לו* וכבא הספר (24) עד אלכסדר ויקראנו ולא באו העשרה אנשים אשר שאל ויחר לו* ויצו לכתו{ב} (25) מכתב שני אליהם* מן אלכסדר בן פיליפוס המלך ואלפריוש המלכה לבני תניאה (26) ממני מצוה* דעו לכם בני תיניאה כי מיום עמדי על מלכותי היה עם לבבי (27) להכניע תחת מלכות יון כל הממלכות ולנשאם על כל העמים* יען חכמתכם ובינת{כם}

## 252b

revenge on you."

The letter came to them and when they had read it, they assembled on the street of the city to deliberate about this matter. And [Demosthenes], a commander who was an expert in philosophy in the land of Rosa, a man of richness and wealth, raised and said aloud: "Athenians, do not fear and do not be alarmed about the threatening words of Alexander. Do not blame yourselves to be helpful to your brother, my son, Strasagoras, until you have him reinstated." The whole assembly remained silent and did not say anything, but some people talked to each other in a whisper. When he had finished to speak, the philosopher and sage Eschilus raised and pointed his hand at them and silenced them. He said: "Listen, Athenians, you are truly a people of sages and scholars. You have to act according to your words, then you will be successful. So, if the message of Alexander comes <true>, and you feel secure enough to rise against him and to get involved in all his wars, do so and it will be right. However, if you have doubts concerning this matter, it will be not right to enter into an affair to which is no end and no honourful limit. You have to make this clear: if you assure yourselves to be able to rise against him, then fight against him, although it will be a great disgrace when you will start <a fight> and not complete it, because your honour, wisdom and fame <has been spread> unto the ends of the earth. So, if you will fail, will that not be an enormous failure and a fiasco to you? Did you not hear what he did to Artaxerxes against whom he fought in Egypt and whom he expelled? He also started thirteen wars and was victorious in all of them. Ask what he did to Tyrus, Thebes, and the remaining countries which I do not have to mention to you. With regard to them a war was right and justified, because afterwards he sought for the peace of the cities and dissuaded them from their stupidity and brought them back to him. Now your commander Strasagoras was expelled from his city as a result of his foolishness and the sin he did to the king who made him reign. So, if you want to fight against him because of this, and you will be victorious, what will it bring you and what can you request from him or implore, because his evil has come to you <anyhow>."

They discussed his words and said: "You are right." They stood up and made a crown of fine gold, weighing six litre, to send with their delegation to Alexander together with a letter and the orators he asked for. They did not pay him the tribute. When the letter arrived to Alexander he read it, but the ten people he asked for, did not arrive. He became angry and wrote a second letter to them: "Alexander, son of Philip and queen Olympias, to the Athenians; I issue an order. You must know, Athenians, that from the moment I became king it has been my intention to subjugate all the kingdoms under the rule of the Greeks in order to exalt them above all nations because your wisdom and understanding

(1) חביבה בעיני ועתה המרותם גם אתם את טעמי ותחליפו את זממי כי חשבתם
עמל (2) עלי ולא שמעתם בקולי ולא שלחתם אלי עשרה אנשים המדברים אשר
אמרתי לכם* (3) ואני אמרתי כבד אכבדכם ואתנכם לאחים לי עצמי ובשרי*
כמשפט חכמים ובני (4) אלהים ולעשות לכם חוקים צדיקים ומשפטים ישרים
לטוב לכם כל הימים* והאלילים (5) הגדולים עדים עלי ותחשבו עלי רעה לאמר
מתגולל אלכסדר להתנפל עלינו ותעשו (6) בדבריכם שני פנים הנה לקחתם
דומסתינוס אשר דבר טוב אל המלך ותתנהו אל (7) המהפכת ואל הצינוק ומצד
אחר לא שמעתם בקולי ולא האזנתם לי ותחשבו לי על (8) און יען אשר השלכתי
אשתרוגורוש מעל פני על משפטו אשר חרץ ולא השבות{ם} (9) על לבבכם מה
עשיתם לסוקרט הפילוסופי׳ החכם הגדול אשר הרגתם אותו על (10) לא פשע*
על אמרו אליליכם ואלהותכם שאינו טוב* ועתה אני אמרתי לקרא לכם (11)
לשלום* ושלא לעבור חרב עליכם* ולא אביתם הנני אליכם אל נכון* ואשפטה
אתכם (12) ואבא על מדינתכם על פניכם ובחרב אפקד עליכם* אז אמר לעלות
על תיניא{ה} (13) מהר לצבא להשחיתה ולהוציא טפם ונשיהם לשבי ויסע* ויהי
כשמע אנישמאס (14) מחברת אפלאטון ורבו של אלכסדר את שמע אלכסדר
וביאתו ועשה בערמה ויצא (15) אל שער מדינת תיניאה נאנח ובוכה עד בא
אלכסדר* ויהי כבואו ושאל לו אלכסדר א{ז} (16) רבי מה לך ויאמר לו מבקש
אני מאת אדוני המלך להעביר חיילותיו על דרך אחרת (17) למען לא יעמדו לי
ביני ובין השמש אשר אני מתחמם בו ויבן אלכסדר כי להעביר (18) המדינה אמר
ויקצף וישבע חי ייי אלהי השמים אם אעשה דבר מכל אשר (19) תבקש ממני*
ויען ויאמר אדוני המלך בחסדך הלחם בתיניאה ועל תחמול עליה (20) והמתה
מאיש ועד אשה* ואת כל אשר בה לפי חרב וישתומם אלכסדר במעט* (21)
ויפלא אחרי כן פתח פיהו ויאמר לו הן צדקו* ויפה כוונו הראשונים שאמרו (22)
שלא יהא לאדם עסק ודברים עם רבו* ואולם הנה נשאתי פניך אחרי אשר (23)
נשבעתי לבלתי השחית את העיר אשר דברת* ואעבירה קול ואסלח לכל
חטא{תם}* (24) ואחמול להם ויפתחו לו אנשי העירה את שערי העיר ויצאו
אליו כפופים לבקש (25) מלפניו מחילה ויקבלו עליהם מלכותו -מ-ויעש להם
כדבריהם ויכבדם וינשאם* והנה (26) רע אקראטוס מסיעת אחת משבעה
הנחלקות בחכמת הפלוספה ויאמר לו (27) אמנם האלהים יתן לך כבוד ומלכות
וממשלה* אשר לא היה לאיש כמוך בעולמות הללו*

please me. However, you too have brought a change in my opinion and my plan, because you thought evil of me and did not listen to me and did not send to me ten orators as I told you to do. I say to you: I shall surely honour you and consider you as real brothers, my own flesh and blood in accordance with the custom of sages and gods. I shall impose upon you correct laws and right justice to your well-being for ever. The great gods are my witnesses; you thought evil of me by saying: "Alexander falls upon us by attack." You show ambiguity in your words by taking Demosthenes who spoke well about the king, and putting him in the stocks and collar. On the other hand, you did not listen to me and disobeyed me and blamed me for removing Strasagoras from his office because of what he adjudicated. Why do you not reconsider what you have done to the great sage and philosopher Socrates, who you killed while he was innocent. Your own idols and gods have told you that it was not right. Now I order you to settle for peace with me, lest I shall pass you with the sword. If you refuse, I shall surely come to you and punish you. I shall travel to your city and strike you with the sword."

He alarmed his army to march against Athens, to demolish it and to lead its women and children into captivity.

When Anaximenes, who was one of Plato's friends and Alexander's teachers, heard that Alexander went forth in guile, he sat down near the gate of Athens sighing and crying until Alexander's arrival. When Alexander came to him he asked him: "Well, my master, what is the matter?" He said to him: "I beseech my lord king to turn away his troops to another road, lest they will stand between me and the sun in which I warm myself." Alexander understood that he meant to turn away from the city. He grew angry and swore: "By the Lord of heaven, I will not fulfil anything of what you wish!" He replied to him: "My lord king, fight in your compassion against Athens and do not have mercy! Kill any man and woman by the sword!" Alexander was somewhat astonished and wondered. After a while he opened his mouth and said: "The ancients were right and have put it well when they said that a man cannot have business or words with his master. I showed favour to you by swearing not to devastate the city as you said. I shall renounce and pardon all their sins and take compassion on them."

The people of the city opened the gates of the city and they went forth together and bowed down to ask him pardon. They accepted his rule and he acted in accordance with their words and honoured them and exalted them. Democritus who was from one of the seven branches in the science of philosophy said to him: "God shall bequeath you honour, kingship and rule which has never been bequeathed to anyone like you before in these worlds."

(1) -וישמח- ויצחק אלכסדר לדבריו ויאמר כי תפלה גדולה התפללת עלי* אבל
איני מאמין לאשר (2) אמרת שיש עולמות זולתי אלה* אחר נגש וישאל להם
לשלום* ויצא וילך אל ארץ (3) מקדונייא אשר על חוף הים* וכשמוע אנשים את
שומעו* ויאמרו איש אל רעהו (4) אם אנשי תיניאה פחדו ממנו וייראהו מחמת
חולשתם* ומיעוט גבורותם היה זה (5) ואולם אנחנו לא כן נעשה הבה נתחכמה
לו ונלחמה בו ונעשה לנו שם ויחזקו מדברי{הם} (6) ויכינו אוניות וישימום
באגמיהם לשמרם* וישמע אלכסדר ויכתב להם* שמעו נא (7) בני מקדונייא אל
נא תבטחו בגבורתכם למרוד ואל תצאו מדרכי ראשונים ומעבודת{ם} (8)
ועזבוני וחיו ואכבדכם ותחיו לי ואם לא תשמעו לי ולא תחדלו להסיר האוניות
(9) הנני מעביר אתם בראש ואת עירכם אתן חרבה ושממה ואת בחוריכם אהרג*
(10) ולא האמינו לו ולא האזינו לקולו וילחם להם* ויאמר לבעלי הנפט לשרוף
את (11) האוניות באש* וישליכו את הנפט ושרפום ואחרי נגש אל המדינה וילחם
בה (12) וילכדה ויפלו מן החומות מטועני חרב ונופלים ארצה ומהם נמלטו
וימהרו הזקני{ם} (13) והנשארים ויצאו ויתחננו לו כי אדונינו הסר חרבך
מעלינו* ונעבדך כי תרחם (14) עלינו ויאמר להם צהנה משפטכם היה לעשות
לכם מה שקויתם לעשות בצבאותי (15) ואחרתם לבא אלי ועל כל אלה שובו
-לאהליכם- לעריכם שלימים ולא אפקד אתכם (16) כחטאתיכם ולא תיראו כל
הימים* אשר תלכו אתי ביושר ובתם לבב וילכו להם (17) ואחרי כן אמר אלכסדר
ויזבחו זבח וינסכו נסכים בבמה אשר בהיכל קרוב (18) לאותו מקום שהוא היה
שמה* ויסע משם וילך אל -זיקק- זיזאקון ומשם (19) אלביזנטא הוא המקום
אשר שם גינת קוסטנטינא באחרונה והיה כל המקום (20) אשר עבר ויהיו לו
עבדים ונושאי מנחה* משם עבר כלנדוניה (21) וימאנו אנשים -למעבדו- לעבדו
ויסגרו דלתות המדינה ויעלו על המדינות (22) להלחם ויצעק להם אלכסדר נדר
לאמר אי בני כלדונייאה השלימו וחיו פן תנחמו (23) באחרונה ולא תועילו ולא
אבו שמוע וילחם בעיר וילכדה ויחרימה לפי חרב* (24) ומשם עבר ויבא עד
אנכירה ויסגרו אנשיה שערה* ולא נראה אדם על חומותי{ה}* (25) וקול איש
ואשה לא נשמע בעיר וברחובותיה כי נחבאו* ויצו אלכסדר מהרו הציתו (26) את
העיר באש* וכצאת העצים עד השער לשרפה* והנה זקן אחד נראה על (27)
הסוס על החומה ויצעק ויאמר אי אלכסדר למה תעשה כה לעבדיך לא

Alexander laughed about his words and said: "You have said a great prayer about me, but I do not believe what you say, that there are worlds besides these." Thereupon he enjoined them to be at peace with them.

He departed thence to the land of Lacedaemon on the coast. When the people heard that he was coming they said among each other: "The Athenians were frightened of him and feared him in their weakness and lack of courage. We shall not do so; let us deal shrewdly with him and fight against him and reap fame." They were strengthened by their own words and they prepared ships and let them down in their canals in reserve. Alexander heard about it and he wrote to them: "Listen, Lacedaemonians, do not rely upon your strength in rebellion and do not leave the paths and the deeds of the ancients. Leave me and you will live. I shall honour you and you will live. If you do not listen to me and do not cease to remove the ships, I shall pass along them first and your city I shall put into ruins and devastation and your men I shall kill."

They did not believe him and disobeyed him. He fought against them and ordered those who carried oil to burn the ships with fire. They threw oil and burned them. Afterwards he approached the city and fought against it and captured it. The swordsmen fell from the walls on the ground. Some of them escaped. The remaining elders went forth and begged him: "Our lord, withdraw your sword from us. We shall submit to you when you show mercy on us." He said to them: "It serves you right to deal with you as you expected to deal with my troops. You tarried to come to me. Inspite of all that return to your cities safely and I shall not punish you for your sins. You will not fear anymore when you follow me straightly and uprightly." They went away and afterwards Alexander ordered sacrifices to be brought and libations to be poured in the temple nearby.

He departed thence and went to Cizicum and then to Byzantium, where the garden of Constantinople can be found today. Every place he passed, submitted to his authority and payed him tribute. Afterwards he passed on to Calcedonia and the people refused to submit to him. They closed the gates of the city and went forth to fight. Alexander called them and promised: "People of Calcedonia, settle for peace and stay alive, so that you will be saved in the end, <because> <the war> will not be beneficial to you". They did not want to listen and he fought against the city and captured it and destroyed it by the sword.

He marched thence and arrived at the city of Abdira. Its people closed the gate. No one appeared upon the walls and no sound of man or woman was heard in the streets of the city, because they hid themselves, Alexander ordered: "Burn the city as soon as possible." When the wood was put at the gate to be kindled one aged man on a horse appeared upon the wall and said with a loud voice: "Woe unto Alexander, why do you act like that against your servants; we have not done

(1) עשינו לך אנחנו רעה ולא נלחמנו עמך לא פתחנו לך מפני שעבדים אנח{נו}* (2) לדריוש ואם נפתח לך כי אז נפשע בו* ואולם אתה הולך להלחם בו אם תוכל נכה (3) בו הננו לך לעבדים* אז איש לך לא יחרץ בלשונו* ויען אלכסדר* ויאמר (4) כדבריכם כן הוא לא אבקש מידכם מאומה* אך פתחו לי בלבד שער העיר (5) עד בואי אל דריוש ונלחמתי בו* ויפתחו לו ולחילו ויבואו בכל המדינה לקנות מחסו{רם}* (6) ומשם הלכו אל קוספייה* ומשם אל אנטוכייא ומשם עד גבול הכלדאין* ומשם (7) עד נחל שינוס* ומשם הלך ויבא במדבר ויהי המדבר גדול ונורא ויעף (8) החיל וייגע ויצמא שם העם למים וירעב ללחם וימותו רבים הם ומרכבותיהם (9) לאין מחיה וירע לאלכסדר ויחר לו מאד ויזבח זבחים לאליליו וידרו נדרים ויעשו (10) משתה ויקרא כל העם אל המשתה ויצו ויתנו -לו- צידה לדרך לאשר אזל הלחם (11) מכליו* וילונו כל העם עליו כי נפשם מרה להם על מרכבותיהם מן הכל* ויאמר להם (12) מה לכם מתאוננים על מרכבותיהם אם -י-יחיינו האלהים לא יחסרו לכם מרכבות (13) טובות מאלה* ואם נמות הנה מה צורך לא* ויען לו העם קול אחד ויאמרו אדוננו (14) המלך* הנה המדבר הזה רע ומר* ועתה נטה ימין ושמאל* אולי נגיע ליישוב (15) ואז טוב לנו ויעש כן* ויצא מן המדבר ויבא עד לוקאדש וימצאו שם מים* (16) ומרעה לבהמתם ויתנו מספוא למרכבותיהם וינוחו* וישמע דריוש כי אלכסדר (17) בא אליו אל נכון ויקבוץ כל שריו ויועציו וסר{י}סיו* ויאמר להם הבה נתחכמה מה (18) נעשה* הנה היום שנה חשבנו על אלכסדר הנער הזה המורד שיתנהג כמדת המורדים* (19) הגנבים אשר יגנבו דיים וינוסו* וישובו בחפזון אל מקומם והנה {זה לא} כן עשה אלא שמתנהג (20) כדרך המלכים לתפוש מדינות* ולשחת ממלכות וערים בצורות בכח ובחיל וביד (21) חזקה* ואני כתבתי לו שיתנהג עם הנערים בני גילו* והוא לא עשה כן* אבל עלה (22) מאד ונתגדל* ושמא האלילים בעזרתו* ודבר כזה אין נכון להתייאש ממנו ולא (23) נבטח על מלכותינו הגדול ונאמר כי מלכותו מעט* ואנחנו חשבנו לגרשו ממלכותו* (24) מאלדייה ונתגבר ועצם עד שאחז בכנפות מלכותינו פה בפרס* והבו לכם עצה (25) ודבר הלום* וישמע ארקרוש אחיו את דבריו ויבז לו* ואמר לו רב עתה לתת (26) לאלכסדר המלכות* וכבדתו בדבריך ועוד לו אך המלוכה באומרך כי אחז בכנפו{ת} (27) פרס* ואתה הגרשתו האלדייה מדינתו אך לא תעשה כמנהגך* צא ולמד ממנו*

to you any harm and we did not fight against you. We have not opened <the gate> before you because we are servants of Darius. If we open <the gate> before you then we will sin against him. However, you will go forth to fight against him. If you are able to strike him, we will be your servants and nobody intends to say anything harmful about you." Alexander replied: "It is like you say, I shall not ask you anything, you only have to open before me the gate of the city, until I shall come to Darius and fight against him." They opened <the gate> before him and his army. They entered the city and bought what they needed.

They marched thence to Caspia and then to Antioch until the land of the Chaldaeans. They went thence to the river Xenis. Then he arrived at a large and frightening desert. The army was exhausted and the people were very thirsty and starving. Many died as well as <the animals of> their chariots, because their provision was finished. Alexander was grieved and very angry. He offered sacrifices for the sake of his gods, and he pledged vows and he arranged a great meal. He invited everybody to the meal and ordered them supply to be given on the road, when bread from his vessels was running out. All the people complained to him, because they were embittered in particular about <the animals of> their chariots. He said to them: "Why do you complain about <the animals of your> chariots? God will keep you alive. You will not lack good <animals for> your chariots. If we die, what use will it have?" The people replied unanimously: "Our lord king, this desert is bad and bitter. Let us turn right or left, maybe we will get to an inhabited place and then we will be fine." So they did. He went out of the desert and came to Locrus. There they found water and grazing-ground for their cattle. They offered fodder to <the animals of> their chariots and took a rest.

Darius heard about the march of Alexander against him. He called for all his commanders and counsellors and eunuchs. He said to them: "Let us act shrewdly; what can we do? Already one year we considered Alexander <to be> this wild boy who behaves like the conspirator and thiefs who steal what they want and then flee and hastily return to their place. However, he is not like that, but he behaves like the kings who seize cities and destroy kingdoms and fortified cities with power and strength. I have written him to act like the children of his age, but he did not do likewise. He acquired great fame; maybe the gods help him. It is not right to be despaired of him and not to trust upon our great kingdom and to say that his kingdom is little. We thought to remove him from his kingship over Elleda, but he became so powerful that he seized the outer regions of our kingdom here in Persia. You have to give counsel and speak concerning this matter!"

His brother Oxiather heard his words with contempt and he said to him: "Enough of giving Alexander royal status! You have honoured him by your words and bestowed unto him kingship, because he seized the outer regions of Persia. You have removed him from his city Elleda, but you must not act like them. Go out and learn how he

(1) ממה שהוא עושה שאינו מניח חיילותיו ולא על ידי גבור* כי אם הוא בעצמו {נלחם} (2) מלחמותיו כי לא תאסוף חיליך ופניך הולכים בקרב כי אז תגרשנו מן הארץ* (3) ויען דריוש אחיך ויאמר אמנם אתה כבדתו יותר ממני באמרך שאלמד אני ממנו* (4) וכי מלך גדול כמוני ילמוד מן הקטן* ויען אחד משלישיו אל יחר אף אדוני על (5) דברי אחיך ביעצו אותך ללמד ממעשי אלכסדר כי למה שאני בקי ואני ראיתיו (6) איש חכם הוא מאד ובעל עצה טובה ומראהו כמראה אריה ועצתו מפי עצמו ולא (7) מפי אחרים* ויען לו המלך מאין אתה בקי בו* ובאי זה מקום ראיתה ענייניו* ויאמר (8) לו בעת אשר שלח אדני המלך אותי בימי אביו מקדונייא על המס המושב לו משם (9) מדי שנה בשנה ואז ראיתיו ואת דרכיו כי נכונו מאד והוא עודנו נער רך ומצליח (10) בכל מעשיו וכל רז לא אנס ליה* וגבורתו גדולה* ואולם אם טוב בעיני אדוני המלך (11) יצוה על מדינותיו הקרובות אליו כי מלכות גדול לו בק״ן מדינה ולא ייגע אדוני המלך (12) שמה כל מדינותיו אלא מהמדינות הקרובות אליו ואז האלילים יצוך ויכלת עמוד* (13) וכששמע -אלכסדר- דריוש את שמע צבא המלך הלא אז יחרד לבו וישב לו* ויען השליש (14) השני טובה עצתך* ודבריך נכוחים אם יאמנו דבריך שינוס מפני חיילותינו אבל (15) דואג אני פן יקרה אותנו כמקרה הדוב והארי אשר יקרא לפניו* עדרי צאן מהמונ{ם}* (16) לא יחרד והוא לבדו בגבורת בתוכם ויאכל עוד ויטרוף טרף וצבא היונים אוכלי (17) חרב ואנשיו אחד לאלף דמות אריה לא יסבו פניהם ולא ינוסו מפני כל* ובדברי{ם} (18) הללו נפרדה חבורתם* ויהי אחרי כן ויספר אלכסדר את חילו וימצאם ד׳ אלפים (19) פרשים ול׳ד׳ אלף רגלי וק׳פ׳ אוניות ויהי כל השומע הנה אלכסדר יוצא להלחם (20) את דריוש נפלא בעיניהם כי חיל דריוש עצום ממנו אשר לא יספר מרוב* (21) ויעבר אלכסדר אל ארמנייא הגדולה וילכוד את כל הארץ* ויעבר משם וילך במדבר (22) ויצמא שם העם למים וימתו רבים מהם* וילך בלילה ההוא ויאר להם על מדינת (23) ארדריקה ושם עינות מים וישתו העם* ויקומו משם ויבואו עד נהר פרת ויצו (24) המלך להביא קורות ויביאו ויעשום רפסודות על הנחל ויעשו גשר על פני נהר (25) פרת ויחזקהו במסמרים ובשלשלאות של ברזל יעזר העם יריאים לעבור הגשר (26) ויצו את הנערים נושאי כלי המלחמה רוכבי הבהמות והפרדות לעבור בראשונה (27) ויעבורו* ועוד העם יריאים לעבור* ויעבור אלכסדר ואחריו עברו כל העם

acts by not leaving his troops to a valiant warrior, but he himself fights in his battles. So do not assemble your troops in order to go forward before you in combat, then you will expel him from the land." Darius replied: "<My> brother, you have aggrandized him more than I did by telling me that I have to learn from him; how can a great king like me learn from a little one?" One of his commanders replied him: "Be not angry about the words of your brother, my lord, in advising you to learn from the deeds of Alexander. This is because I am experienced and I consider him as a great sage and good counselor. He looks like a lion and he only follows his own advice and not that of others." The king replied: "How can you be experienced and where did you see how he acts?" He said to him: "When my lord king sent me annually to Macedonia in the days of his father to take the tribute imposed upon him. Then I saw him and the correctness of his manners; he was still a young boy, successful, and no fault was found in him and his courage is great. If it pleases my lord king, he should order his provinces <to be defended> which are near to him, because he possesses a large kingdom of 150 provinces. My lord king should not bother <to defend> all his provinces except those which are near to him. Then the gods will advise you and you will be able to attack. When Alexander hears about the king's army, then he will tremble and leave." A second commander replied: "You have given good counsel and you have spoken well, provided that your words become true that he will flee before our troops, but I am worried, lest will happen to us what happened to the bear and the dog and the lion: a multitude of cattle is driven before <one of> them. He does not tremble and among them he excels in courage. He tears his prey into pieces and devours it. The army of the Greeks consists of men who eat by the sword. His men, one is <like> a thousand, looking like a lion. They will never turn back or flee." With these words the company parted.

After that Alexander counted his army and he found 4000 horsemen and 34,000 foot-soldiers and 180 ships. When it became known that Alexander went forth to fight against Darius, everybody was very astonished, because the army of Darius was larger than his and innumerable.

Alexander marched to Armenia Major and captured the entire land. He departed thence through a dry desert and the people were very thirsty and many died. He went on during the night and he showed them the city of Andriaci. There were springs so that the people could drink.

They stood up and reached the river Euphrates. Alexander ordered logs of wood to be brought to construct a pontoon bridge over the river. They constructed a bridge over the Euphrates and fixed it with nails and iron chains. <Nevertheless>, the people were afraid to cross the bridge. He ordered the young armour-bearers and cattle-drivers and muleteers to cross first, and so they did. Still, the people were afraid to cross, so Alexander crossed and all the people behind him crossed too.

(1) וכאשר תמו כל העם לעבור ויצו וישרפו את הגשר ואת -העם- המעברות
והעם תמהו (2) על זה ויאמר להם מה התמהון שאתם תמהים על שורפי הגשר
הלא לכם לדעת כי (3) אין ידיים לכם לנוס הנה והנה* ואתם בארץ אויביכם חזקו
והיו לאנשים כי לא (4) תיראו מקדון עד הכנע כל אויבינו ובחרו לכם הטובה
היום כי תלחמו ולא תשובו (5) עורף או כי רך לבבכם ורדו בכם שונאיכם ואין
לכם מנוס* מעתה טוב לכם מות (6) כגבורים מכנשים* או כי תעמדו ונפלו
אויביכם לפניכם* ויענו כולם הנה אדוננו (7) עשה לנו חיל אשר אתנו ולמדנו
מלחמלה הננו אחרי׳ כאיש אחד* ויהי כל המקום (8) אשר עברו לא נשגבה מהם
קריה ולא נמלט כל עופל אשר לא לקחו והשלימו* (9) ויבא מכתב אל דריוש
מאת נשתלוס השליש ההופקד על נהר פרת* ידע אדוננו (10) המלך כי נפגשנו
את חיל אלכסדר ונלחמנו אתו ולא עמדנו לפניו ומתו (11) שרי צבאותינו ובעלי
השם וגם אני הוכתי מכה גדולה* ובראשיוש השר ברח (12) וימלט* ורבים
ממנו השלימו ונהפכו אל אלכסדר ויאספם אליו ויכבדם ויהיו אתו* (13) גם
מטרנוס שרף ויהרוס את ההיכל אשר בו* וכקרוא דריוש הכתב ויבז בעיניו (14)
וישלח ספרים להשיב אל נשתלוס לאמר חזק והתחזק ושובה והלחם בו עד
כלותך (15) אותו* ויבא עוד מכתב אל דריוש משני שרי צבאיו שעל נהר פרת
לאמר לאדנונו (16) דריוש המלך שלום* אמנם יודע לך כי חדשות מתחדשות
בכל יום אצלנו ושיבושי{ם} (17) עצומים כי יבוא אלכסדר בארץ ביד חזקה ואין
-ל-קץ לערים אשר הפך והחמס (18) אשר עשה בארץ* ועתה אדוננו מהרה תבוא
אלינו בחיל כבד בטרם יפשט (19) בארץ ויקרב לערי המלוכה ויבוז לנו ואם
נלחמה אתו הנה אז נכון לנו ולא שמע להם (20) דריוש ולא השיב להם* אך ציוה
ויכתב אל אלכסדר מכתב לאמר* מן דריוש המלך מלך (21) פרס הגדול אל
אלכסדר -מכתב לאמר מן- אשר מקטני עבדיו לאמר* הנה שלחו לנו (22)
הפקידים אשר על יד נהר פרת לאמר* כי נכנסת במלכותינו* ותדרוך בגבולינו*
וכי אתה (23) מתנשא להתקרב לקראתינו העולה על רוחך רחוקה מהיות אשר אם
ישובו אלילי מזרח (24) אל המערב גם אתה תעשה את הדבר הזה* והוגד כי
תאסוף עבדינו אליך ותכבדם (25) ואם תדמה נפשך על ככה התקרב בנו*
ותתאהב עמנו לא תקום ולא תהיה כי על (26) הגדל שנאתינו עליך ותשתרש מאד
האהבה* וכקרוא אלכסדר הספר הזה ויצחק וילעג (27) לו מאד* ויכתב לו מכתב
לאמר* מן אלכסדר בן פיליפוס המלך ואלנפריוש המלכה

When the people were finished to pass over, he commanded the bridge and the crossing-place to be burnt. The people wondered and he said to them: "Why are you so surprised about burning the bridge? You must know that you have no possibility to flee anywhere. You have to be strong and heroic in the land of your enemies, because you will not see Macedon until the defeat of all our enemies. Choose today what is best for you: either you will fight and not turn back or become weak so that your foes will overpower you; you have no refuge. From now on it is better to die like heroes than like women. Or you will rise against your enemies and they will fall before you." They replied: "Our lord, has strengthened us and learned us to fight. Here we are following you like one man!" And it came to pass that where they went, no city was too strong for them and no citadel escaped from capture and had to settle for peace.

A letter arrived for Darius from his officer Nostadus who was posted at the river Euphrates: "Our lord king knows of our meeting with the army of Alexander. We fought him, but we were not able to withstand him. The chief commanders of our troops have died and I am severely wounded. Commander Coxari fled and escaped. Many of us settled for peace and defected to Alexander. He assembled them and honoured them. Among them is Mitrias whose temple he burnt and destroyed."

When Darius read this letter, he regarded it with contempt. He sent letters thus replying to Nostadus: "Be strong and firm, return and fight against him until you have exterminated him."

Another letter came to Darius from two commanders of his troops at the river Euphrates saying: "Our lord, king Darius, greetings. You have to be informed about the new developments that befall us every day, and the enormous chaos because of the arrival of Alexander in the land with great force. There is no end to <the list of> cities which he destroyed and the violence that he caused in the land. So, our lord, come speedily to us with a vast army before he spreads out over the land and reaches the royal cities. He will despise us, but if we fight against him, that will be the right thing for us." Darius did not listen to them and did not reply, but ordered a letter to be written to Alexander: "King Darius, great king of Persia, to the youngest of his servants, Alexander. A letter has been dispatched to us from some commanders at the river Euphrates telling that you have entered our royal empire and tread on our territory. You are so arrogant to draw near to us. Would it ever cross your mind that the gods of the East can turn to the West and your plan will <not> come true. We have been informed that you assemble our servants with you and give them honour, and if you consider drawing near to us then you will certainly fall in love with us: you will not rise and you will not continue because of our deep animosity towards you; your love will be completely uprooted!"

When Alexander read this letter, he laughed exceedingly and scorned him. He wrote him a letter: "Alexander, the son of king Philip and queen Olympias,

(1) המלכה אל דריוש בן הפרסי לאמר* דע לך כי הגאוה בגאותו שנואה אלילי קדם (2) ועל כי תשתרר לאין נכון קצפו כל האלילים קצף גדול עליך והם נתנוך לא לדאוה (3) וימשילו שונאיך עליך* ועל זאת אני בוטח כי אלחמה בך ואנצחך ואשר כתבת (4) כי אהבתך ושנאתך שקולות לי כאחת ולא עשיתי אלא מרוחב לבבי ורצון נפשי (5) והכון לך כי הנני אליך נכון לעלות לצבא והמכתב הזה אחרון הוא לך מאתי (6) עד הראותי אותך ביום קרב ויתן מנות למלאכיו וישלחם וילכו ויבאו אל דריוש (7) אז קרא אלכסדר לכל שריו ועבדיו ויועציו ויתיעץ לשלוח מלאכים לדריוש (8) להשיב עמו המס להשלים עמו* או אם ימאן שיתראה אתו במלחמה פנים בפני{ם} (9) ויאמרו לו טוב הדבר* ויהי בלילה ההוא ויחלום והנה אמון האליל עלה אליו (10) בצורת מכבריוש הוא זחל בלשון הוא הכוכב הנקרא שבתו בלשוננו מלובש (11) במלבוש בני מקדונייא ומזונו בכל זונם* ויאמר לו אלכסדר בני ויאמר לו אלכסדר בני (12) ויאמר לו אני* ויאמר ידעתי את דעתך אשר בלבך לשלוח מלאכיך אל דריוש* לא (13) תעשה כן אך בעצמך התגבר ולך שם וא׳ע׳פ׳ שסכנה הוא אל תירא ואנכי עמך (14) להשיבך בשלום* ויהי בבקר ויקרא לכל עבדיו ויספר להם את חלומו ויאמרו לו (15) אחרי שהאליל צוך עשה ויקם ויקרא אל השליש אמילוס אשר היה מן הנפלים אליו (16) ממחנות פרס ויאמר לו לך אתי וסוס שני להפיח בו קח אתך ויעש כן וילכו בלילה (17) ההוא ובעלות השחר היו על נהר דגלת הוא רגלה ומש-פטו בימים ההם בלילה יקפאו (18) מימים וקמו נד אחד ובבקר כחם השמש ימס הכפור* וילך הנחל על כל גדותיו (19) ויעבר אלכסדר שמה במקום שהיה רחבו ק׳נ׳ה׳ טפחים* ויאמר לו לא תעבר אך (20) שבה פה עד בואי אליך ויבוא עד ספלוס מושב המלכות ולא נתנוהו שומרי העיר (21) להכנס כי יצא דריוש משם לשוטט במדינותיו* והחריש אלכסדר עד בואו ויהי כל (22) הבא מחיל דריוש עד אלכסדר ועמד ויביטו אליו וישאלו לו מי אתה כי אינם מכירים (23) מראהו* ויבא דריוש ויראהו ויבט אליו ויחשב כאלו הוא האליל אבולון ירד משמי טעותו (24) ויעמד שמה ויתרע לו ויאמר מי אתה ויען ויאמר אל דריוש אחד מהפחות הגדולים (25) אשר לאלכסדר נשלח מאליו אליך לאמר מה הפחד הזה אשר פחדת מהתראות עמו* (26) ומהלחם בו הנה עליך היה הדבר למלחמה יותר ממנו ואולם אלה דבריו אליך אם תשלם (27) עמו ותשיב לו מנחה ישא פניך* ויכרות עמך ברית* ואם אין הנה המלחמה אליך

to Darius, the Persian. You must know that arrogance is hated by its arrogance. The gods of the East grew angry, because you are a misfortunate ruler; all the gods grew very angry at you and they give you distress. Your adversaries will reign over you. Therefore I am sure to fight against you and to defeat you. As far as your writing is concerned your love and your hatred are equal to me. I do this out of my eagerness and desire. Prepare yourselves, because I shall surely rise against you in war. This letter will be the last to you from me until I shall show me to you on the day of battle."

He gave presents to his messengers and sent them away. They went and came to Darius. Alexander called for all his commanders and servants and counselors to take counsel with them, about whether he should send messengers to Darius <ordering him> to hand over the tribute and to settle for peace with him or if he would refuse to meet him face to face in combat. They agreed with him.

In that night the god Ammon appeared before him in a dream in the likeness of Mercury, of which the name of the star is *Zuhal* in the <Arabic> language and *Shabtay* in our language. He was carrying the robe of Macedonians and was armed like them and he said to him twice: "My son Alexander!" He said: "That is me." He said: "I know that you intend to send your messengers to Darius. Do not do that, but be valiant yourselves and go there. Although it is dangerous, do not fear. I shall be with you to let you return safely."

In the morning he called for all his servants and told him his dream. They gave him the advice to perform the command of the god. He summoned commander Eumilius, one of the defectors from the Persian camp, and said to him: "Come with me and take a second horse <as a reserve>." They went together in that night. At dawn they arrived at the river Tigris. Its water was frozen during the night as usual in those times; it stood upright as a heap, but in the morning the frost would disappear by the heat of the sun. They went along the banks of the river and Alexander crossed there at a place where <the river> was 155 cubits wide. He said to him: "Do not cross, but stay here until I shall return to you." He set out for Persepolis, the capital of the empire. The gate-keepers did not let him in, because Darius was departing to roam about in his cities. Alexander remained silent until he came. It happened that anyone of the army of Darius who came to him stood still near him. They looked at him and asked him: "Who are you?" They did not recognise him. Darius came and saw him and looked at him. He thought erroneously that the god Apollo had descended from heaven. He stood there and said to him warningly: "Who are you?" He replied: "<I am> one of Alexander's prominent governors who was sent by him to you saying: why do you fear to meet him and to engage in a battle with him? It was more your idea than his. These are his words to you: if you settle for peace and give him a present, he will show favour towards you and make a covenant with you. If not, the war will be unto you

(1) פנים ואחור ויענ-ה- דריוש ויאמר אמנם עצם דברך וגאוה דברת כי האמנם
דבר (2) אדוניך את לשונו הייתי שומט מפיו אולם לבעבור אשר נשא פני שלוחי
אשא פניך (3) ובוא אתי אל המשתה ויקחהו ביד ימינו* ויביאהו אל בית המלכות
ויושיבהו על שולחנו (4) בהיכל המוכן לו* וקירות ההיכל וגנותיו -ומפ- ומפתני
הבית טוחים זהב טהור* ויתן (5) אלכסדר לאמר אל לבו* הלא הוא לי אות טוב
לרשת את המלכות אחר שהביאני המלך (6) חדריו וישבו לאכול לחם* והמאכל
בקערות זהב ממולאים אבן יקרה* וישקו הסריסים (7) על השולחן בכוסות זהב
ממולאים בתרשיש* וכאשר שתה אלכסדר וינער את הכוס (8) ויתנהו בחיקו* וכן
השני* וכן השלישי* ויתמהו המשקים ויגידו לדריוש* ויאמר אחי (9) מה זה
אשר תתן הכוסות בחיקך* ויאמר כי כן משפט אדוננו אלכסדר לשותים על (10)
שולחנו* וחשבתי כי כן מנהגכם* ואולם הנה לכם ויוציאם מחיקו ויתנם
למשקים ויתמהו* (11) כולם לאמר כמה גדולים מעשה אלכסדר וכבודו כי כן
יעשה לעבדיו* והאנשים אשר ראו את (12) אלכסדר שפלות קומתו וחדוד פניו *
ויאמרו מה ראה המלך שעשה פחה מאיש כזה (13) ומה ראה כצורתו הלא אין לו
לא מראה ולא מעשה* ולא קומה* ויהי השמש לבא (14) ואנבלוס אחד משרי
דריוש בא הוא אשר הלך בימי פיליפוס המלך במצות דריוש (15) המלך למקדון
לקחת המס המושב לו* וכראותו את אלכסדר ויכירהו ויוחל עוד דברו* (16) ויהי
כדברו ויכירהו ולא הסיר פניו ממנו* ואלכסדר ראה כי לא יסיר עיניו ממנו ויירא
ויבן (17) כי הכירו ויקם על רגליו ויאמר למלך שלחני ויצא בחפזון עד שער
הבירה* והשמש (18) שקע* וימצא נער ובידו פתילת הבגד של דונג דולקת ויקח
מידו מהעיר ויברח לו* (19) ואנבלוס מהר עד דריוש לאמר מה זה כי בא
אלכסדר עד שולחנך ותשלחהו בשלום* (20) ויאמר לא ידעתי אותו ויצו את
רוכבי הסוסים רוצו אחריו* הדביקוהו רדפו מהר (21) כי תשיגוהו והשיבוהו
אלי* ויהי עד כה ועד כה והשמים התקדרו* ועלטה היה ולא (22) היו הרודפים
רואים את הדרך ולא מצאו ידיהם והבהמות אשר תחתם נכשלו ויפולו* (23)
ואלכסדר נמלט ויבא עד נהר רגלה והוא נקפא ולא פחד מעבור הנהר ויהי
בעוברו* (24) ויקרב -אלה- אל שפת הנחל השנית ונבקע הנחל ויטבע הסוס ויעל
וידלג ויצא מן הנהר (25) בשלום* ויקח הסוס השני אשר הביא אתו אמילוס
וירכב עליו וישובו שניהם אל מחנהו* (26) לילה וישכב עד הבקר* ושרי דריוש
אשר רדפוהו לא מצאוהו וישובו אל דריוש ויחרד (27) מאד ויהלך אט ובהלכו
על ההיכל* ושם צלם אחד שהיה עשוי בצורת ארתחשסתא

frontward and backward." Darius replied: "You really have spoken arrogantly and <because of> the word of your lord I would like to pull his tongue out of his mouth, but since he shows favour to my messengers I shall show favour to you. Come with me to the dining hall." He took him by the right hand and brought him to the royal palace and let him sit at the table that was prepared for him in the palace. The walls and ceilings of the palace and the thresholds of the house were covered with pure gold. Alexander said to himself: "Is it not a good sign to inherit the kingdom after that the king brought me in his rooms?." They sat down to eat bread. The food <was served> in golden bowls set with jewels and eunuchs poured out <drinks> in golden goblets set with topaz. When Alexander finished drinking, he shook the goblet and put it in his bosom and he did the same with the second and the third one. The butlers were astonished and informed Darius. He said: "My brother, why do you put the goblets in your bosom?" He said: "Such is the custom of our lord Alexander to those who drink at his table. I thought that you were accustomed to do the same; here you have them back." He took them out of his bosom and gave them to the butlers. They were all astonished saying: "This is a great custom and honour of Alexander to deal in this manner with his servants!"

The people who saw the low stature and the chiselled features of Alexander, said: "What did the king see in appointing such a governor and what did he see in his image? He has no appearance, no charisma, no stature. At sunset Anepolus arrived who went to Macedon in the days of king Philip by order of king Darius to collect the tribute imposed on him. When he saw Alexander, he recognized him, but he waited until he spoke. When he spoke, he recognized him and he did not turn away his face from him. When Alexander saw him observing him, he became afraid, because he recognized him. He rose and said to the king: "Let me go." He rushed to the gate of the capital. The sun went down and he found a boy with a wax taper in his hand. He snatched it from him and fled from the city. Anepolus hurried to Darius to tell him about it that Alexander had come to his table and he should send him away in peace. He said: "I did not know it." He ordered horsemen: "Go after him, reach him and seize him! Pursue him swiftly in order to reach him and to bring him back to me!"

In the meantime the heavens grew dark and there was darkness around. The pursuers could not see the road and were not able <to continue>. The animals they rode stumbled and fell. Alexander escaped until he reached the river Tigris. It was frozen and he was not afraid to cross the river. When he crossed and reached the other shore, the river was cleft and the horse was drowned. He climbed and jumped and got safely out of the river. He took the second horse and they returned together to his camp in the night and he laid down until the morning.

The commanders of Darius who pursued him could not find him and returned to Darius. He trembled and walked slowly. When he went to the temple, there was a statue made in the image of Artaxerxes,

(1) מלך פרס הראשון ויפול ארצה וישבר* ויירא עוד דריוש ויצא לבו ויאמר אך עתה (2) שלמה מלכות פרס* ובימים אחדים תשבר* ויקם אלכסדר בבקר ויקרא לכל עמו (3) ויעמוד על העמוד ויקרא באזני העם ויספר להם את כל אשר עשה* ויאמר שמעוני (4) עמי אני חשבתי לאמר רבים העם אשר עם דריוש מאשר אתנו* ואולם הן רבים (5) עתה עמנו מעמו* וגבורינו מגיבוריו* וגם ראיתי את אנשיו חתים וחלשים* וגם (6) אם רב עמו מעמנו לא נירא מהם* כי עדת דבורים אם מעטים הם לא ייראו (7) מעדת זבובים אם וגם רבים* ויריעו העם וישמחו מאד ויאמרו חזקתנו אדוננו (8) המלך ואולם הננו לכל מצותיך* ויאסוף דריוש מחנהו ויפקדם וימצאם ששים אלף (9) בין רגלים ופרשים* וגם אלכסדר סיפר את מחנהו ויהיו ד׳ אלפים פרשים ול׳ אלף (10) רגלי* וילך דריוש לקראתו ויתקבצו וילחמו כל היום ההוא ולא נצח איש את חבירו (11) אך מגפה היתה בעם דריוש ויפלו ביום ההוא ארבעים אלף איש* ומעם אלכסדר (12) מאה ושנים פרשים וט׳ רגלים* ויחלק עליהם לילה וירא דריוש כי נגף לפני אלכסדר (13) ויברח מלפניו עם הנשארים לו* ויהי בבקר צוה אלכסדר לקבר החללים ממחנהו* (14) וממחנה פרס* ויאמר על המוכים לרפאם ולתת להם את צרכם מאוצר המלך (15) ויכתב ספרים לכל השרים אשר במלכותו לאמר שייריה* וקבלו דוקיה* וסליסיה* (16) ופלוגונא* וארכיה* שלום* עתה כבוא הספר הזה אליכם בכל מדינה ומדינה כפי (17) כחה תשלח לי מצמר גפן ופשתן* וק׳ עורות כפי היוצאים בכל מלכות* וק׳ זנב -שוע- (18) נעלים אל השליש אשר לי באנטוכייא וציויתי עליו לצאת על הגמלים להביא לצבא (19) מלבוש לעם אשר בגרלי* ונעלים לרגליהם* ודריוש ברח ויבוא עד ספלון מקום (20) כסא מלכותו ויחשב בלבו לאמר איך ינקם אל׳ מאלכסדר וישלח מלאכים אל פאוור (21) מלך הודו לאמר* ברית ביני ובינך ועתה עלה אתי לעוזרני ונלחמה באלכסדר* (22) אז השיב לו מכתב מלך הודו* אל דריוש המלך שלום* שמעתי את דבריך ואראה (23) מכתבך ולולי שחליתי נקראתי בעצמי ללכת אליך ואולם עתה צויתי במלכותי (24) וכל המלכים אשר על ידי לעזרך חיל כבד מאתנו להנקם מאויביך* ויגד לאלכס{דר} (25) לאמר הנה דריוש מחריש עליך ולבוא בצבאותיו ולחוות עליך בהר טברימון (26) עם כל חילו ויירא מן המקום ההוא סביב למחנהו ואם יבוא שם דריוש לא יהיה (27) לו ידים לנוס הנה והנה* ויהי בינו ובין ההר מיל* ויקומו הלילה ההוא ויאר להם

the first king of Persia, and it fell to the ground and broke. Darius was very concerned about this and terrified and he said: "The kingdom of Persia was perfect, but in a few days it will be broken."

On the morrow Alexander rose and assembled all his people. He stood upon a platform and told them all that had befallen him and he said: "Listen, my people, I previously thought that the army of Darius was more numerous than my army, now I have found out that my army and my warriors outnumber it. Indeed, I noticed in his men fear and weakness and even if they are more numerous than we are, we do not have to fear them, because a swarm of bees, even when they are few, do not have to fear a swarm of flies, even when they are numerous." The soldiers cheered and rejoiced exceedingly and said to him: "You have encouraged us, our lord king; we are here to do for you anything you command."

Darius assembled his troops and mustered them and counted 60,000 foot-soldiers and horsemen. Also Alexander counted his troops: 4000 horsemen and 30,000 foot-soldiers. Darius advanced to him and they were assembled and fought all that day, but no one was victorious over the other. However, the soldiers of Darius were defeated and 40,000 men were slain on that day. Of Alexander's soldiers only 102 horsemen and 9 foot-soldiers. When night fell, Darius was afraid of the defeat before Alexander. He fled with the surviving soldiers. In the morning Alexander ordered his soldiers to bury the slain of his troops and the Persian troops. With regard to the wounded he told <the soldiers> to heal them and to give them what they needed at the expense of the king.

He wrote letters to all the commanders in his kingdom as follows: "To Syria, Cappadocia, Cilicia, Peflagonia and Arabia greetings. When you deal with this letter every province shall send wool, cotton-wool and flax according to his ability, as well as hundred skins and hundred shoes according to the number of those who go forth throughout the entire empire to my commander in Antioch. I have summoned him to come with camels in order to bring clothes to my foot-soldiers and shoes for their feet."

Darius escaped and returned to Persepolis, the royal seat of his empire. He thought how to take revenge on Alexander. He sent messengers to Porus, the king of India, saying: "A covenant exists between you and me. So, come and help me and let us fight together against Alexander." The king of India replied to him in a letter: "To king Darius, greetings. I have listened to your words and I have seen your letter. If I were not ill, I would feel called upon to come to you. However, you have called for all the kings of my empire to come to your aid, our vast army will take revenge on your enemies."

Alexander was thus informed: "Darius tacitly comes forth against you with his troops and directs <them> to the mountain of Taurus together with his entire army." He feared that place all around his camp. If Darius were to encamp there, he would not have any chance to escape in any direction. Between him and the mountain was a distance of a mile. They rose that night and he showed to them

(1) תחת {ההר} וייעף אלכסדר מטורח הדרך ויפשט בגדיו וירחץ אל הנהר היורד
מן ההר {וכצאתו} (2) נעקם על יופיו ויהי מעוות ויתחל {ויפול} ויבוא אל
המטה וייראו עבדיו מאד ויאמר הנה (3) עתה ישמע דריוש ולא יחמול* וישלח
ויקרא לפיליפוס רופאו והוא בחור ויאמר (4) לו אל תירא אלכסדר כי מהרה יהיה
רפואתך על ידי משקה אשר אשקך* ויאמר לו (5) מהר המשקה* ויצו אליו מכתב
מאת ברמיון מלך ארמניה לאמר* השמר אדוני (6) המלך מן הרופא כי אמר
להרגך אל המלך דריוש אשר הבטיחו לתת לו בתו ולהשליטו (7) על מלכותו כי
היה שונא ברמיון לפיליפוס מאז ומקנא בו* וכבוא הכתב ופיליפוס (8) נכנס וכוס
המשקה בידו ויכל אלכסדר לקרוא הכתב* ויקח הכוס בימינו והכתב בשמאלו (9)
ויתן בכוס עיניו למען ירגיש פיליפוס כי אז לקחה שמץ של משקהו* ויאמר לו
פיליפו{ס} (10) מה זה אדני המלך מהסס {אתה ירא} לשתות אין בו דבר קשה
שתה ותתרפא וישתה וירפא* (11) ויתן הכתב לפיליפוס ויאמר לו דע כי נאמן
אתה עמדי ואהבתיך כי לא האמנתי (12) אדם עליך ויאמר פיליפוס אדוני יבוא נא
האיש שהלשין* ואני אגלה ואודיע (13) אדוני כי בלבו היה לשלוח יד במלך*
וישלח המלך ויבוקש הדבר וימצא ויתלה על עץ* (14) ודריוש אסף חילו ויהי
ששים אלף רגלי* ומאה אלף פרשים* וילך ויעבר לקראת (15) אלכסדר את נהר
דגלת* ויחנו אלה נוכח אלה* הרחק כמטחוי קשת* ובבקר הלכו (16) להלחם זה
עם זה עד חצות היום ולא נצחו זה את זה* ויהי כחצות היום וינגף (17) דריוש
ויפלו מאנשיו שלשים אלף רגלי ועשרת אלפים פרשים* ומאנשי אלכסדר נפלו
(18) מאה ושלשים וששה* וינס דריוש ויברח אל נפשו והעם אשר היה עמו לא
היה בו (19) כח לשוב אחריו* ויעזב מחנהו ואוהליו כאשר המה* ויתפוש
אלכסדר ביום ההוא (20) ארבעים אלף אסיר מחיל דריוש וגם אמו ושתי אחיותיו
תפש* ואחד מגדודי דריוש (21) הבטיח להביא אל דריוש את ראש אלכסדר*
ויאמר דריוש להשיאו בתו ולהשליטו מקצת (22) מלכותו ושם הגבור בראנאנוס
ויקם וילבש בגדי אנשי מקדון* וזיניו כזינן ונסו (23) כנסיהם ויבוא בתוכם וילך
ולא הכירוהו* והלך הלוך וקרב עד כי קרב לאלכסדר (24) מאחריו* וישלף חרבו
ויך על ראשו ויבקע הכובע מעל ראשו* וגם בראשו נגע (25) החרב* ויבואו
גבורי מקדון להרגו ולא נתנם אלכסדר* ויאמר לו מי השיאך לזאת (26) ויען
בראנוס התחשבוני שמקדוני אני פרסי אנכי* וכזה אמר לי דריוש לעשות (27) לי
אם אסירה ראשך ואביאנו לו ויחמול עליו אלכסדר ויאספהו אליו ויכבדהו*

the foot of the mountain.

Alexander became tired of the hardship of the voyage and he took off his clothes and bathed in the river that descended from the mountain. When he got out, he pulled a wry face and he looked distorted. He started to fall and got to his bed. His servant were very frightened and he said: "If Darius will hear this, he will not show compassion." He sent <a messenger> and called for Philip, his physician and still young. He said to him: "Be not afraid, Alexander, you will be healed soon by a drink which I shall pour out to you." He said to him: "Get this drink quickly!"

A letter was ordered to him from Parmenius, the king of Armenia, saying: "My lord, beware of your physician who told to king Darius to kill you <in exchange for> his promise to give him his daughter and to let him rule over his kingdom." Since then Parmenius was hostile to Philip and envied him. When the letter arrived, Philip entered with the goblet in his hand, and Alexander stopped reading the letter. He took the goblet in his right hand and the letter in his left hand. He set his eyes on the goblet so that Philip noticed it; then he took a small bit of his drink. Philip said to him: "Why does my lord king hesitate? Do you fear to drink it? There is nothing tough in it. Drink and you will be healed." He drank it and was healed. He gave the letter to Philip and said to him: "Now you know how I rely on you and love you, because I did not believe anyone <who is> against you." Philip said: "My lord, let the slanderer come and I shall reveal and inform my lord that he intended to raise his hand against the king." He sent for him and the matter was investigated; <Alexander> found it out and he hanged him on a tree.

Darius assembled his army consisting of 300,000 foot-soldiers and 100,000 horsemen. He crossed the river Tigris toward Alexander and the troops were arrayed opposite one another at a distance of a bowshot. In the morning they started to fight each other until noon, but no one was defeated. It came to pass around noon that Darius was smitten and 30,000 foot-soldiers were slain as well as 10,000 horsemen. From Alexander's men only 136 fell. Darius fled on his own and nobody was capable to escape with him. He left his camp and his tents. Alexander took on that day 40,000 prisoners from Darius' army; he also caught his mother and his two sisters.

One of Darius' troops promised to bring to Darius the head of Alexander. Darius told him that he would give his daughter in marriage and let him reign over a part of the kingdom. That warrior was called Parmenius. He rose and dressed himself with the clothes of the Macedonians and armed himself like them and carried a banner like theirs. He went among them and they did not recognize him, until he advanced upon Alexander from behind and drew his sword and struck him on his head, and he split his helmet from his head. The Macedonian warriors wanted to kill him, but Alexander stopped them. He said to him: "Who has provoked you to do this?" Parmenius replied: "Do not think that I am a Macedonian; I am a Persian and Darius said to do me <favours>, if I would take off your head and bring it to him." Alexander took pity on him and brought him <under his protection> and honoured him,

(1) כי אמר כזה גיבור אבחרהו* ודריוש בהגיעו אל ספלון מקום כסא מלכותו* ויפול (2) מלא קומתו ארצה ויצעק צעקה גדולה ומרה ויבך ויאמר ברוך משפיל הרמים ומרים (3) השפלים* ועושה חדשים לבקרים* אני הייתי למלכים מנצח מלחמות* ועתה נפלתי ונוצחתי (4) ומה אעשה לי ולמזלי* ומה תולדות נולדות בעולם מבקר לערב ולא ישיב בן אדם (5) אל לבו* כי בערב ילין רנה* ולבקר תוגה* ואשר ישמח ביום אחד עליו יבכה למחר{תו}* (6) ייי הצדיק על כל הנבראות ברוך הוא* ויתאפק וישב אל אלכסדר מכתב* אל אדוני המלך (7) אלכסדר מאת דריוש שלום* אמנם לא אכחד מאדוני כי נפלתי בידו ולא עצרתי (8) כח* ואכן כי סבה היא מאת האל* ועתה אל תתגאה ואל יגבה לבך ותנה את בקשתי (9) להשיב לי את ביתי* ואני אשים את אדוני ואת ארץ מקדון להיותם יחד זו אל זו* (10) כאחת* ושים לבך אל המלך ארתחשסתא וגדולתו ועוצם תוקפו מה עלתה בו כהיום* (11) אסור בארץ אלדייה כי גדולת האדם אין לה קצבה אלא כרצון הבורא* ואני מעירך (12) ומזכירך על הדברים אשר ידעתי כי תעשם מרב חכמתך* ולדעת ולהבין שאין (13) לבטוח בילדי הימים* ובמחנות הזמן* כי לא יבין איש את אחריתו* וכי תשלים אתנך (14) על הערים ואוצרות אשר אצרו אבותי מארחם* ושבשיר ומקתארה וגנזיהם* (15) והאלהים יתן לך כבוד וחן ישים לך צדק והכוכבים הגדולים יהיו לעזרתך ויושיעוך (16) ויתן ביד עבדיו וישלח לו* ויבואו המלאכים עד אלכסדר ויכבדם ויצו לקרוא (17) הכתב באזני כל העם* ויען בראמנוס הפרסי אי אדוני המלך נכון לך לעשות (18) שאלת המלך דריוש* וטוב לך כי תתערב עמו ותהיו לכת אחת ויד אחד אכן (19) תנה לו ביתו* ואלכסדר לא שת לבו ולא ענהו* ויאמר לשלוחי דריוש שאלו לי (20) בשלום המלך אדונכם* ואמרו אליו מה מאד נמהר לבקש את ביתו* הלא אם נכבשו (21) מדינותיו אין אנו צריכים לקחתם ברשותו כי אם ביד חזקה* ואולם אם יודה שהוא (22) נצוח ומוצא מן המלכות מדינותיו נתונות לו וגם כן בטל* ואם ימאן יוסיף עוד (23) התראות אתנו במלחמה כי גם ינצחנו עדנה* יש לנו כח לעצור באסיריו ובכל (24) שתחת ידינו כהיום* וישיבו המלאכים אל דריוש דברי אלכסדר* ויתן פניו לאסוף (25) חיל להלחם בו ושלח אל פאוור מלך הודו לאמר* מאת דריוש מלך פרס אל מלך (26) הודו שלום* שמעת את אשר קראנו על עסק זה אלכסדר שנכנס במלכותינו (27) ואשר עשה לנו רעה ואולם בטובתך עזרני* וגם אל תנח ידיך כי גאותו אין

saying: "Such a courageous man I prefer."

When Darius came to Persepolis, the royal seat of his kingdom, he fell entirely to the ground and he screamed loudly and bitterly. He wept and said: "Blessed be the one who humiliates the proud and extols the humble, every morning new. I was among the kings victorious in war; now I fell and I am defeated. What shall become of me and my fortune? What befalls the world from morning until evening, and no one pays heed that in the evening one lays down in joy and in the morning <one gets up> in sorrow. A man rejoices about something one day and weeps about it the next day. God is righteous toward all creatures, blessed be He."

He restrained himself and sent a letter to Alexander: "To my lord king Alexander from Darius, greetings. I can really not deny to my lord that I fell into his power, and I did not restrain strength. Truly, the reason comes from God. Now, do not become haughty and arrogant and fulfill my wish to return home. I shall unite with my lord and with the land of Macedonia to become one and the same. Pay attention to king Artaxerxes, his greatness and power, what does it profit him today being bound in the land of Elleda? The greatness of man is only allowed by the will of the Creator. I recall to you the matters of which I know that you deal with them in great wisdom. You know and understand that you cannot rely upon the people and facts of a given period of time, because nobody knows his own end. When you settle for peace with me I shall give you the cities and treasures which my ancestors have stored <in> Miniada, Susis, and Mactria. God will bestow upon you honour and grace and Jupiter and the great stars will come to you, aid and save you."

He gave <the letter> to his servants and he sent <them> away. The messengers came to Alexander and he honoured them. He ordered the letter to be read before all the people. Parmenius, the Persian, replied: "O my lord king, you will be right to fulfil the request of king Darius, joining him into one group and one power. So, give him his house." Alexander did not pay attention and did not reply. He said to the messengers: "Send regards to your lord king and tell him for what reason he is in such a haste to request his house. If we conquer his cities, we do not need his permission <to use> violence. However, if he admits to be defeated and believes <some> cities of his empire should be given to him, this too is invalid. If he refuses, he will continue to meet us in combat, because so far he <tried to> defeat us as well. We have the capability to retain those who were kept by him and all that is now within our power." The messengers reported the words of Alexander to Darius. He set himself to assemble an army in order to fight against him and sent <a letter> to Porus, king of India: "Darius, king of Persia, to the king of India, greetings. You have heard about the matter concerning this Alexander who entered our kingdom and caused us evil. Be right and help us; do not leave <the matter>, because his arrogance

(1) להכיל הנו כים בשוא גליו במלחמותיו וברב דבריו ועוד התנהג עמי כאח וקרוב (2) ואסף חילך לפניך ומהר ובאה ואני הנני אצוה בכל מלכותי אשר תלין שמה (3) כל עת* לחם ויין ותבן ושעורים לסוסים וכל מחסורך לתת לך כל לילה* עלמות (4) מלובשות בגדי רקמה לשמושך* ואפסנייא ג׳ אונקיות זהב לכל רגלי וה׳ לכל (5) פרש* אשר תביא אתך כי לא ארפא מלחום בו הן לנצח הן לינצח* אם אנצח (6) אמותה ואל אראה ברעת חילי וביתי בשבי* ואם אנצח אז טוב לי כי אוציאנו (7) ואתן לך מחצית מכל השלל לשלום* ופרש אחד מדריוש נפרד ממנו* ויצא -אלכסד{ר}- (8) לאלכסדר כל הדברים האלה* אז שמעה אם דריוש ותכתוב אל בנה לאמר* אל דריוש (9) מלך פרס בני חמודי וידיד נפשי שלום* שמעתי בני כי אם לבבך להוועד (10) את אלכסדר* ולהתחבר עמו למלחמה* ועתה בני למה ישיאך לבך בדבר הזה (11) להתגרות* באשר מזלו מתגבר ועומד והמליכהו ימים והשירהו זמנים ומלכות (12) מאת האלהים אכן בני אל תתגרה בו ועשה את אשר לך ואל תלחם ואנחנו תחת (13) ידו בכבוד גדול* וכקרוא דריוש את הכתב ויבך מאד אך עודנו מחזיק במלחמ{ה}* (14) ואלכסדר לא הרך לבו ויחזק את עמו ויאמר למה יקדמנו דריוש כפעם בפעם בראשונה* (15) אנחנו נבוא אליו בארצו ונלחם בו* ויצו לכל עמו* יקחו ענפי העצים אמירי (16) האילנות* לקשור ברגלי הסוסים וכל הבהמות שבמחנה ולהנהיגם במרוצה* (17) ויעשו* ויהי כי קרב צבאו עד עיר ספלון* והצופים אשר בהרים נשאו עיני{הם}* (18) ויראו האבק עולה מבין רגלי הבהמות ולא הרגישו אל הענפים אשר ברגליהם* (19) אך אמרו הביא עלינו אלכסדר את כל העמים אשר בארץ* וייראו מאד (20) ויוסיפו על פחדם* וספלון היתה על שפת דגלת ויחנו על הנחל* אלה מפה (21) ואלה מפה* ויצא דריוש ויעבור* דגלת בחיל פרשים מאה אלף* ורגלים אין מספר* (22) ועשרת אלפים עגלות נושאות כלי המלחמה והמאכל* וילכו ויחנו במקום אחד* (23) ואלכסדר עמד וירכב על סוסו בוספאל וילך על כל צבאיו ויערוך מערכותיו* (24) ויעמידם על משמרתם וילך ויורם משפט המלחמה* וכראות אנשי דריוש את (25) זריזותיו ואת גבורותיו וייראו מאד וחייליו הוסיפו גבורה* וילחמו מעלות (26) השחר ועד צאת הכוכבים* ויפלו חללים רבים עד מאד חמרים חמרים* (27) גם סוס גם פרשים בחיצים לא נראתה כמלחמה ההוא ודר{י}וש היה המלחמה

cannot be held by a sea of which the waves roll in vain in his wars and in his many words. Moreover, he behaves toward me like a brother and a relative. Assemble your army before you and come quickly. I put my entire kingdom at your disposal to stay there at any time. Bread, wine, straw and barley for your horses and anything you need will be given to you. Young women dressed in embroidered clothes are at your service. The provision is three ounces of gold for every foot-soldier and five for every horseman you bring with you. I shall not cease to fight against him until I win or lose. If I shall be defeated, I shall die and I shall not see the evil of my army and my house in captivity. If I shall be victorious, that will be good for me, because I shall drive him out and give you half of the spoil in peace." One of Darius' horseman defected and informed Alexander about all these things.

The mother of Darius heard about this and she wrote to her son: "Darius, king of Persia, my dear and beloved son, greetings. My son, I heard that you intend to meet Alexander and to engage with him in war. My son, why do you act haughtily in waging a war, whereas his fortune prevails and brings him to power within days and lets him remain <in power> for ages. His kingship is by divine providence. Really, my son, do not wage a war against him. Do as you please, but do not fight. Let us be under his rule in great honour."

When Darius read the letter, he wept bitterly, but he still held on to war. Alexander did not become faint-hearted either and he encouraged his soldiers and said: "Why should Darius not welcome us this time like the first? We will come to him within his land and fight against him." He ordered his soldiers to take branches from the trees as well as treetops and to bind them to the feet of the horses and all the animals in the camp and to urge them to a trot. So they did. When his army approached the city of Persepolis the watchmen on the mountains lifted their eyes and saw a cloud of dust ascending from between the feet of the animals without discerning the branches at their feet. So they said: "Alexander has brought against us all the nations of the world." They were very frightened and became even more afraid. Persepolis was situated at the river Tigris and they encamped at the river at different places. Darius went forth and crossed the Tigris with an army of 100,000 horsemen and an innumerable amount of foot-soldiers and 10,000 carriages carrying arms and food. They went on and encamped at a certain place. Alexander rose and rode on his horse Bucephalus. He went along all his troops and inspected his battle-lines and let them draw up in <battle> array. He continued and taught them military strategy. When Darius' men observed his diligent and courageous actions they feared exceedingly, but his troops were encouraged. They fought from the rising of the morning till the stars appeared. Many were slain in piles, horses as well as horsemen by arrows; such a war was never seen before. When Darius noticed

(1) אחרי שראה כי נוגף כפעם בפעם וכראות עבדיו כי רצונו להרוג לא נתנוהו
(2) לבא במלחמה ויאמרו לו לשוב אל ארצו* ויסב פניו וישב לו עם אנשיו אשר
(3) נשארו במחנהו שעצרו כח לתת* ויבאו עד דגלת והנה קפאו המים ויעבר (4)
הוא ואנשיו על הקרח* ובעברו נבקע הקרח ויטבעו רבים* גם עבדי אלכסדר (5)
רדפו אחריהם עד המעברות* רדום והכוס ולכוד* וימות ביום ההוא כל איש (6)
גבור חיל שבמלכות פרס* לא נשאר שם איש גיבור* ויצאו עם אלכסדר לפשט
(7) החללים* ומחנה דריוש -להכות- להיות שוללים ובוזזים ולא כלו משלול עד
תום ל״ד ימים* (8) לאסף השלל כי רב הוא* ומספר ההרוגים ממחנות פרס*
מיום אשר עבר (9) אלכסדר נהר פרת עד היום הזה ההוא אלף אלפים וחמש
מאות אלף לבד המתים (10) טרם עברו* ואלכסדר עבר דגלת ויבא עד המדינה
שהיתה לארתחשסתא מלך (11) פרס הראשון* ויועץ לחרוף שם כל ימי החורף*
והמדינה ההיא נפלאת בבניינה* (12) ויהי בלבו לשורפה ויחדל אחרי כן* ושמה
קבורים כל המלכים הראשונים* (13) בארונות נאים* ועליהם מציבות ועמודים
וציונים נאים* ויחפרו העם (14) הקברים וימצאו שמה כלים חמודים ממולאים
באבן יקרה* ושם קבר בנוס מלך (15) שירייא הראשון בארון אבן שנקראת
גמטשת ויחלק אלכסדר לכל העם אשר (16) אתו ויתן להם מתנות* ויסע משם
הוא וכל מחנהו ויבא עד ספלון ויצר (17) עליה* וכאשר ראה דריוש כי צר לו ולא
ילך אלכסדר מעליו* ויתן בלבו לברוח (18) עד קצה מלכותו* ולהמלט בבורסאן
מפניו* וידעו שנים מגדוליו אשר בלבו (19) ויתנכלו להמיתו* ולהתרצות בו אל
אלכסדר* וידע ויירא מאד ויאסוף לו כל (20) מחנהו ויאמר באזניהם עמי ידעתי
כי יש בכם מתנכלים לי -להמיתני- להמיתיני (21) ואולם אין לי חוזק ביום
להאשים איש ולתופשו על הספק* אבל אודיעכם אם (22) יש את נפשכם*
לשלוח יד בי למען תתרצו אל אלכסדר תועים אתם* והחושב זה (23) דמו יהיה
בראשו* כי מלך לא יחמול אשמת איש הקושר על אדוניו אכן הסירו (24) מכם
המחשבה ולא תמותו* וידעו האנשים כי נודעה עצתם ויקומו בתוך (25) המחנה
ויכוהו קבלעם האחד בשלוח על כתפו הימנית* והשני גם הוא (26) עמד ויכהו
על כתפו השמאלית* ויפול דריוש ארצה מוכה ויגוע והנה לא מת (27) עתה אך
קרוב הוא למיתה והעם חרדו ויברחו איש לאהליו והמכים נסו

that he was defeated time and again, and when his servants saw that he wanted to kill, they did not let him continue to fight, but they told him to return to his land. He turned back and returned together with his men who survived in his camp in exhaustion. They arrived at the Tigris. Its water was frozen and he and his men crossed over the ice. When he crossed, the ice broke and many were drowned. Alexander's servants pursued them until the crossing-place, <constantly> striking and slaying and capturing <them>. On that day every valiant warrior in the kingdom of Persia died. No warrior stayed alive there. Alexander went forth to strip the slain and to loot and plunder the camp of Darius. It took them thirty-four days to gather the spoil, because it was so much. The number of the slain from the Persian camps from the day Alexander crossed the river Euphrates until this day was 150,000, apart from the casualties before they crossed.

Alexander passed over the Tigris and arrived at the city of Artaxerxes, the first king of Persia. He was advised to hibernate there. That city was well built and he wished to burn it down, but later he refrained from doing so. All the ancient kings were buried there in precious coffins; over them precious tombstones, pillars and monuments <were set>. The soldiers unearthed the tombs and found beautiful vessels, set with jewels. Also the tomb of <Na>bunas<arus>, the first king of Syria, was there; <he was buried> in a sepulchre of amethyst. Alexander distributed it among his soldiers, and he gave them presents.

He and his army proceeded thence to Persepolis and he besieged it. When Darius saw that he was in trouble, because Alexander did not go away from him, he considered escaping to the extreme border of the Persian empire, fleeing from him to Parthia.

Two of his high-ranking men knew his plan and conspired to kill him and to appease Alexander. He was informed about it and feared exceedingly. He assembled his entire camp and said to the soldiers: "My soldiers, I know that you intend to kill me in conspiracy. However, I do not have the strength to accuse somebody and possibly catch him. Still, I shall inform you that whenever you intend to raise your hand against me in order to appease Alexander, you are wrong. Whoever has the intention, his blood shall be upon his head, because a king does not have mercy on someone who is guilty of conspiring against his lord. Therefore, remove this thought from yourselves, lest you will die."

The men learned that their counsel was known. They rose from among the soldiers and they struck him. He <received a blow> when one of them struck his right shoulder, whereas the other struck the left shoulder. Darius fell smitten to the ground and was near to death. The soldiers feared and escaped to their tents. Those who slew him fled

(1) כמו כן* וישמע אלכסדר את קול ההמון וימהר אל תוך העיר עד הרחוב אשר
(2) דריוש נפל שם וירד מעל הסוס על דריוש ויבך בכי גדול וכל עם דריוש נפוצו
(3) מעליו* וישארו ברחוב הוא והוא* ויקרע אלכסדר חלוקו ויחבוש בקרעים את
(4) מכותיו ויאמר לו התחזק ואל תירא ושובה למלכותך ואנכי אהיה לך לבן*
ואשיב (5) כתר בראשך ואת נקמתך אקח מהמכים אשר הכוך ובאלהים אני נשבע
לך שאני (6) עצב על קורתך* ותבין מלבך כי מלכים לא ישמחו במפלת
חביריהם* וישיבהו (7) בקול נמוך ויחזק לאלכסדר טובה ויאמר חי אלכסדר בני
אל יגאה לבך על מזלך* (8) אשר הצלחת כי כל בן אדם אינו אלא כצל עובר*
וקח תוכחת ממני* כי אתמול (9) מנצח מלחמות הייתי מלך מלכים* ועתה אין בי
כח לעצר אפילו בעצמי ואתה (10) בעצמך תשאני וקברתני* כי קבורתי על ידך
זו היא כבוד ושרי פרס ומקדון (11) תמנה ללכת אחר מטתי ואלו שתי הממלכות
יהיו לאחדים בידך וערכם עמך דרגואניש (12) אמי וגם אחיותי אשר באו לחסות
תחת כנפיך* ובתי רוצנאן תהיה אשתך* (13) כי לחברה טובה* ואשה נעימה
תהיה לך וככלותו לצוותו וימת* ויצו אלכסדר (14) להתעסק בקברו ותכריכיו
כמשפט המלכים הגדולים שהיו מלפנים בפרס* ויצו את (15) כל השרים ללכת
אחריו ברגל וגם נשא מטתו אלכסדר בעצמו על כתף וקברו ויסתו{ם} (16) קברו
ויבך עליו בכי גדול וכל השרים הרואים בכו בכי גדול על -גביו- בכיו מאשר בכו
(17) על מיתת דריוש* ואחרי כן החזיק אלכסדר על ספלון העיר ויפלא מאד על
בנין העיר (18) ועל הבירה שהיתה טוחה זהב בכל כותליה בזהב טהור* והקרקע
מצופה באבנים* (19) יקרים תרשיש שוהם וישפה* והאבנים נאים וזהובים*
וישב על כסא המלכות שהיה (20) לכורש מלך פרס הראשון וילבש בגד מלכות
ויבואו לפניו בבירה שרי פרס ומקדון* (21) ויכתב ספר וישלח בכל מלכותו* וזה
פתשגן הכתב* מן אלכסדר מלך מלכים בן אמון (22) האליל ואלנפריוש המלכה
אל כל השכנים בארצות פרס הקרובים והרחוקים שלום* (23) אמנם כי עברו
ימים מלפנים ותהי תיגרה ביני וביניכם ומלחמות ביני ובין המלכים (24) המולכים
עליכם* ולא יכולתי לעשות עוד אלא מה שציוה אמון האליל שלא יהיה* (25)
ועתה קמתי ואמלוך עליכם ואין בלבי-ם- עליכם רק טוב ואתם תהיו לי סגולתי*
(26) והחביבים לי* וקרובים לנפשי* ועתה -הנם- הנני כורת לכת ברית ולכל
עוברי -ולרול- (27) -ולדוכליכם- ולרוכליכם ולסוחריכם ללכת ממקומם עד קצה
מלכותי בטח על כנעתם

as well. Alexander heard the noise of the crowd. He hurried into the city to the street where Darius was lying. He descended from his horse to Darius and wept bitterly. All soldiers of Darius were dispersed away from him and both remained behind in the street. Alexander tore his robe and dressed his wounds and said to him: "Be strong and do not fear. Return to your rule and I shall be your son. I shall put the royal crown on your head and I shall take revenge upon those who slew you. I swear to God that I am grieved about what has befallen to you. You have to understand that kings do not rejoice about the fall of fellow-kings." He replied with a weak voice and encouraged Alexander saying: "So Alexander, my son, lives, do not be arrogant about your fortune which has prospered you, because a human being is nothing but a fleeting shadow. Take my warning, because yesterday as a victor of wars I was <called> the king of kings and now I cannot even rule myself. You have to carry me on your own and bury me, because my burial is in your hand, a glory to you. You will appoint the commanders of Persia and Macedon to go after my bier, and the two kingdoms will be one kingdom. Do confer honour upon Rodogune, my mother, and upon my sisters who are entrusted to your care. Take my daughter Roxane as your wife, because she will be a good friend and a pleasant woman to you."

When Darius finished ordering Alexander, he died. Alexander commanded his tomb and his shroud to be prepared as was customary with the ancient great kings of Persia. He ordered all the commanders to walk behind him and Alexander himself carried the bier on his shoulder and he buried him and closed his tomb. He wept bitterly about him and all the commanders, seeing his excessive weeping, joined him in weeping more because of him than because of Darius' death.

Afterwards Alexander got hold of the city of Persepolis and he marvelled at the architecture of the city and the palace, because its walls were coated with gold and the floor was covered with jewels like topaz, onyx, jasper and beautiful aureous stones. He sat on the royal throne which belonged to Cyrus, the first king of Persia, and he wore a royal robe. The commanders of Persia and Macedon appeared before him in the palace and he wrote a letter and sent it round in his entire kingdom. This is its text: "From Alexander, the king of kings, son of the god Ammon and queen Olympias, to all neighbouring states within Persia, far away and nearby, greetings. The days have passed that there was struggle between me and you and wars between me and your kings. I could not complete this otherwise than by the command of the god Ammon. Now I shall rule over you to your own well-being, and you will be precious and dear to me. I make a covenant with you and all your merchants and traders to travel in safety throughout my kingdom with their goods

(1) ולא יהיו ניזוקים* והמחליף על דברי אלה נשבע אני באמון האליל* ובמשפט הכבוד (2) שיש לאמי עלי לעשות משפט המחליף בכל דברי אלה* ובכל אשר לו אעשה (3) משפט* והנני מחזק טובה אשר המלך דריוש* וימליכוני עליכם כי הם גרמו (4) לי כל הכבוד הזה* -ורות- ורוצה אני לעשות להם יקר ולשלם {להם} שכר כאשר יתכן* (5) ולו ידעתי מי הם ועתה יעמדו לפני ויעידו על עצמם* ואני נשבע בחוק (6) האלילים כי הטוב שאמרתי ונשבעתי לא אחליפנו* וכשמוע הרוצחים מפי (7) דריוש את שבועותיו ויתגלו לפניו ויאמרו לפניו אנחנו הרגנו את דריוש* (8) אויב אדונינו המלך והנלחם בו ועתה הגמול אשר אמרת תנהו לנו* (9) וימהר ויחלטה מהם ויאמר במה אדע למען באה הדבר באוזני (10) העומדים עליך* ויענוהו שנית ויאמרו אמנם אנחנו הרגנוהו* וכאשר (11) ראה כי עדותם וכי שמעו העם דבריהם ויקשרו עליהם את ידיהם אחורני{ת}* (12) ויאמר אליהם פיכם ענה בכם כי הרגתם את המלך ויענו אליו ויאמרו (13) אי אלכסדר הנך היום ראשון למלכות פרס* והיום נשבעת באלהיך על (14) כל הטובה וזה תחליף דבריך* ואיך האמינו בך מן היום והלאה חיל פרס* (15) ויען להם ויאמר אמנם נשבעתי אנכי להתהלך בתום וביושר את כל (16) עם ולהיותם לי לעם אך הקושרים והמכים אדונם אשפטה אותם כמשפט* (17) ויוליכם עד קבר דריוש וישחטום שם* אז באו כל חיל פרס למלך ויאמרו (18) השתחינו כי הרגת הקושרים ותשקוט ארץ פרס כולה במלוך עליהם* (19) אלכסדר וישפטם באמת* ויהי שם זקן אחד ושמו דוריוש דוד אלכסד{ר} (20) איש חכם ונכבד בתוך כל עם הארץ ויבקשו כל השרים מאת המלך (21) לשומו בראש השופטים וישמע לקולם וישם השופטים בראשו -ויש- ויוש{י}בהו (22) על כסאו והמלך לבש בגדי מלכות וישב על כסא זהב למלכים ודוריוש (23) יושב לפניו* ויאמר לו הלא אדוני המלך דריוש ציוה אותי לתת לך רושנאן (24) בתו לאשה וישמע לו אלכסדר* ואחר כן עשו עבדי המלך שרי פרס וישמחו (25) מאד על חתונתו* ויצו אלכסדר ויעשו לרושנאן משתה גדול וכסא זהב (26) ותשב לימינו* ועם הארץ ביום חתונתו באו בבית הבעל ויוציאו את כל (27) צלמי עצביהם לפני המלך ויזבחו וינסכו להם וישתחוו להם אפיים ואחרי

**259b**

without being harmed. Whoever transgresses these words of mine, I swear on the god Ammon and on the honour of my mother that I shall punish the transgressor. I was encouraged by <the assassins of> Darius to reign over you, because they are the reason for this great honour. I want to pay them respect and reward them, if possible. If I would know who they were and if they would step forward and testify about themselves, I swear on the law of the gods that <I would do> the good things that I have promised <to do>. When I have sworn I do not change it."

When the assassins heard the vow from Alexander's mouth, they revealed themselves and said before him: "We killed our lord's enemy Darius who has fought against him. Now perform your word and give us <our reward>." He hurried to get their assertion saying: "How can I know that you were not just informed by some bystanders?" They told him a second time: "We killed him." When he knew for certain that they were the assassins, and the people had heard it, he <gave orders> that their hands were to be bound on their back. He said to them: "You are really the assassins of the king." They replied: "Woe unto you, Alexander, this is the first day of your rule over Persia. Today you have sworn to your gods to do well. Now you violate your vow. How can the Persian army trust you from this day onwards?" He replied to them: "Verily, I have sworn to deal honestly and righteously with all the people so that they will be a nation to me, but I shall condemn conspirators and assassins of their lord according to justice." He lead them to the tomb of Darius and he slaughtered them there. The entire army of Persia came to the king and said: "Let us prostrate, because you killed the conspirators". The whole land of Persia was peaceful under the rule and true justice of Alexander.

One old man called Duritus, an uncle of Darius, was a sage and favoured by all the people. The commanders implored the king to appoint him as their most prominent judge. He obeyed and appointed him and set him on the royal throne. The king himself wore a royal robe and sat on the golden throne with Duritus sitting in front of him. He said to him: "My lord king Darius ordered me to give you his daughter as wife." Alexander agreed. After that the servants of the king and the commanders of Persia rejoiced exceedingly about his wedding. Alexander ordered a big banquet and a golden chair to be arranged, and she sat at his right hand. On the wedding-day the crowds went to the temple to take out all their idols before the king. They offered up sacrifices and brought libations and bowed down. Afterwards

(1) כן באו וישתחוו למלך על משפט הצלמים* וירע בעיניו מאד על זאת ויאמר
(2) להם לא טוב -ל- הדבר לעשות כי חזק הזבח והקטורת וההשתחויה הזאת
לאלילים* (3) היא ולעצבים בעלי התגבורת* ואולם לפני האדם שהם הבל
ומעשיהם תהו וצור{ם} (4) לבלות שאול לא נכון לעשות כן* ואחר כן כתב
לאמו ולאריסטוטליס רבו כאשר (5) הצליח והממלכות אשר כבש והסגולה ארש
ירש והאבנים יקרות אשר אסף* (6) ואשר עמד על כל מלכות פרס מלכות
דריוש* וכי נתחתן בבתו ויצו עליהם לעשות (7) משתה ויום טוב גדול ביום
שיגיע הספר עדיהם בכל שנה ושנה* ויהי אחרי כן (8) ויצו את חיל פרס לצבא
עמו ויצבאו עד ארכניה וילכדוה* ומשם עבר מקלאניץ (9) ומשם באריתיאה
ומשם סאתיה* ומשם נסע עד קצות המזרח ויבא באומה נוראה (10) מראה איום
ונורא להם ותארם נפלא בעיני בני אדם והם אוכלים כל בעלי חיים וזבובים (11)
ועכברים ושקצים ורמשים* וכי ימות בהם אדם לא יקברוהו אך אוכלים את
בשרו (12) ויהי בלבו להגירם על ידי חרב* וימלך אחרי כן עם לבבו כי אמר
אולי ימלטו מהם (13) שרידים ולא אוכל לכלותם* וישליכם מן הארץ ההיא עד
קצה ארץ צפון בין שני (14) הרים* שם האחד פרקתנכון ושם השני בוראון
וביניהם בקעה רחבה ויאספם* (15) אל תוכה ויתפלל אל האלהים ויאמר כי ייי
סגר נא את האנשים האלה לבלתי ישחיתו (16) הארץ וישמע ייי בקולו ויעתר לו
וידבקו ההרים זה בזה ולא נשאר ביניהם אך מעבר (17) רחב י״ב טפחים ויצו
המלך אלכנדר ויערכו ברזל ועופרת ונחשת למען לא יותכו (18) מפני אש ולא
יתפוצצו מפני פטיש וישלך אל פי המעבר ויסגרהו מן הארץ עד (19) רום ההרים
השוה יחד זה עם זה למען לא יצאו עוד האנשים משם וישחיתו (20) את הארץ
ומהיום ההוא והלאה הם סגורים אין יוצא ואין בא* ויקראו למקום (21) ההוא
מסגר אלכסדר עד היום הזה* ויסע משם ויעבור עד ארץ קשפיה וייטב (22)
בעיניו הארץ* ואנשי הארץ הזהירוהו להשמר משם כי מקום הנחשים הגדולים
(23) הוא* ויצו ויחלצו גיבוריו ובשריונות וילחמו כל הלילה עם התנינים הגדולי-
{ם} (24) כאשר ילחם איש את רעהו* ובבקר נסע משם עד המקום הנקרא
אלכנייה* ופירוש (25) אלכידנייא ואנשיה גבורים ואנשי חיל* ולהם כלבים
מלומדים ממלחמה שלמדום לצאת (26) עמהם במלחמותם ותחזק כל עת
מלחמת הכלבים שונאיהם ממלחמת הגבורים* (27) וייראו מהם עבדי אלכסדר
מאד* וכאשר שמעו האנשים האלה שמע אלכסנדר

they came and bowed down before the king just like <they did> before their idols. He was very distressed because of this and said to them: "It is not proper to do so. A sacrifice is powerful to the gods just as incense and prostration; it <fits> to the gods of strength. However, it is not proper to do so before a human being who is vain and whose deeds are void and who will end up in the realm of the dead."

After that he wrote a letter to his mother and to his teacher Aristotle about all the success and how he had conquered kingdoms, and that he had inherited treasures and that he had gathered jewels. He now ruled over the empire of Persia, the kingdom of Darius, and he was married to his daughter. He told them to hold annually a festival and a banquet on the day his letter would reach them.

Afterwards he ordered the Persian army to march with him against the land of Arcania, and he captured it. He marched thence to the Manglians and thence to Parthia and thence to Scythia. He reached the extreme East and arrived among a terrible nation of horrible appearance and strange to man. They ate all kinds of beasts, flies, mouses, insects and reptiles. When one of them died, they did not bury him, but ate his corpse. He intended to kill them by the sword, but then he considered and said to himself: "Maybe some of them will escape and I shall not be able to finish them off." He drove them from that land to the extreme North between two mountains, one called Promuntorium and the other Boreum. Between them there was a great valley, and he assembled them there and he prayed to God saying: "Please, God, enclose these people, lest they destroy the world." God listened to his voice and granted his prayer. The mountains moved towards each other so that the breadth between them was only twelve spans. Alexander ordered <his men> to mix iron, lead and bronze in a manner that no fire could melt it and no hammer could get hold of it. He threw this at the entrance of the defile and closed it from the earth up to the height of the mountains. He leveled them together, lest no one of these people could get out in order to destroy the earth. From this day onwards they are enclosed; nobody goes in or out. That place is called the enclosed place of Alexander until now.

He marched thence to the land of Caspia, and the land pleased him. The people warned to be careful there of big serpents. He ordered his warriors to arm themselves with armour plates. They fought all that night against big dragons, each one against the other. In the morning he marched thence to a place called Albania and the people of that place were valiant warriors. They had dogs trained in warfare to go forth with them into battle and their military force against their foes was much more than that of the warriors. Alexander's servants were very afraid of them. When these people heard about Alexander,

(1) ויערכו אתו מלחמה וידע ויבן כי בטוחים הם במלחמת כלביהם המלומדים במלחמה (2) ויצו לכל חילו ויקחו כל איש -חזור- חזיר אחד ויקשרהו לפני מרכבתו* ויהי כבואם (3) אל המקום וכהתחילם במלחמה אלה נכח אלה* ויצו אלכסדר לפתח את החזירים (4) אשר קשרו במרכבותם לנגד הכלבים הנלחמים בהם וכראות הכלבים את החזירי{ם} (5) שקטו מן המלחמה* ויבואו עד החזירים פה אחד ויתגבר יד אלכסנדר ויהרוג (6) את האנשים ויתפוש את ארצם וימצא בתוך הכלבים ההם כלב אחד וככלות (7) המלחמה אמר אלכסנדר להביא ארי אחד ופיל אחד להלחם עם הכלב וילחם בם (8) יחד ויהרגם* אחרי כן נטה עד דרך קשיפיה וישם פניו ללכת אל ארץ הודו (9) וילך בדרך קשה מדבר נורא ואיום* והדרכים תלולים* ומקום החולות ארץ (10) ציה גם חום ויקש מאד בעיני כל חילו על הדרך אשר הם עולים* ויקצר נפשם (11) מרוב החום והצמא אשר אין להם מים* וילונו אנשי מקדון ויאמרו המעט כי (12) הביאותנו ממקומנו להלחם בדריוש ופרס כי תוסיף עלינו טורח ללכת למרחקי (13) ארץ עד הודו* ועתה ראינו שאין עיניו ולבו כי אם לעשות לו שם ולא יחוש (14) עלינו* ועתה נתנה ראש ונשובה למקומ{י}נו ודיו כי ימצא חפצו עם חיל פרס (15) הנותרים עמו ויגיע למקום שהוא חפץ* ויהי העם כמתאוננים עד שנשמעו (16) באוזני המלך והוא על מגדל עץ* ויצו לאסף ולקבץ כל חילו ויאספו* ויצו לחיל (17) מקדוניא ויבדלו מתוך החיל ויהיו לעבר אחד* ויקרא להם ויגשו אליו* ויאמר (18) להם שמעתי את תלונותיכם* וכי קצה נפשכם על רב טרחי ועבודתי שעבדתם (19) לי עתה זקני יון עם לבבכם לשוב לארצכם* משבח אני אתכם על העזרה ועל (20) המלחמות אשר עשיתם* ואתם ידעתם את אשר לי מלך פרס עד שנלחמתי (21) עמו ותשמעו ות{י}ראו מאד על כתביו ואזהרותיו ואיומיו עלי* ואני דברתי (22) עם לבבכם ואומרה אל תיראו כי נלחמה אתו וננצחהו ואחמול עליכם ואשימ{ה} (23) נפשי בכפי ואלכה אל עירו לרגל ולדעת מוציאו ומביאו ואיש מכם לא שלחתי (24) ואשובה ואדעה כי מהאלהים תבוסת דריוש לנפול תחתי ואלחמה בו ואלכד (25) עמכם את ממלכתו* ואמנם דעו כי אם לבבי כמו כן ללכת עד עיר הודו* ועתה (26) מי האיש הירא ורך הלבב ילך וישוב לביתו כי אם תשובו כולכם מאחרי הנני (27) לא אנחם מאשר עם לבבי ואלכה שמה לבדי* וכשמוע האנשים את דבריו

they waged a war against him. He knew and understood that they felt secure in a war with the aid of their dogs trained in warfare. He ordered every one in his entire army to seize a pig and to bind it before his chariot. When they drew near to the placed and started the battle one opposite the other, Alexander ordered the pigs to be untied which were bound to their chariots, opposite the dogs which fought against them. When the dogs saw the pigs, they abandoned the battle and went together to the pigs. Alexander defeated and killed the people and captured their land. Among those dogs there was one <very strong> dog, and when the war was finished, Alexander ordered <his men> to bring a lion and an elephant to fight with the dog. He fought against them together and killed them.

Afterwards Alexander turned his way from Caspia to set out for the land of India. He went on a tough way through a terrible desert along steep paths and sand hills and a dry, hot wilderness. His entire army was anguished by the road they had to climb. They grew restive because of the heat and the thirst, because they had no water. The Macedonians murmurred and said: "Is it not enough for us that you have taken us from our native land to fight Darius and Persia, that we still have to go to the corners of the earth up to India? Now we have seen that he only makes a name for himself, and he does not take notice of us. Therefore let us turn our head in the direction of our land. It will be sufficient to him to fulfil his desires with the Persian army that remains with him, and to reach any place he likes." The people were still complaining when Alexander was told of this matter. While he was standing on a tower, he ordered his entire army to be assembled. They gathered and he commanded the army of Macedon to be separated from among the army and to stand at one side. He called them and came near to them saying: "I heard your complaints, that you have come to loath the great burden and service by which you serve me. Well, elders of Greece, if you wish to return to your land, I praise you for all your help and all the wars you fought. You know what the king of Persia <said> to me until I fought against him. You heard and you were very afraid of letters and warnings and threatenings against me. I spoke to you and said: Do not fear, because we will fight against him and defeat him. I took compassion on you and I took my own risk and went to his city to spy and to know the ins and outs of him. I did not send anyone of you and I returned and I knew that God <would cause> the downfall of Darius to fall under me. I fought against him and captured his kingdom together with you. You must know that it is also my intention to set out for the city of India. The fearful and timid man will go and return to his native land. Even if you all withdraw from me, I shall not cancel my intention and go by myself."

When the men heard his words

(1) וישובו ויכלמו על כל אשר אמרו וינחמו ויאמרו לו אמנם אדוני המלך מלך
מלכים* (2) כי אתה הטיבות לעבדיך כל הימים ותעש לך שם ותנשאם ואנחנו
נחמנו והננו אחריך (3) לכל אשר תצונו ויצו להשיב אל מחניהם כראשונה ויסעו*
ויבואו עד פרגאסן הוא (4) ראשית ממלכת הודו* באחרית חדש יוליו הוא סוף
חדש תמוז שלנו ובהיותו שמה* (5) ויכתוב ספר אל פוור מלך הודו -שלום-
לאמר* מן פוור מלך הודו אל הקושר אלכסדר (6) החושב לכבוש כל ממלכת
הארץ שלום* הלא תאמן בעצמך כי מבני האדם אתה* (7) וכי אחריתך כראשיתך
שוכני קברי* למה תשים פניך לרשת משכנות לא לך לשבת (8) אלהים להיות
העולם תחתיך ועתה לא תטעה ואל ישיאך לבך יען כי שחות וכבשת (9) את
האנשים החלשים אשר אין להם כח* כי לא כהם אנשי -אנשי- הודו כי כולם (10)
גיבורים כי ידוע ידעת כי מלך גדול היה די{ו}ניאוס כקוש ואשר מלאו לבו לבוא
(11) לארץ הודו ויתגר בם מלחמה ונפל בידם* וישב בבשת פנים לארצו ובני
מקדוניא (12) ושאר מלכות יון ופרס אשכר ישיבו למלך הודו בכל שנה ושנה עד
מלוך ארתחשסת{א} (13) מלך פרס ובקש מלך הודו ועשה לו הנחה מן המס
וכאהבתו אותו* ולמען כי נקל (14) הדבר בעיני הודו על גודל עושרו כי היה
מעט לו אותו המס מכל היציאות לו* (15) בארץ הודו על גודל עושרו כי היה
מעט לו אותו המס מכל היציאות לו בארץ הודו* (16) ועתה המלך עליך ושוב
למקומך והנח גאותך ורום לבבך ואל תדרוש מה שאין ראוי (17) לך* ויבא הספר
אל אלכסדר* ויצו לכתוב אל מלך הודו לאמר* -מן אלכסדר מלך מלכי{ם} (18)
בן אמון האליל ואל נפריוש המלכה אל פוור מלך הודו לאמר*- מן אלכסדר מלך
מלכי{ם} (19) בן אמון האליל ואל נפריוש המלכה אל פוור מלך הודו שלום*
אמנם דברי האגרת (20) אשר שלחת לנו ולא החלישתנו אך חזקת לבבינו ואימצת
כוחנו* על רוב העושר (21) והגדולה אשר ספרת לנו אשר בארצכם ולא מפני
פחד גבורתכם ירע לבבינו אך (22) נתחזק לבוא לרשת את ארצכם הטובה*
ואוצרות הכסף והזהב ואבן יקרה* אשר (23) לך הכון והכן לבך כי הננו לקראתך
לערוך מלחמה בעזר{ת} האל* וכאשר ראה (24) מלך הודו את הספר הזה ויבן
כי בלבו אלכסנדר להלחם עמו* ויאסוף את חילו* (25) ויצא לקראתו בחיל כבד
לא יספר מרוב* ארבעה עשר אלף עגלות נושאות לחם (26) ומזון לצבאיו
וארבע פילין ועל כל פיל* ויוגד לחיל אלכסדנר וייראו מאד ותהי (27) יראתם
גדולה על שמע הפילים ושאר חיות היער מכל שאר החיל* ויצו אלכסדר

## 261a

they changed their mind and were ashamed about all what they have said. They repented and said to him: "Verily, my lord king, the king of kings, you have always been beneficent to your servants. You have acquired fame and you have extolled us. Behold, we follow you anywhere you like." He ordered them to return to their camps as before.

They marched and arrived at Prasiace, the first region in the kingdom of India, at the end of the month of July which is the end of our month *Tammuz*. When he arrived there <Porus, king of India,> wrote a letter to <him>: "Porus, king of India, to Alexander the conspirator, who believes to be a world-conqueror, greetings! Do you yourself not believe that you are a human being and that your end will be like your beginning, <like> those who lay in the grave? Why do you intend to inherit dwelling-places; it is not upon you to resemble God by bringing the world under your <rule>. Do not err and do not be arrogant, because you have subjugated and subdued weak people who do not have any power. The Indians are not like those; they all are valiants. You certainly know that there was a great king Dionisius Bacchus who planned to attack India. He waged a war against them and fell into their hands. He shamefully returned to his homeland. The Macedonians and the remaining kingdom of Greece and Persia paid an annual tribute to the king of India until the reign of the Persian king Artaxerxes, and on request the king of India gave him reduction out of love for him, and the matter was despicable in the eyes of India because of its vast wealth. That tribute was small in comparison with all the revenues of the land of India. So, think it over and return to your homeland. Suppress your pride and arrogance and do not look for things that do not fit you."

The letter came to Alexander and he ordered <a letter> to be written to the king of India: "Alexander, the king of kings, son of the god Ammon and queen Olympias, to Porus, king of India, greetings. The contents of the letter you have sent to us did not weaken us, on the contrary, you encouraged us and strengthened us because of your vast wealth and greatness in your land, about which you told us. The fear for your power does not make us feel distressed, but we feel strong enough to inherit your good land and your treasures of silver, gold and jewellery. Be ready and prepared! Behold, we come to wage a war with you with the help of God."

When the king of India saw this letter he understood that Alexander would fight against him. He gathered his army and went forth to him with a vast and innumerable army, 14,000 carts carrying bread and food for the troops, and 4<00> elephants. Every elephant <...>. When this was told to Alexander's army, they trembled exceedingly and they were more afraid of the elephants and other forest beasts than of the rest of the army. Alexander commanded

(1) ויעשו צלמי נחשת חלולות וימלאום אש ויחנו הצלמים על העגלות וילכו לקראת (2) חילו של מלך הודו* וישם חיל מדי ופרס ראשונה* וחיל מקדון ויון עמו ויתגר (3) בם מלחמה וכאשר קרב חיל אלכסנדר מחיל הודו וישימו הצלמים אשר בהם האש (4) לנגד הפילים וכשלוח הפילין בשפתותם להלחם עם הצלמים כי חשבו חיות הנה (5) ותלהבנה שפתותם ותכוינה ולא עצרו כח להלחם ויהפכו וינוסו ותכבד המלחמה (6) בין שניהם* ותהי המלחמה עשרים יום* כל יום ימותו מאלה ומאלה עם רב אשר (7) ייגעו חיל פרס ומדי וייעפו* וכראות אלסכנדר כי נלאו חיל פרס ומדי ויקדש חיל (8) מקדון ויון ויסבב סוסו בוסאפל ופניו הלכו בקרב* וילחם במלך הודו עד אשר (9) נצחו ויצו אלכסנדר לקבר את החללים אשר מחיל הודו ופרס* ויברח פוור אל קצה (10) מלכותו ואלכסדר בא עד עיר המלוכה אשר לפוור ויכבשה ויבואו העיר ויבוזו אות{ה} (11) ושאר מדינותיו זהב וכסף -ונחשת- ואבן יקרה ואין קצה לתבונה עד כי לא יאמין (12) השומע עד שיראה מרוב ההון והכבוד אשר -לכ- לכדו ואמרו הרואים שהיה (13) בבית פוור בית מלכותו ארבע מאות עמודי זהב מקשה על ראשם לוחות זהב (14) מפותחות בהם כרמים וגפנים של ואשכלות משהם וישפה וקירות ההיכל (15) מצופות זהב בעובי אצבע ודלתות ההיכל שוהם* והמשקוף והמזוזות מעץ (16) הנקרא בלשון הגר יאבנוס ומעץ הנקרא סנדל מן הירוק ומן האדום* וקירו{ת} (17) ההיכל כלולות צלוחות זהב ממולאות אבן יקרה ותוכו תרפים וצלמים זהב אובריו (18) הוא חרוץ ומראש זה לזה גשרים של זהב מפותחים בצורות העופות המדבר{ות} (19) המופלאות והגשרים חלולים* והרוח נכנס מבטן הגשרים על פיות העופות (20) עד שיצא קול מפי העופות כקול העופות וציפצופים* וכל זה עשוי בחכמה* (21) הנקרא אלהנדסיא* ובתוך ההיכל כלים רבים מזהב ומכסף ממולאים באבנים* (22) יקרות ויפלא אלכסנדר על כל זה* ויסע משם ויבא עד איי מרונייא (23) אחר שבא אליו מכתב משם ויבזהו בו ויחר אפו ויצו לכתוב שמה מכתב* (24) מן אלכסנדר מלך מלכים בן אמון האליל ואל נפריוש המלכה אל בליסתור (25) מלך מרזונייא שלום* אמנם ידעתי כי לא יכחד ממך כל דבר והניצחון (26) שנצחנו דריוש המלך* וכבשנו לכל הממלכות ההמה* ואשר עשינו עתה (27) לפוור מלך הודו והנני הנני לך* וכבוא הספר הזה אלינו לצאת לקראתינו

that hollow statues of bronze were to be made and to be filled with fire and to be placed on carts. They went forth to the army of the king of India. He placed the army of Media and Persia first and the army of Macedon and Greece remained with him. He went into battle with them and as Alexander's army approached the Indian army they placed the statues with the fire inside before the elephants. When the elephants lifted their trunks in order to fight against the statues, thinking that they were wild beasts, they burnt and scorched their trunks. They retreated from the battle and fled. The battle raged fiercely among both of them during twenty days. Every day a multitude was slain on both sides. The Persian and Median armies were weary and exhausted. When Alexander observed that the Persian and Median armies became wearied, he hallowed the armies of Macedon and Greece and he turned around on his horse, Bucephalus, and he went forth in battle. He fought against the king of India until he defeated him. Alexander ordered the slain from India and Persia to be buried.

Porus fled to the corner of his kingdom. Alexander came to the city of Porus and conquered it. They entered the city and pillaged it as well as other cities <taking> gold, silver, <bronze> and jewellery. The listener would not have understood or believed it, until he would have seen the vast and precious wealth they seized.

Those who had seen it said that Porus' palace had 400 pillars of massive gold with golden capitals carved with vineyards and grapevines of onyx and jasper. The walls of the palace were overlaid with gold and its thickness was like that of a finger. The gates of the palace were of onyx and the lintels as well as the beams were of wood which is called ebony in Arabic, and of sandal-wood either green or red. The <pillars> of the palace were covered with golden dishes set with one precious stone in which there were <images of> gods and idols in gold. Their parts consisted of pure gold and at the top there were golden frames carved with images of marvellous speaking birds. The frames were hollow, and the wind would come inside the frames into the mouths of the birds, then the birds would sing and twitter as birds do. All this was performed according to craftsmanship called engineering. Within the palace there were many more golden and silver vessels, covered with jewels, and Alexander marvelled at all this.

He marched thence to the islands of the Amazons, after he had received a letter from there. He despised it and grew angry and he ordered a letter to be written: "Alexander, the king of kings, son of the god Ammon and queen Olympias, to Talistrida, queen of the islands of the Amazons, greetings. I know that nothing has not been concealed to you with regard to the victory over king Darius and the conquest of that entire empire and what we do now to Porus, king of India. Now I am here before you. When this letter comes to you, you will <not> set out

(1) מארצך להראות אתנו פנים הנני אליך אל נכון כי אנחנו נכונים לבוא אל
ארצך* וכבא (2) הספר אליה ותכתוב לו בלשון קלה ובבזוי לאמר* מן בליסתור
המלכה ויועציה ואוהבי (3) מלכותה הבחורים והגיבורים בגבורה ומלמדי
מלחמה אל מלך מלכים אלכסדר שלום* (4) אמנם אני נותנת לך עצה הוגנת
וטובה שלא תבא -בגלולינו- בגבולינו כי אם (5) תבוא עלינו תתחרט ותנחם
ויפגעו בך גיבורים ואנשי חיל למלחמה המון רב (6) אשר לא יספר מרוב ולא
ראית כמוהו לעולם* ואני מספרת ומודעת צורת מלכותי (7) כדי -שלא- שתעמוד
על עניינה ותלמד לעשות מכושר ענינה* דע כי מושבותינו (8) שני איים הם אחד
כנגד השני* ושני האיים האלו שניהם בקצה היישוב מן ים א{ו}קיינוס (9) ואחד
מן האיים האלה קרוב אל היבשה יושבי האי ההוא יושביה נשים כולן נשי חיל
(10) בנות מלחמה מתגברות בזמן הזה עכשיו כפי המספר אשר ספרנום י״ד אלפי
אשה (11) לא ידעו משכב זכר ואנשיו חונים באי הפנימי לבד הם נפרדים מן
-הלש- הנשים* (12) ולנו חג אחד מדי שנה בשנה יאספו אתנו ויתחברו כל
יושבי שני האיים יחד (13) ויהיו נועדים יחד כל ימי החג שלשים יום וכאשר
עברו ימי החג יבדלו האנשי{ם} (14) מן הנשים כמשפטם וכל הנשים אשר
תעבורנה בתוך החג* תשמרנה עת לדתן (15) ואם תלדנה בת תעמד עמהן כל
הימים* ואם זכר יעמד אצל אמו כל זמן שצריך (16) לה* וכאשר יגיעו לשבע
שנים יעבירוהו הנער אצל האנשים כי לא יתערבו האנשי{ם} (17) עם הנשים עוד
בשום פנים* ואנחנו באי השני כאלף אלפי אשה והמספר לנשים בנות (18)
המלחמה כמספר אשר זכרנו לך* וכעלות אויב עלינו תאספו הנשים בנות
המלחמה* (19) ותצאו על שפת הים לקראת האויב* והנשארות תעמודנה על
האי הפנימי לשומרו (20) כל עת שהמלחמה ביניהן ותחלצנה הנלחמות למלחמה
בחיצים ובאבני הקלעים* (21) ומהפלא גבורת נשינו הנלחמות רבות מהאנשים
יוצאות אל היבשה עומדים למרחוק* (22) לראות גבורתינו* וכאשר תעבור
המלחמה והנשים תשובנה מהלחם יתקבצו כל (23) האנשים כאגודה להשתחוות
על כפות רגליהן ואם תטש המלחמה ותמותנה מהנשים (24) בתוך הקרב ותהי
נחלתן לנשים אשר חיו מהן שעמדו אצלם וראו במיתתן ומכל (25) יורשיהם יגרע
נחלתן* ואכן אדוננו הגדול שמע נא את דברי בלסתור המלכה* (26) הנה נשותינו
בנות החיל חושקות וחפצות להלחם בך מאשר שמעו גבורותיך ונצחון (27)
מלחמותיך יען תבחנם כהיום ויצא להן שם על גבורתן ואנחנו נותנות לך

from your land in order to meet us. Behold, I am before you and we are certainly prepared to come to your land." When the letter reached her, she wrote to him with disparagement and contempt: "Queen Talistrida and her counselors and those who love her kingdom, the valiant and courageous young men, trained in warfare, to Alexander, the king of kings, greetings. I give you respectfully the good advice not to enter our regions. If you come to us, you will regret it and feel remorse. You will encounter an innumerable multitude of warriors and soldiers you have never seen before. I shall tell you and inform you about the shape of my kingdom: let it be known to you that we inhabit two islands, one opposite the other. These two islands are found at the edge of the inhabited world, in the ocean. One of the islands is near the sea-shore, inhabited by women, all of them soldier-women, strong in warfare, at this time numbering 14,000 women who have not known a man. The men stay at the inner island separated from the women. Once a year we have a festival when all inhabitants of the two islands are gathered and united. They stay together during all the days of the festival, thirty days. When the days of the festival are over, the men leave the women in accordance with custom. When the women become pregnant during the festival, they wait during the time of giving birth. If the child is a daughter, she remains with them all the days <of her life>. If the child is a son, he stays with his mother as long as necessary. When <they> are seven years old, they bring the boy to stay with the men, because the men absolutely do not intermingle with the women. We on the second island are with approximately 1,000,000 women apart from the number of soldier-women which I have told you about. When an enemy besieges us, the soldier-women are assembled and set out for the sea-shore against the enemy. Those who stay behind stand guard over the inner island as long as the war continues. The soldier- women arm themselves with arrows and slingstones. Surprised about the heroism of our soldier-women many men go forth to the continent to watch from a distance our heroism. When the battle has ended and the women return from fighting, then the men gather like one group and prostrate themselves at their feet. When the battle had spread out and some women died, then their estate goes to the woman who fought next to them and saw their death. From all their inheritors their heritage is reduced. Therefore, our great lord, listen to the words of queen Talistrida! Our courageous women desire to wage war against you, now that they heard about your vigour and your triumph in wars, so that you may now put them to the test and they will acquire fame because of their heroism. We advise you,

(1) עצה אדוננו המלך שתשמע מבוא בגבולינו* כי לא תהיה תפארתך אם תלחם
(2) אתנו ותנצחנו* וגם אם נצחך הרי אתה מבוייש וירוד מכל שעשית לפנים*
(3) ושמך הגדול אשר קנית זה כמה יבטל אכן סורה נטה הלאה מבוא בגבולינו פן
תקלה (4) קלונך אם תבא עלינו* ועתה אם לא לעצתינו תשמע ויש בלבבך באמת
לבא (5) עלינו הודיעני נא בתחלה כי נשינו שמחות על ככה* ואם לבבן שלא
תמצאם בתוך (6) האי אלא ייצאו לקראתך היבשה להלחם בך* ויבא הכתב אל
המלך ויקרא באזניו (7) וייטב מאד דבריהן בעיניו מעוצם דעתן* ועוצם בינתן*
ויצו להשיבן כתר יקל (8) בהן* ואחרי ראש הכתב כתב בו* דעינה כי נלחמנו
בבני הארץ וכבשנו כל שלש{ת} (9) רביעי הישוב* ולא נשאר לכבוש זולתי
רביעית העולם לבדו* ואלה הממלכות אשר (10) אשר כבשנו בני תיניה ואוריה
וזולתן והרובע אחד נשאר לבלד ואם נמנע מלכבשו (11) חרפה היא לנו אך
מאשר ראינו בכתבכן וחכמתכן ובינתכן* וגבורתכן עתה דעו (12) ובחרו לכם
הטוב כי אם אתם בחיים ובחרתם המות הלחמו בנו* ואם תחפצו (13) בחיים
ותרצו לעמד בנוח קבלנה עליכן מלכותינו* ותכנעו תחת ידינו וטוב לכן* (14)
אכן תתייעצו על ככה כי אנחנו נכונים לבוא בגבולינו* ויבא הספר אל יושבי (15)
מרזונייא ויכתבו לו כי כן יעשו ויקבלם עליהם מלכותו* ותשלח לו י׳ סוסים (16)
אמצים המובחרים בחילן* וסוים אחרים הנקראים פלפרנש וי׳ עגלות נשואו{ת}
(17) חמודות* וכל טוב הארץ ויקחו מנחתן וילך מעליהן ויכרות להן ברית*
אחרי (18) כן הוגד לו כי פוור מלך הודו בברחו אל קצה מלכותו אסף המון רב
מן הראשוני׳ (19) וחילי הגבור וישם עם לבבו לשוב להלחם בו שנית* ויועץ
אלכסדר ללכת תחלה (20) הוא לקראתו בתוך מלכותו לערוך אתו מלחמה עד
שלא יבא פוור עליו וימצא (21) בתוך מחנהו מרגלים יודעי הדרכים ויאמר להם
לכו נא וראו המקום אשר פוור (22) חונה שם ושבתם אל נכון* ויהי הדבר הזה
בחדש אב הוא אגושתו* אשר החום (23) בחומו* וחמה בתקופתה* ויוליכוהו
המרגלים בדרך מדברות ודרך הנגב והחולות (24) וארץ עיפה וצימאון אשר אין
מים אך מעט לא עבר בה איש* ולא ישב אדם (25) שם* ויפג בדרך מדבר קשה
ארץ נוראה אשר הלך אריה שם ולביא וליש (26) אפעה ושרף מעופף ותנינים
גדולים ויחרדו כל העם אשר במחנה למחניהם* (27) כי נורא הוא עד שנתחמשו
ויחלצו החיל בנשק ושריונות המגנים והרמחים*

our lord king, to obey by not invading our regions, because you will not earn glory, if you fight against us and defeat us. Even if you will be victorious, you will feel more ashamed and low than you ever did before. How void will be the fame you have acquired! Therefore, withdraw and refrain from invading our regions, lest you will be put to disgrace. If you do not listen to our advice and really intend to set out against us, be it known to you at first, that our women rejoice about this. In case you will not find them on the island, they have come near to you on the continent in order to fight against you."

When the letter came to the king, he read the letter and <their> words were right in his eyes because of <their> powerful knowledge and insight. He ordered a reply to be written, expressing contempt. After the introduction he wrote: "You must know that we have fought against the people of the world and conquered three quarters of the inhabited world. Only a quarter of the world remains to be conquered. These are the kingdoms we have defeated: Athens and Europe and others. Only a fourth remains, and if we refrain from conquering it, this will be a shame on us. Now that you have shown in your letter your wisdom, understanding and courage, know that you have to choose well, then you stay alive; if you choose death, then fight against us. If you desire life and want to remain in peace, then accept our rule and submit yourselves; it will be well to you. Therefore, you have to reconsider this, because we are prepared to invade your regions!"

The letter reached the Amazons and they replied that they would accept and submit to his authority. They sent him ten vigourous horses, selected for their strength, as well as other horses called *palafrénes* and ten fine carriages and the fat of the land. They accepted their gift, and he withdrew from them and made a covenant with them.

After that it was told to him that Porus, king of India, after his flight to the border of his kingdom, had assembled a vast multitude of warriors, larger than before, with the intention to fight against him a second time. Alexander responded by taking the initiative to go forth to him within his kingdom in order to wage war against him as long as Porus did not come to him. He found in his camp spies who knew the roads, and he said to them: "Please go and look for Porus' camp; they must be around." This was in the month of Av, that is August, when the heat is at its maximum and the sun is at its <highest> position. The spies guided him along a road of deserts and sand-hills and a dark and arid land, where there was only very little water. No one ever passed it and nobody lived there. He got weakened on the hard road through desert and terrible land, where there walked all kinds of lions, vipers, flying serpents and large dragons. All the people trembled in their encampments, because it was terrible, until they armed themselves and the army supplied them with weaponry, armour plates, shields and lances

(1) להלחם אתם* ויחנו החיל על רכסי הישימון ואין שם מים לעם לשתות* ויצמא (2) שם החיל למים ויקרא מקום אחד לפני מקצת פרשי מקדון בנקרת הצור והנה (3) מים מפנים מן הסלע מעט מעט עד שמצאו שם כדי חמת מים* וימלאו החמת (4) מים ויביאו לאלכסדר אל המחנה* וכאשר ראם כי מעט הם ואין בהם אלא שיעור (5) שתייתו לבדו* ויאמר חלילה לי מלשתותם* ויצו וישפכום ארצה לבעבור לא יתנש{א}* (6) על מחנהו ולא ישביע נפשו והם שוקקים ויפלא כל המחנה על ככה* וייטב מאד (7) בעיני העם הדבר הזה וישמחו מאד* ויהי בדרך ויבואו עד מקום אחד וימצאו (8) שם בריכת מים גדולה רחבה ד׳ טפחי׳ שיעור חצי מיל וייטב לעם מאד ויהי (9) בחילו כפעם ההיא מאה אלף פרשים* ושש אלף רגלי* ומאה פילים טעונות זהב (10) ואבן יקרה וד׳ מאות עגלות נושאור בר ולחם ומזון לדרך* וגמלים ופרדים נושאים (11) הנשק וכלי המלחמה אין להם מספר* ויהיו כל המחנה עמוסים מן השלל אשר לקחו (12) מארץ הודו בכסף וזהב ובאבן יקרה טעונים מאד ומרוב הצמא היו לקוחין נוסי (13) ברזל ממורק מצוחצח ואבנים קרים וילחכו אותם למען תשוב נפשם אליהם* (14) ותקר גופותם* והיו מהם ששתו מימי רגליהם* והיה כבד עליהם צמאון בהמתם (15) מצמאון נפשם וכאשר פגעו בבריכה הה{י}א היו סובבים אותה אלינות גבוהים וקנה (16) מכל פנה ולא יכלו לעבור אל המים כי אם בתלאה גדולה* וכאשר חנו וירצו לשתותם* (17) והנה הם מרים כלענה ויחנו אל המקום ההוא כחצי היום* וקצרה נפשם מאד על מרירות (18) המים* אבל הביטו בשפת הבריכה השנית ויראו מגדל עצים ועליו בני אדם ושמחו (19) כי ידעו שלא היה בלי מים מתוקים ויצו אלכסנדר אל מקצת -המלכים- המליצים לגשת אל (20) המלחמה אל המגדל ההוא או לשאול מהם מים מתוקים* ובקרבם אל המגדל נחבאו כל (21) אנשיו ולא ענום דבר* וגם השליכו להם אבנים* ויורו בהם חצים ויברחו האנשים* (22) ולא השיבום דבר* ויצו אלכסנדר אל היודעים לשוט אליהם דרך לעלות אל המגדל (23) לדעת איה מים ויפילו מתי מספר מעצמם אל תוך המים וישוטו ויצאו אליהם חיות (24) עצומות מתוך המים ויבלעו מן האנשים שלשים ושבעה איש ויעמדו הנשארים (25) מעבור אליהם* וידאג אלכסנדר מאד על ככה* ויגדל צמאון המים לעם ואחר (26) יצאו אריות ונמרים* וצבועים מן היער* ויחלצו אנשי החיל להלחם בם וכראות (27) אלכסנדר אותם קפץ הוא אל המים כי נראו לו שם מי אפסים אשר יכול לעבור

to fight against them.

The army encamped on the crests of the wilderness, and there was no water to drink for the people. The army became very thirsty. At one place some of the Macedonian horsemen <found> a chasm and a little bit of water came out of the rock, enough for <some> jugs of water. They filled the jug and brought it to Alexander in the camp. When he saw that there was only a little bit, enough for himself to drink, he said: "Be it far from me to drink it!" He ordered it to be spilt on the ground, lest he would be exalted above his army. He did not refresh himself, while they had <the same> desire. The whole army marvelled at this and they were very pleased and rejoiced exceedingly. Meanwhile they reached a place where they found a pool, four spans wide and half a mile <long>. The people were very pleased, because then his army numbered 100,000 horsemen, 6000 foot-soldiers and 100 elephants carrying gold and jewels, and 400 chariots containing corn, bread and other food for the voyage. The camels and mules bore arms and weapons without number. The burden of spoil they took from the land of India, loads of silver, gold and jewels, lay heavily upon all people. In grave thirst they took polished and burnished iron and cold stones and licked them, hoping that they would revive and for cooling their bodies. Others drank their urine, but the thirst of their animals was worse than their own thirst. When they found that pool, it was marked by high trees and reeds on each side. They could not cross the water out of terrible hardship. When they encamped, they wanted to drink the water, but the water was bitter as gall. They stayed there approximately half a day and they grew very restive about the bitter water. However, they observed on the opposite bank of the pool a wooden tower with people on it. They rejoiced and they knew that this tower would not lack fresh water. Alexander gave orders to draw near to the tower and to ask for water, but when they approached the tower, all people had hidden and they did not answer them. They also threw stones and shot at them with arrows. Those people fled, refusing to talk. He ordered his oarsmen to paddle towards them and to climb the tower and explore where the water comes from. A few men jumped into the water and they paddled, and huge animals emerged from the water and they devoured seventy-three men. The survivors refrained from passing them.

Alexander was worried by this. The thirst grew worse to the people. Thereafter lions, tigers and hyenas came forth from the forest. The soldiers armed themselves in order to fight against them. When Alexander saw them, he himself jumped into the water, because it seemed to him that he could cross ankle-deep in water.

(1) בתוכן ועשו כן אחריו כל הצבא ויחנו על שפת הבריכה השנית לנכח המגדל
(2) וימצאו שם גולות מים מתוקים אשר היה די בהם לכל החיל וישמחו מאד
ותשב (3) רוחם אליהם ויחנו שם בערב* ויצו אלכסנדר לכרות עצי המחטב מן
היער אשר (4) מעל הבריכה כאשר יוכלון שאת ולהבעיר בהן אש סביב למחנה*
וכעלות הירח (5) בלילה ההיא יצאו אליהם מתוך היער נחשים ותנינים ופתנים
משונים זה מזה* (6) וגויותיהן עצומות* ובראשם קרנים עצומות חרוצים*
ועיניהם דומעות דמע (7) עבה* והיה מנהגם לשתות מן המים ההם* וכאשר
היתה עולה צחנתם ובאשם (8) היה מת כל המריח אותם וייראו החייל מאד
בפניהם ולא האמינו בחייהם ויאמר (9) אליהם אלכסנדר ממני תראו וכן תעשו*
כי המלט תמלטו מהם בעזרת האל ויחגר (10) חומש אלכסנדר ויקח בידו רומח
ארוך וילך לקראת הפתנים* ויעשו כן אנשי הצבא (11) ויזרקו הרמחים עליהם
ויברחו מפניהם* ויפלו מקצתם באש וימותו מאנשי הצבא (12) עשרים פרשים
ושלשים גבורים* אחרי כן יצאו להם מתוך המים שרצים בעוצם (13) צפרדעים
ובגופם מגיני עור* אשר לא ישלוט בהם ברזל ופטיש* והאיצו אחריה{ם} (14)
אנשי הצבא ויגערו עליהם עד אשר נפלו מהם ומהם נמלטו המימה* ויהי כחצי
(15) הלילה יצאו עליהם מן היער אריות ודובים ויבואו תוך החיל* וישחיתו אנשי
הצבא (16) מהם רבים* והשארית נסו ההרה* אחר יצאו עליהם חזירי יער ועמהם
יצורים (17) כבני אדם לכל אחד מהם ששת ידיים* ויצו אלכסנדר להבעיר אש
סביב למחנה* (18) ויפלו בתבערה ההיא החזירים ושאר בריות אחרות* אחרי כן
יצאה עליהם (19) בהימה גדולה -גוייתה- גוייתה עצומה מגוית הפיל ולה תואר
הסוס ובמצחה ג׳ קרניי{ם} (20) ובלשון אנשי הודו שמה אירא נתראכן ולא יכלו
להרגה עד אשר נצחה בקרניה (21) מהאנשים כ״ה ותרפס ברגליה חמשים
{איש} וכאשר הגרוה יצאו עליהם עכברים בלא (22) מספר* ועוצם גופם
כשועלים והיו אוכלים כל אשר מצאו מנבלות הפגרים ואם (23) נשכו אדם מיד
היה מת* ואחר יצאו עליהם קפחים רבות והיה מדתן כמדת (24) בני היונה
ותעופפנה על ראשם ואשר יכלו לאחוז בגפיהן בפני אדם היו אוכלות (25) את
פניהם ואת אזניהם וכן עשו בעם רב מאנשי החיל* הבוקר אור ויעלו - עולות-
(26) עליהם עופות כעצם הנשרים* ומהם אדומים ומוקריהן שחורים* ויחנו על
שפת (27) הבריכה ההיא והיו חוטפין בגפיהן ומנקרין את הפגרים אשר שם*
ואוכלים

The entire army followed him and they encamped on the other bank of the river next to the tower, and they found springs with fresh water which was sufficient for the whole army, and they rejoiced and revived.

They stayed there during the evening. Alexander commanded wood logs to be cut from the forest above the pool, as much as they could carry, and a fire to be kindled around the camp. When the moon appeared in that night, various serpents and monsters and vipers came out to them of the forest, with huge bodies and sharp horns on their head and eyes which shed thick tears. They were used to drink that water, and when they spread their stench and bad smell, everyone who smelled it, was killed. The army trembled exceedingly before them and they feared for their lives. Alexander spoke to them: "You will learn from me how to behave and how to act in order to escape from them with God's help." Alexander girded himself with arms and he took a long spear in his hand and went towards the vipers, and his soldiers did the same. They threw their spears at them and they fled. Some of them fell into the fire. Twenty horsemen and thirty warriors died.

After that reptiles came out of that water to them, powerful frogs with shields of skin on their body which neither iron nor hammer could damage. The soldiers chased after them and they <pursued> them until some of them fell and some fled into the water.

It came to pass in the middle of the night that lions and bears came out of the forest and they entered the army and killed many soldiers; the others fled to the mountain. Then wild boars came from the forest, and with them creatures like human beings, each of them had six hands. Alexander ordered fire to be kindled around the camp and those wild boars fell into the fire together with the other creatures.

Afterwards a huge animal came to them, its body larger than an elephant, in the shape of a horse with three horns on his forehead, which is called *odentetirannus* in the Indian language. They could not kill it until he had spiked twenty-five men on his horns and trampled fifty men with his feet. When they had killed the animal, large numbers of rats with the body of foxes came to them and they were eating corpses. If they bit a living being, he instantly dropped dead. Then many hedgehogs came upon them, their size like the size of pigeons, flying over their head. They ate the faces and ears of those who they could catch with their feet. So they did with many soldiers. At dawn birds swarmed over them, like eagles, some of them red with black bills. They settled on the bank of that pool and caught and pecked the corpses and ate

(1) אותם וכעלות השמש נסע מן המדבר ההוא אל מקום אחד ושמו
ת{ר}תבמאן כי עיר (2) רחבת ידיים ושמנה ויחנו במיטב העיר במדינה אחת
ושמה שארש ובה היו אילנות (3) גדולים ועצומים ועל גבי פרים היה צומח צמר
וממנו היו עושין אנשי המדינות (4) מלובשין ויקבלו את אלכסנדר בכבוד גדול
ויחן בחילו עמהם וינפש שם עשרים יום (5) עד אשר ידע מקום מחנה פוור המלך
ויסע אליו ובניהם מהלך יומיים ויקראו שני (6) החיילות יחד ביום השני למסע
אלכסנדר בערב ויערכו מלחמה ביום השלישי בבקר* (7) וירכב אלכסנדר על
סוסו בוסאפל* ויבא במלחמה וימשוך בחרב ביומו וירב (8) ההרג בתוכם מאד*
וכראות פוור את אלכסדר המלך קרא בקול גדול ויאמר הוי (9) אלכסדר לא טוב
הדבר אשר אנחנו עושים אשר לא יתכן שיפלו גדודינו חללים לפנינו (10) אך
נבוא בתוך המערכה שנינו אני ואתה* ויעמדו גדודינו מנגד והוא אשר יגביר (11)
על ריעו ירדו בשני הגדודים יחדיו וייטב הדבר בעיני אלכסנדר ויצו לעשות כן*
ויציבו (12) שני הגדודים לעבר אחד* ויחלצו אלכסנדר ופוור להלחם יחד שניהם
בשדה* וכל אחד (13) ואחד ציוה את חילו שלא ישאו קול* ושלא ינע אחד
ממצבותיו* וכאשר כבדה המלחמ{ה} (14) הרימו אנשי פוור קול* וישא פוור
את עיניו ויהם אותם ויגבר עליו אלכסדר ויך בחרבו (15) על ראשו ויפול ארצה
מת* וכראות -אדונם- אנשיו כי מת אדונם רפתה ידם וימס (16) לבבם ויתנו את
נפשם למות* ויקרא אלכסדר להם אנשי הודו מדוע תלחמו ותתנו את (17)
נפשכם להרג ואדוניכם כבר מת* השיבוהו אין חפצנו בחיים אחריו כי טוב
מותינו (18) מחיינו* ואל נראה מדינותיו שימשול עליהם מושל מבלעדי מלכינו
ונהיה אנחנו בתוכה (19) נדכאים* ויען אליהם אלכסנדר אל תרהו מן הדבר הזה
והרפו יד{י}כם מן המלחמה ושובו (20) אל ארצכם וגורו בה ואל תיראו שירדה
בכם רודה ולא שליש* ותרף רוחם וינחמו (21) בדבריו וישליכו כלי הנשק
מעליהם ויקדו וישתחוו לו ויצום לשוב אל ארצם* ויצו (22) לחנוט את פוור
כמשפט המלכים מלכי הודו ולקבור את כל אשר נפל חלל במערכה (23) משני
הגדודים* ויצו לבנות שם מדינה במחנהו ויקרא את שמה אלכסדרייא עד היום
(24) הזה* וככלותו נסע בחילו אל היכל ידוע שם ובו שני צלמי זהב שחוט* והיו
יקרים (25) בעיני אנשי המדינות ההם* ובדעת אלכסדר כי נבובים היו והוא ציוה
ויקבו חור (26) בצידי הצלמים לצוק בתוכם זהב ויהי מספר ליטרי זהב אשר יצק
אלף וחמש מאות* (27) ליטרין ויעתק משם אל מבצר אשר היה בנוי בהר תלול
והתחזק בו עם רב כי נפל

them.

At sunrise he marched from that desert to a place called Bactria, a wealthy city. They encamped at the best site of the city called Seres, and there were large, huge trees sprouting forth wool, with which the people of those cities clothed themselves. They welcomed Alexander with great honour. He and his army stayed with them and he rested there for twenty days until he was informed about king Porus' camp. He marched on towards him, and a distance of two days was between them. The two armies met on the second day of Alexander's march in the evening, and they engaged in battle on the morning of the third day. Alexander rode on his horse Bucephalus, and went forth to the battle. He drew his sword and the slaughter among them was enormous. When Porus saw this, he shouted with a loud voice: "Woe unto Alexander, it is not fitting what we do. Perhaps our armies will be slain in front of us. Let the two of us meet in combat, me and you, while our armies stand by and whichever of us is stronger than the other, he shall rule both armies." His words were agreeable to Alexander and he consented. The two armies stood by at one side, and Alexander and Porus armed themselves to fight in the field. Each of them ordered his army not to lift up a voice and not to move from their position, but when the battle was fierce, Porus' men raised their voices, and he looked up and silenced them, and Alexander prevailed over Porus and struck him with his sword on his head, and he dropped dead to the ground.

When his men saw that their lord was dead, they were discouraged and felt weakened, and they wished to die. Alexander called them: "Men of India, why do you fight and wish to die? Your lord is already dead." They replied: "We do not want to live after him. Our death is better than our life and we do not want to see a ruler over our cities other than our king, lest we shall live in them in distress." Alexander replied: "Be not afraid and withdraw from the battle and return to your land and live there. Do not fear that any ruler or commander will reign over you." The Indians were appeased and comforted by Alexander's words, and they threw their arms away and they bowed and prostrated themselves, and he commanded them to return to their countries. He ordered Porus, the king of India, to be embalmed in accordance with the customs of Indian kings and be buried together with all those who were slain from both armies during the battle. He also ordered <his men> to build in his camp a city and it is called Alexandria to this day.

When he completed it, he marched with his army to a well-known temple there, in which there are two statues of beaten gold, very dear in the eyes of the people in those places, and when Alexander heard that they were hollow, he ordered <his men> to pierce holes in the sides of the statues and to pour gold into them, and the quantity of melted gold cast into them was 1500 litres. He departed thence to a fortress built upon a high mountain, and many people fortified themselves because they were frightened

(1) פחדו עליהם ויאמר אלכסדר לחנות על ההר ההוא ולצור עליו בגלל שרי האומות (2) ההם אשר לא אבו לרדת מתוכם וימשל מהר על כל העם אשר היה במגדל* אחרי כן (3) נסע משם אל מקום ושמו בגד שמש ובה אומה ידועה ויצר עליהם עד אשר הכריחם (4) לבוא תחת ממשלתו* ויסע משם אל מקום מדינה ושמה ראשתה וימרו לו ולא (5) אבו לתת יד תחתיו ויצר על מדינותיהם עד באו בהן בתוקף ויהרגם לפי חרב* (6) אחר נעתק משם לפלך ושמו הופיראש והיא ממלכה עצומה אשר צבאים (7) מתוכה מאתים אלף פרשים ויערך אתם מלחמה עד משלו על כל מלכותם ויגש (8) שם תקרובת לנעבדיו והלל לאליליו* אחר נסע משם אל מדינות אשר בם אומות (9) רבות ידועות בראכנס ואברטים ותמים וכרמיונים ואספוים וכן אמות (10) אחרות מבלי שם היו נהרים תלולים ופסגות ויצר עליהם ולא נסע משם (11) עד הכניעם ומשכם תחתיו* ויסע משם וילך מדבר וערבה בין שני הרים (12) גדולים ויחשך עליהם הצל ההוא מאד וילאו לעבור השביל ההוא ו' ימים וימצאו (13) אחריתו אצל עין מים רחבה היא עתה היתה מן המים החמין וחמימותה היה (14) שורף מאד ועליה שוכנות נשים יפות מראה ועליהם בגדי חופש ולא ידעו זכר* (15) וכאשר הביטו אל חיל אלכסדר רכבו על הסוסים היקרים אשר להם ובידם חניתות (16) זהב מושך כי הנחשת והברזל לא נמצא אצלם* וכאשר חשב אלכסדר לעבור (17) המים עליהם לא יכול מרוב ארכם* ומרוב המזיקות הבהמה אשר שם* וישע משם (18) לצפון ארץ הודו* ויחן ביער גדול ובה מים רבים וסביב ליער קנים חזקים אשר (19) עשה אדם מהם הקנקנים* ותשא עליהם משם בהמה עצומה והיו קורין אותה (20) אנשי -הע- הפלך אנכיתמוס והיא נקרא דישון או ראם בלשון אשורית והיה עליה{ם} (21) צנת כצנת הצפרדע הנקראת בלשון הגרים אלסלחפה ולה שניים כשיני המגירה* (22) ולא יכול אדם לגשת אליה ולא שלט חרב בתוכה ובגופה ובעלותה עליהם מן היער (23) הרגה בהם רבים פרשים* ותעקר סוסיהם וימסרו עליהם הצבא בכשילים וכלפות* (24) עד אשר הרגו אותה* אחר כן נסעו משם ביער לפנים עד בואם אל מקום ששמו (25) בחצאר* ויצאו עליהם מתוכו פילים מספר עצום אשר היו ביער ההוא ויגשו (26) הפילים אליהם ויגורו אנשי הצבא מהם וירכב אלכסדר על סוסו ויצום לרכב (27) על סוסיהם* והרגלים ציוה לאסור החזירים ולהוליכם לפני הפילים לבעבור

of Alexander. Alexander told <his army> to stay on that mountain and to besiege it because of the commanders of those people who refused to give up. He swiftly obtained rule over all the people in the tower. He marched on to a city called Cloth of the Sun (Chorasmos) in which lived a famous nation. He besieged them until they were forced to submit to him. He departed thence to a province called Restas. They rebelled against him and did not want to submit to his power. He besieged their provinces until they were subjugated violently, and he killed them by the sword. He departed thence to a district called Chophides, and this was a vast kingdom from which an army of 200,000 horsemen went forth, and he engaged with them in battle until he ruled over their entire kingdom. There he offered up a sacrifice to their idols and praised their gods. Then he departed to provinces in which there are many famous nations known as Paramenos and Enegetas and Parinias and Parapomenos and Aspios, and other nations without a name. There were steep rivers and high mountain ridges. He besieged them and did not march on until he had drawn them to submission.

He marched thence through desert and wasteland between two huge mountains. It grew very dark because of the shadow; they were exhausted from passing this path for six days and they found at the end a wide well of water. It contained very hot water; its heat was burning. Beautiful women lived next to it, dressed in <casual> garments, who had never known men. When they watched Alexander's army, they rode away on precious horses which they had and in their hands lances of fine gold, because bronze or iron was not found with them. When Alexander considered crossing the water, he could not pass because it was very wide and because of the dangerous beasts there.

He marched thence to the north of India and encamped in a large forest with many pools surrounded by a forest of strong reeds from which a man can make sticks. A very powerful huge animal came forth to them, and the men of that district called it *hippopotamus*, in Aramaic, the *addax* or *buffalo*, and it had the skin of a frog which is called in Arabic, the *turtle*. It had the teeth of a saw; nobody could approach it and a sword could not injure its body. Attacking from the forest it killed many horsemen and it destroyed their horses. The army rushed to it with heavy axes and hatchets until they killed it.

Afterwards he marched thence through the same forest to a place called Buemar. A great number of huge elephants advanced upon them from the forest, and they approached them, and the soldiers were frightened of them. Alexander rode on his horse and ordered them to ride on theirs. He commanded his foot-soldiers to bind pigs and to guide them before the elephants so that

(1) ישאו החזירים קולם ויצו להריע בשופרות וכשמוע הפילים את תרועתם ואת קול (2) החזירים נסו לקולם וירכב בהם החיל וידבקום ויהרגו מהם הרבה וישברו מהם שניהם (3) הרבה* אחרי כן נסע וילך ביער ההוא ויפגע שם נשים ולהם זקנים ארוכים (4) אשר מגיעים עד דדיהן ולבושיהן כותנות עורות החיות ולהם עצמה ותוקף (5) במרוץ וכאשר ראו את הצבא מנגד נסו היערה וירכבו הצבא וירדפום ויגישו (6) מקצתם ויבואו אל אלכסדר וישאלם כמה היו שונות* ותאמרנה כי שונות מבשר (7) החיות אשר צדות ביער ההוא* וכאשר בא הצבא ביער לפנים עוד פגעו אנשים (8) ונשים בני שדה* ועל בשרן שיער כשיער הגמלים וההבהמות והם היו חונים (9) על שפת מים נגרים* וכראותם את הצבא הפילו עצמם במים רבים ויסתרו (10) שמה* ואחר כן פגעו נשים משונות בתוארן וגויותיהן ארוך יותר משנים עשר (11) זרתות ולהם שינים כחזירים* ושער ראשן מכסה את כל גופם* ומגיע (12) עד רגליהן* ועל גוייתן שער כבהמות* ולהם זנב כשורים* וסביב לאותו (13) יער* היה יער אחד ובו נשים ידועות למאד יפות מראה ושערן מגיע עד (14) שוקיהן* וארכן מגיע שבעה ועשרים אמות* ופרסותיהן כפרסות הבהמות (15) ויפלא אלכסדר -מצא- מתואר הנשים* ויסע משם ויחן על מקום קרוב להן* (16) והנה נסע עליהם רוח קדים סערה כסוף הלילה ותפריד את האש אשר (17) הבעירו ואת האהלים אשר תקעו החיל הפיל הרוח ויגורו האנשים ויזמו כי זעף (18) אלהים עליהם* ובעלותם אל מדינות הודו וינחם אלכסנדר ויאמר להם אל ירך (19) לבבכם ואל תערצו מן הרוח כי המקום הזה מרגיל הרוח לסער בו בסוף הלילות ובבקר (20) נח הרוח ויהי בבקר וינח הרוח ותרף רוח החיל מן מחשבותם* ויסע משם (21) וילך בין שני הרים וימצא שם שלג עצומה וכפור וימותו בו ארבעה ועשרים (22) מהקרח* ויצו אלכסנדר להרבות עצים* ולהצית בהן אש סביב למחנה ונתחממו בו* (23) ותשב נפשם אליהם* אחרי כן קדר השמש ויהי לצל עליהם* ויסתר מעיניהם (24) אור השמים ושמים נתכסו בעבים וירדו עליהם אבני אש מגיעים ארצה ושורפים (25) כל אשר יגעו צמחים ובעלי חיים ויירא מאד אלכסדר ויצו להגיש קרבנות (26) וזבחים לנסך נסכים ויעתר לאלהים להעלות מעליו המות הזאת ויעתר לו (27) אלהים ותעבר רוח ותטהרם גם העבים טהרו מחמת האור והצל בהיר והשמש

they would squeal. He commanded <his men> to sound the horns, and when the elephants heard their calls and the squealing of the pigs, they withdrew from the noise and the army pursued them. They reached them and killed many of them and broke their tusks.

After that they marched on in that forest and encountered women with long beards which reached down to their breasts, dressed in skins of wild beasts. They were very strong in running. When they saw the army opposite, they fled into the forest. The army pursued them and seized some of them and brought them to Alexander. He asked them how they fed themselves and they replied that they subsisted on the meat of animals which they hunted in that forest. When the army advanced in that forest they met with other men and women who lived in the field. They were covered with hair like that of camels and <other> animals. They live at the bank of run-off water. When they saw the army, they dropped themselves deep into the water and went into hiding there.

Then they encountered women who had a strange appearance. Their bodies were longer than twelve spans and they had pigs' teeth, and the hair of their head covered their entire body as far as their feet. The hair on their body was like that of animals, and they had an ox-tail. Around that forest there was another forest with very famous, beautiful women, whose hair reached down to their thighs and was twenty-seven cubits long. They had the hoofs of animals and Alexander marvelled at the appearance of the women. He marched on and encamped close to them. At the end of the night a stormy wind arose from the East, spreading the fire that they had kindled, and the wind tore up the tents the army had pitched. The men were afraid and thought that the anger of God had fallen upon them because they had marched against the provinces of India. Alexander felt sorry and he said: "Be not discouraged nor dismayed because of the wind, for the wind is usually stormy in this place at the end of the nights, and in the morning it will be quiet." In the morning the wind calmed down and the army was appeased in its thoughts.

He marched thence, entering between two mountains, and there he found much snow and frost, and twenty-four <men> perished from the cold. Alexander ordered <his men> to cut much wood and to kindle a fire around the camp, and they warmed themselves and their spirits revived. After that the sun became black and darkness fell upon them and concealed from their eyes the light of heaven, and the heaven was covered with clouds and firestones descended upon them on the earth, burning everything it struck, flora and fauna. Alexander was frightened and he commanded sacrifices and offerings to be brought and libations to be poured. He prayed to God to remove from him this doom, and God answered his prayers and He calmed the wind and also cleared the clouds for the sake of the light. The sky was clear and the sun

(1) זרח* ויעתק משם ויצא אל ארץ אשר יושביה ידועים סידרסין שקטים (2)
ושלוים ובוטחים -במחתר- במבחר העולם* ולא היה בהם כח לשאת כלי (3) כלי
נשק* ולא הסכימו להלחם והם עומדים ערומים* אין כסות ושמלה (4) עליהם
והיו נסתרים במערות אשר שם* והיו מכונים גימונש פיתשוש* (5) ופתרונו
ע{י}רומים* וכעלות עליהם הצבא וידעו אותם מנגד קדמו אליו (6) ציר מעמהם
באגרת בפתשגן הזה* מאת העירומים הערומים אל אלכס{דר} (7) היציר שלום*
דע אם אתה עולה עלינו לקחת כל הון מעמנו דע (8) כי אינך מוצאו אצלנו עקב
אשר אתה לא תקח ממנו דבר שיהיה נגזר (9) וטבוע לנו* וכל אשר אינו נגזר
וטבוע לנו לא תמצאהו אתנו כי אין אנו (10) רואים בדעתינו להשתכר את אשר
לא שת האלהים בתוכינו בעת יצירתינו (11) ואם יש את נפשך להרגנו לא נצא
אליך לערוך עתה מלחמה* ולא ניטוש (12) תום נפשנו בגללך* ויהי כקוראו
אגרתם השיבם לאמר* דעו כי אין (13) הולכים אנחנו אצלכם לערוך מלחמה ולא
לנגוע אליכם* אך להלוות (14) עמכם לעשות אליכם חסד ואמת* ויהי כאשר בא
עדיכם שאלם מדוע (15) הם ניזונים במזון הנאלח ומן הדבר אשר הפרצם על
זאת* ויאמרו (16) אליו אנחנו על המחיה הזאת נולדנו לזון מצמח האדמה ועשב
(17) האדמה אם מעט ואם הרבה ולא נטרח את עצמינו לעשות מלאכה לחרוש
(18) ולזרוע כי דיינו כאשר הנחילנו ומתנתו הטובה אשר נתן לנו* ויאמר אליהם
(19) היש את נפשכם בכל אשר אתי ואשורנו אליכם השיבוהו שאלתינו אחת היא
(20) אותה נבקש אם נמצאנו אצלך לבלתי תשיגנו מות* ואם תוכל לתת לנו
אותה (21) אותה נקבל מעמך* ואם אין לא נבקש מאתך דבר בלתי זה* כי אין
צרכנו (22) בה ויאמר להם לא יכולתי על הדבר הזה הייתי מחזיקו לעצמי*
ויאמרו לו (23) אחרי אשר אינך יכול לנוס מן המות מדוע תתפאר בעולם הזה
ואתה (24) מחר תעזבנו אל זולתך* השיבם האל אשר נתן לכם לבב לסבול כל
אשר (25) אתם סובלים* הוא נתן לי לב חזק ואמיץ להתגבר ולהתפאר ואינני
יכול (26) להעתיק הטבע אשר התוך האל בלבי כי הים כאשר בא בתוכו הרוח
הומים (27) גליו* וכן אני אם חפצתי לנוח לא יעזבנו הטבע אשר אני בתוכו
ומתכות

shone.

He marched thence and went forth to a land which was inhabited by people known as Oxydraces, silent and peaceful, believed to be the best in the world. They were unable to carry arms. They never agreed to fight and they went about naked, without clothing or dress, hiding in caves. They are called *Gymnosophists*, that is to say "naked sages." When they knew that the army was coming, they already sent a deputy with a letter saying thus: "The Gymnosophists to the human being Alexander, greetings. You must know that if you come forth to us to take from us our wealth, you will find nothing among us, since you will not take anything from us that has been marked or branded before us. Everything which is not marked or branded before us, you will not find it among us, because we do not consider to gain profit of what God has placed in ourselves when he created us. If you want to kill us, we shall not wage war with you and forsake our upright soul because of you." When Alexander read their letter, he replied: "You must know that we do not come to wage war with you or to hurt you, but to join you by conferring upon you favour and truth." When he came to them, he asked them why they nourished themselves with spoiled food and why they insisted on that. They said to him: "We were created for the purpose of eating the herbs and plants of the earth, whether little or much. We do not trouble ourselves with ploughing and sowing, because what God has bequeathed us and gave us as a good gift, is sufficient for us."

He said to them: "Is there anything you want from all that I have? I shall give it to you." They answered him: "We want to put one question to you, and that is, if you have found the ability to escape from death, and if you are able to give it, we will receive it from you. We do not ask you anything else, because we do not need it." He said to them: "If I were able to do that, I would keep it to myself." They said to him: "Now that you cannot escape death, why do you want to be glorified in this world when tomorrow you have to leave it to somebody else?." He replied: "God has given you the ability to suffer like you do. He gave me the strength and the courage to be victorious and to be glorified. I cannot leave my character just as God has put it in my heart. When the wind comes over the sea, its gulfs roar. So am I. When I want to rest, my character does not leave me alone and the design

(1) הדעת המורכב כי רצונו לתור אחרי המשרה והשלטון ובני האדם נפרדים {איש} (2) מאחיו בטבעם ותוכן לבותם* ובגלל הדבר הזה בא המכתו ביניהם* ויסע (3) משם ולא עשה עמהם חדשה* וילך עד בואו אל ארץ רחבת ידים ויחן שם בבא (4) החרסה בכל חילו* ויהי בבקר וירא צמחים ואילנות יוצאים מתוך הארץ (5) כעלות השמש ומדי עלותו היו האילנות צומחים פר{י}ים על הארץ עד היות השמש (6) בחצי השמים ואז היו עומדים מלצמוח* וברדת השמש מחצי השמים והלאה (7) היו האילנות נוערים ובאים תחת הארץ עד בוא השמש* והצמחים והאילנות (8) באים עמו מתחת לארץ* והיו הפורות {הפירות} טובים מאד* וריח הצמחים טוב* ויבקשו (9) מקצת הפרשים ללקוט מן הפירות ויגשו אל האילן ויפלו פגרים מתים* אז שמע (10) אלכסדר כעין בת קול אומרת אליו לא יקרב אדם ללקט מן הצמחים פן ימות* (11) ועל האילנות אל הקרקע* והיו קריבים אנשי הצבא לתפשם היו פורשים בכנפיהם* (12) והיה רוח תעברה יוצא מבין כנפיהם ושורף כל אשר להם סביב ויירא אלכסדר (13) משבת במקום ההוא* ויסע {ויתא} משם ויתא אל נהר פישון אשר ממנו יפרד יאור (14) מצרים הוא נילוס וימצא בתוך המים סרטניך עצומים* ועקרבים ונחשים* והיו (15) יריאים אנשי הצבא מלעבור בתוכו והיה דרך הנהר מושכת שנה תמימה (16) לא יוכל אדם לעוברו כי אם בחדש יוליו ואגושתו מפני חיות רעות אשר היו (17) כלות מן המים בשני חדשים אלו* ועל שפת הנהר השנית שוכנים אנשים בעלי (18) מראה ולא יכלו לעבור להם* ויצו את היודעים לדבר בלשון הודו לשאלם* (19) מה משפטם ומה מעשיהם* ולאי זה עת מתייאשים* ויודיעום כי הם עם (20) אלכרא המהי* ויחפוץ אלכסדר מאד לדעת בעיניהם ויאמר להריץ אליו מתוכם* (21) מלאך בקרון קטן כתואנה אשר היה להם לדעת לעבור הנהר* ולא היה לזולת{ם} (22) ובבא המלאך אליו נכתב איגרת ויתנה אליו להוליכה לאלכרא המלכה* וזה פתשגן (23) הכתב* מן אלכסדר בן אמון האליל ואלנפריוש המלכה אל דניוס מלך אלכרא שלום* (24) מלפנים היה רצוני להלוות אליכם* ולהצמד לכם בדעתי תושיתכם הישרה ודעתכ{ם} (25) הנכון אשר תעשנו עליו בהבדלכם מאגרת הון* ומעשות עושר* ונוסף לכם (26) מעט מזער* ואין אתם חפצים להתעמר בכל דבר* ולא לנגוע לבעלי החיים (27) ולאכלם* והייתי חפץ לעמוד על מעגליכם ולדעת אי זה דבר נשא אתכם

**266a**

of my knowledge is structured <in a manner> that it is his intention to get dominion and rule. People differ in their characters and traits, and because of that they <are different>."

He marched thence and did not do anything new to them. He went to a wealthy land and he encamped there at sunset with his whole army. In the morning he saw plants and trees sprouting from the earth at sunrise and while the sun rose the trees <and> their fruit on the earth grew bigger, until the sun stood at the middle of heaven. Then they stopped growing. When the sun moved down from the middle of heaven, the trees shrank to the earth until sunset. With it the plants and trees went down under the earth. Their fruits were very good and the plants had a pleasant odour. Some of the horsemen wanted to pick the fruits. They drew near to the trees to collect them and dropped dead. Alexander then heard a heavenly voice saying to him that no one should approach to pick anything from the plants, or he would die. <Birds sat> in the trees <descending> to the ground. When the soldiers came close to seize them they spread their wings, and a wind of fire came from among their wings and burned everything around them. Alexander was frightened to stay there.

He departed thence and he arrived at the river Pishon from which the Egyptian river branches off called the Nile. He found in the water huge crabs and scorpions and snakes. The soldiers were afraid to cross it, and the length of the river takes a full year and no one can pass across it except in the months of July and August, because the wild beasts disappear from it in these two months. On the other side of the river people lived who appeared very respectful, but they could not reach them. He ordered the men who spoke the Indian language to ask them about their laws and customs, and at which time they <got lost>. They informed him that they were Brahmans. Alexander wanted to know very much about them. He ordered a messenger to be brought to him in a little carriage which they had in order to cross the river.

When the messenger came to him, a letter was written and he gave it to him to be handed over to the Brahmans. This was its digest: "Alexander, son of the god Ammon and queen Olympias, to Dindimus, king of the Brahmans, greetings. I have long been yearning to come to you and to join you, when I heard about your righteous wisdom and your right understanding to which you are attached. You refrain from collecting wealth and riches and you content yourselves with a few things. You do not want to be cruel and kill animals as food for you, and I want to deal with your ways in order to know what motivates you

(1) להתגאות על המשפט הזה* ולהדריך אם יכולתי על הדרך אשר אתם עליה
(2) כי אני מנעורי עד היום הזה על אהבת החכמה* וחפצי היה מנעורי בקנין (3)
המוסר* ולא הייתי מודה בעצה אלא אם כן מכח ראיה נוכחת* ואמרו
החכמי{ם} (4) יתכן לאנוש להחזיק אל עצמו את התושיה את כל האנשים מודין
בה ומפארין (5) אותה* ואני אומ׳ אולי תושייתכם היא זאת ולא בחרתם אותה לי
עם שרשי (6) משפטיה ותחבולותיה מועילים לי ולעמי בגללה* ואתם יודעים כי
החכמה (7) נמשלת לנר מה {ה}נר מהסתלק אדם ממנו* ובהעלות נירות רבות
לא יחסר (8) ממנו מאומה כך היא החכמה* ואני דורש מאתכם להחיש תשובתי
בפתרון (9) הדברים אשר דרשתי מאתכם באר היטב* וכקרא דרנוס אגרת
אלכסדר (10) השיב לו אגרת וזה פתשגנו* מאת סנדוס כהן אלכרא המה אל
אלכסדר (11) הנקרא מלך מלכים שלום* ידענו מתוך דבריך כי לקנות המוסרים
רצונך (12) וחפצך לדעת יסודי החכמה וייטב בעינינו ונפארך לו על זאת והודינו
(13) כי ראוי לשלוט ולמשול ולמלוך משאר המלכים* עקב אשר לא יתכן להקרא
(14) לחסר תבונה* והנך משובח ברצותך החכמה והמשפט* ואם אינך משכיל
(15) בחוכמה לעשות כמעשנו הגדול* הן היתה ראיתו אמת הן שוא והצורות
(16) והעניינים האלה אשר נתבעטן השיאו אתכם ויפתו אתכם להתנכל ברעות
(17) העולם הזה ותועבותיה לנטול אל המאכל ואל המשתה והמלבוש ולכן
נטשתם (18) מלכת אחרי המשפט* לא יספיק לכם חוקכם הטרם תדעון כי האם
אשר (19) ילדה את האבן ילדתכם כי הכל נוצר מן האדמה* ואם כן מדוע תחרשו
(20) האבן להגין לכם* והעפר אשר אשר הוא אביכם מושל על גויותכם* (21)
והתמהון הגדול אשר בדבריכם חשבתם כי האל שברא כל בעלי החיים (22) ציוה
אתכם לזבחם לעבד מהם לפניו וגם תתרצו אליו בהציבכם* (23) ההיכלות
והצמחים לשמו* ואינכם יודעים כי האל אינו חפץ בדם העגלים (24) והכבשים
והתיישים ולא להקריב אליו בכלי זהב וכסף* אמנם המקריב (25) לו לב החכמה
והתבונה ויתפלל לו בשמו המפורש הקדוש ולא יקריב (26) צלם לפניו או תמונת
האיש ההוא קרוב לו אל בוראו כי האל טהור וקדוש (27) ואוהב קדושים
וטהורים המטהרים מצואת העולם ולכן אנו מחזיקים

to be so proud of these customs and to bring myself, if I can, to your ways, because ever since the days of my youth until now I love wisdom and I wanted to learn morality. I did not agree to a matter unless by an exemplary proof. The sages said that a man may keep wisdom for himself, but it is lauded and praised by all people. I say that maybe this is your wisdom and you would not prefer me to have it with the principles of its rules and its procedures. <However>, you will be of profit to me and my people. You know that wisdom is compared to a lamp. What is a lamp when man leaves it? If you light several lights from it, nothing is missing from it<s light>, and so is wisdom. Therefore I ask you to reply quickly to me through a well-formulated explanation about the matters I asked."

When Dindimus read the letter of Alexander, he replied in a letter and this was its digest: "Dindimus, priest of the Brahmans, to Alexander who is called the king of kings, greetings. We perceived from your words that you want to learn morality and to study the secrets of wisdom. This pleases us and we extol you highly and we recognize that you are better fitted to reign and to rule and to govern than any other king, because they should not be called king when they lack understanding.

It is praiseworthy of you to ask for wisdom and its laws; even if you are not a sage and not on our high level. – Behold, the proof for this is right: it is vanity. The forms and matters in which you are indulged have lifted and tempted you to disgrace yourself through the evils of this world and to do atrocities, to go after food and drinks and clothing and therefore you forsake the path of justice. Your law does not suffice you. Previously you thought that the mother who gave birth to a stone is your mother, because all originally came from the earth. If so, why do you silence the stone to tell you that? The dust is your father who rules over your bodies. It is very amazing to hear that you believe that God who created all life, has commanded you to bring up offerings in worship before Him. You also think to appease Him, when you erect temples and statues in his name? Do you not know that God does not desire the blood of calves, lambs and goats and sacrifices of gold and silver? You must know that the real worshipper sacrifices to Him the heart of wisdom and insight and prays to Him with his holy and ineffable Name and does not worship any statue or image. That man is really close to his Creator, because God is pure and holy, and He loves the holy and pure ones who are purified from the impurity of the world. Therefore we consider

(1) אתכם בחזקת אוילים אשר לו תדעו המשענה אשר אתם נשענים עליה (2) ואינכם מכירים כי חיינו חיים טובים* ותושייתנו קדושה דומה לתושיית (3) המלאכים* אכן נטיתם אתם מן הדרך ונטמאתם בזנות וברשע* ובהרג בעלי (4) חיים* ובתורות הנבראים ובעבודות הצלמים* ואתם בחייכם טמאים כי נדחקתם (5) מדרכי הבורא* וכל שכן בעת מיתתכם שתתרחקו ממנו ומכבודו כי הנכם חשבת{ם} (6) אשר רצון האל תקנו בימי טומאותיכם וזבחיכם ויותר על כן כי לא תעבדו אל (7) אחד אבל תשתפו עמו אחרים הרבה מאד עד אשר שמתם מספר אלהיכם (8) כמספר -אל- גידיכם ועורקיכם וכי לכל אחד מכם אל אחד מושל* ואתם רואים כי (9) הילד בעת מולדתו טהור וקדוש וטוב הוא שיקרא בעת ההוא כאחת הבהמות (10) מאשר ימנה את החכמים הנכרים* ואני רואה אתכם בתדכם כסילים מכל שתחשבו (11) כי מנארבה המולדת נולדה מראש כוכב הצדק ולכן היה ממשלה על המוח (12) אשר הוא מקום החכמה והדעת ותחשבו כי תמאנס הכומרת נבראה מגופו (13) ולכן היה לה ממשלה על הגוף* וכי מארס היתה בעלת חיל ותמשול על הלבב (14) וכי כוכב הכותב היה חכם גדול בארץ* ולכן משל על חכמת המדבר בעלות (15) השמימה* וכי כוכב הנוגה היה אוהב הנואפים* ולכן משל על אודות הנשים (16) כעלותה השמימה וכל זה מבואר בכללי נימוסיהם* ואתם מחלקים הנמצאות ונתחי (17) אין לנו להאשים אותך כי אומן טבע לבבך אשר גדלת עלינו אינו כדמות טבע (18) לב אלכרא המה לתחלת החכמה והעניין הזה כי אתם כל משפטיכם וצדקותיכ{ם} (19) אשר תעשון בהפצר הנביאים והאלילים והנעבדים אשר מכפין אתכם אשר (20) עושין אותם באמרכם כי האליל-ה-ים שלחם לכם להזהירכם ואנחנו איננו מתנחלי{ם} (21) על המשפט והדת בעד נביא או אליל אך מעצמינו ודעת לבבינו ומשורש (22) החכמה ויסודה ועל כן דרכנו שונה מדרכיכם* והיה פתרון דתינו ופורטו קשה (23) עלינו בדעתינו כי אתה מרוב תפארתך בעולם הזה ושרירות לבך השיאך (24) לתור אחרי השלטון והממשל ימנעך מחקור על תעודתינו ושרשי דתינו ואז (25) יהיה יגיענו לריק אכן נבאר לך שמץ מדרכינו אשר אנו דורכים בה מבלעדי (26) אות ומופת פן יהיה כבד עלינו להבינם ולמען לא אליך מונעי לקח אנו מודיעים (27) לך מקצת תושיותנו* דע נא אלכסדר כי אנחנו לו נחטא ולא נפשע עקב

**267a**

you as fools because you do not know what to rely on and you do not know that our life is good and our wisdom is holy, like the wisdom of angels. You have left the right path and become impure through whoredom and evil and killing animals, and through the instructions of prophets and worship of idols. You became impure during your life, because you deviated from the ways of the Creator, how much more so at the hour of your death, when you are even more remote from Him and His honour, because you thought to fulfil the will of God during the days of your impurities. Moreover, you do not worship one God, but give Him many partners until your gods were as many as your sinews and your veins, each god ruling over each one of you. You see that a child is pure and holy on the moment of his birth, but it would be better to call him an animal rather than to count him among the foreign sages.

From your law I know that you are fools, because you believe that Minerva was born from the head of a star called Jupiter and therefore she rules over the brains which is the place of wisdom and knowledge. You believe that Athena the priestess was born from the body <of Saturn> and therefore she has dominion over the body, and that is why Mars was powerful, and he ruled over the heart; and the star of the star (Mercury) was a great sage in the world and therefore by rising to heaven he ruled over the wisdom of speaking. The star of Venus used to love the adulterers and that is why she ruled over the women when she rises to heaven. All this has been explained in your laws, and you divide the existing things and the pieces... – We cannot blame you for that, because you are loyal to the nature of your heart with which you have grown up, not resembling the nature of the Brahman heart, the first prerequisite for wisdom. When you perform your laws and your righteous deeds, you perform them only through the entreaties of prophets and gods and idols who force you to accomplish them. That is why you say that the gods have sent them in order to warn you.

We do not behave according to custom or law nor prophet or god, but we act from ourselves on the basis and principle of wisdom and therefore our ways differ from your ways. It is therefore difficult for us to give you the interpretation of our law and it is hard to tell its details, because we know that your enormous glory and your obstinacy invoke you to search for dominion and rule, preventing you from investigating our testification and the principles of our law. Why should we offer an interpretation in vain? We shall explain to you a few of the ways we walk on without proof and example, lest it will be to hard for you to understand them. However, we will not keep back the law <from you> and inform you about a portion of our wisdom.

Be it known to you, Alexander, that we do not commit sin and do not wrong,

(1) אשר לא נבקש מן העולם הזה דבר שאינו נגזר לנו אמנה נבקש מן העולם (2)
את אשר יעמידנו בו ויטריפנו חוקינו* ולא נדרשה את המותר* ולא נכפה (3) את
הבהמה לחרוש את האדמה כדי לזורעה יען הבהמה גם היא חותרת (4) אחרי
אוכלה ומזונה* וכן משטח החכמים לצוד עוף השמים ודגי הים או (5) להנהיג
הכלבים לצוד חיות השדה כל זה רחוק מעמנו שאין אנו רוצים לזון (6) בלתי
מגדולי האדמה ועשביה בלא יגיע האנשים ועמלם* ובגדולים ההם (7) הנה
אנחנו משביעים רעבנו ואין אנו חושבין להשביע את נפשותינו כל (8) השובע
שלא יתכן זה כעץ הדעת וכמעשה הזה נמלטנו מן החלאים והצירי{ם} (9) אשר
אתם עלולים בהם* ואנו כל ימי חיינו תמימים ובריאים ואין אנו (10) טעונים אל
התרופות ואל הרופאים ככם ועל כן חיינו גזורים ונגבלים בשוה (11) ומעט
מהרבה ימצא אצלנו נער נאסף בלא זמן* ולא זקן ונער עד דאבון (12) נפש ואין
עמנו מי אשר יכריחהו -הצינה- להתחמם באש* ולא חוזק החמה להתקרר (13)
ודינו בימי הקיץ והחורף המכסה אשר הקדים עלינו בוראינו מלכסות (14) בשר
ערותינו בחגורות עלה תאנה ולא נוסיף בהן בעת החורף* ולא (15) נגרע מהן
בעת הקיץ ומזוננו זרע הגדלים ופירות האילנות ומכסנו עליהם (16) ולא ניזון
{מ}בעלי החיים מלבד החלב אשר אנחנו שותים מפני כי זמון מזון (17) הוא
שהכינו האלהים לקטנים בעת לידתם לגמלם ואשר יותר מן החלב (18) אחרי
יניקת הילד אז יהיה מותר לגדולי האדם לשתותו* וכן לא נלוה אל הנשים (19)
לתאותינו אך להיות זרע בעיתים אשר יועיל הזרע לתת שארית שאין (20) שאין
לנו מלאכה אשר נדרוש בעדה השתכרות העולם אחרי אשר אינה צורך (21) לנו*
ולכן חיינו במנוחה* וכל ימינו אנו עוסקים במהלל הבורא ברוך הוא (22) ולהבין
גבורותיו ונפלאותיו* ולא נבקש לשמוע חידה אם לא תצא חכמה (23) מתוכה
ולכן נמעטו דברינו ואין בינינו מחלוקת אחרי אשר כל אחד (24) ממנו לבו נוטה
אל הצדק ואיננו חפץ בלעדיו* וכאשר שומע מקרב ואם (25) יטה לבבו מאחריו
ישוב מהרה אליו כי לא נבקש זולת האמת והצדק* (26) ולא ידרוש יותר על חוקו
יען הדבר המוסיף על החק לא יועיל והמבקש (27) דבר אשר לא יועיל מאבד
ואינו קונה* ומי אשר לא הספיקהו די החק

for we do not request anything of this world that has not been decreed to us. Surely, we request the world to put us in our right and <not> to declare our laws unfit. We do not desire luxury or force animals to plough the land for sowing, because the animals too look for their food and nourishment. It is not the domain of sages to hunt the birds of heaven and the fish of the sea or to lead dogs to hunt wild animals, because it is all far from us. We only wish to eat the crops and plants of the earth without human weariness or effort. We satisfy our appetite with these crops, that is how we satisfy our hunger. We do not intend to satisfy our souls with all the abundance which is perhaps not in accordance with the tree of knowledge. Thus we escape from diseases and inflictions which come upon you and we are all the days of our life sound and healthy and we do not need medicines or physicians like you do. Therefore our lives are destined and defined by this value. It hardly occurs that a youth dies untimely and an old man or youth is worn out by distress. We do not have anybody among us who has to warm himself at the fire because of the cold and none who has to cool off because of the burning heat. Our clothing is fit for summer and winter, because our Creator created for us at first a garment in order to cover our pudenda by fig-leaf skirts. We do not add anything to it in the winter nor take off anything in the summer. Our food consists of the seed and fruit of trees and this covers our need. We do not take animal food apart from milk which we drink, because it is temporary food which God prepared for the babies after their birth and during the time that they are weaned. What is left over of the milk after the suckling of the child is permitted to be drunk by older people. We also do not associate with women out of desire, only during the time that the semen will be productive for procreation. We do not have any occupation by which we earn our livelihood, because we do not need it.

Therefore we live in tranquillity, and all our days we are busy with the glorification of the Creator, blessed be He, and to gain insight into his mighty and miraculous deeds. We do not want to hear an enigma from which no wisdom results, and therefore we speak little and we do not have arguments, because every one of us tends his heart toward justice and desires only that. When someone hears <a lie> and somebody tends his heart towards it, he immediately revokes it, because we only seek truth and justice. No one among us demands an addition to the law, because the addition will not be profitable, and whoever demands anything inprofitable will lose and not gain, and whoever does not find it sufficient, the law must be sufficient.

(1) לא תהיה אז די בקשתו גזורה ונגאלת והוא כל ימיו עני ואביון ומפני
שאנח{נו} (2) מספיק לו את אשר נמצא מגדולי האדמה לכן סרה הקנאה
מתוכנו* ואין בנו (3) איש חומד דבר מיד עמיתו כי אשר בידו מספיק לו ועל כן
נכרת מחלוקת (4) מבינינו* ואהבה ושלום בתוכנו* ואין בתוכינו שופטים
ושוטרים אחרי אשר (5) אין פשע בידינו שנהיה מוכרחים לשום עלינו שר
ושופט* ולו אלכסדר תבליג (6) על יצרך ותכפה אותנו כאשר עשינו אנחנו* לא
דרשת מה המלכות והממשלה (7) ככל אשר אתה עושה גבורת על אויביך אשר
בין צלעיך לא היית טעון לגביר (8) על אויביך אשר חוצה לך רק הדבר הזה כבד
עליך ולא נצוך לעשות הדבר (9) אשר יקשה ממך* והנה בארנו אליך כלל
מתושיתנו ונותרה אחת אשר לא נמנע (10) להגיד אליך נגב אנחנו כי תוכל אותה
ותלעיג לה מה הדבר כי לא דרש כופר (11) אדם מתוכנו מאת רבו ולא עשה
צקדה לבעבור יכפר לו האלהים על עונותיו (12) ולא נענה אל אחיו לשאת פשעו
אשר עשה כנגדו אכן לא לקח ממנו משכבו* (13) ולפי שאנו יודעים שאתה תבוז
את המעשה הזה ותלקהו על זה באנו לבאר (14) לך מחקורנו בדברים האלה*
ואנו אומרים כי לא נשא לנו כופר מרבנו מימינו (15) יען לא אשמנו נגדו שנהיה
מחלים אותו לכפר על אשמתינו* ולא פשענו אל יציר (16) כמונו שנשוב אליו
בתשובה ונדרוש כפרתו* או נחון עניים בצדקה לבעבור (17) יכפר על
אשמותינו* וכן לא שאל כופר ממנו אל עמיתו כי לא עשה פשע שיהא צורך (18)
לדרוש עליו כופר* וכן לא מת אחד ממנו בידי אדם עבור שלא עשה לו (19) דבר
שיהיה חייב לו מות עלי דינו אכן אתם אנשי יון אצל כל האומות לבד (20)
משפחת אלברא המה המירותם את תושיתנו כאשר המרנו אנחנו תושיתכם* (21)
כי אנחנו לא תעדה הכלים היקרים כאשר תעידו אתם תתניאנה נשינו עבור (22)
תמצאן חן בעינינו כנשיכם כי אין נפשותינו חושקות בהן לתאותהן* וכי לא (23)
נבנה בתי מרחצאות להתעדן בהן -ולהתעדן- ולטהר במימיהן כי חום השמש
(24) ביום מחם אותנו ורסיסי הלילה רומנים בשרנו ואין אנו צריכין לשרוף את
(25) האבנים ולעשות סיד לסוד בתינו* כי המערות אשר עשה האל מספיקות
(26) לנו ואין צריכין למלאת החרשים והאורגים לעשות כסאות לשבת בהם*
(27) ובגדים ללבוש כי העפר מצע לנו לישן בו כאשר יהיה באחריתנו ובכל
זה

**268a**

Then his demand will not be confined and redeemed, and he will be poor and miserable all his days.

Therefore because the crops of the earth are enough for us, envy has been turned away from us, and not one of us covets anything of another, because his property is enough for him. That is why we do not have quarrels among us but love and peace. We do not have judges and officers, because there is no crime among us that we should need to appoint an officer and a judge over us.

If you, Alexander, could control your inclination and rule over it, as we do, then you would not demand kingship and dominion according to all you have demanded, but if you could defeat the enemies between your ribs, you would not necessarily pursue your enemies outside you. This matter is difficult for you; we do not impose upon you what is troubling you. We only explain to you the principle of our wisdom. There is nothing that we refrain from telling you <...>, even though you can mock it. The matter is that none of us ever demanded reconciliation with his master or performed charity for the reason that God will atone him for his sins. No one can force his brother to carry his sin which he committed against him. He cannot take away from him his couch. While we know that you show contempt for this matter and would have him beaten, we have come to explain to you our examination of these things. We say that we never demanded reconciliation with our master, because we did not sin against him that we have to implore his reconciliation for our sins. We did not sin to anyone, so that we have to ask him forgiveness and demand his reconciliation or take pity of the poor by charity for the reason that he will atone for our sins. Therefore one does not demand reconciliation from the other, because he never committed a sin for which he should demand his reconciliation. Also no one of us is ever killed by men's hands or does something by which he is guilty of death penalty by verdict.

However, you, Greeks with all the nations, apart from the family of the Brahmans, have distorted our wisdom as your wisdom has distorted us. We do not wear precious ornaments as you have argued; our wives do not adorn themselves in order to please us like your wives do, because we do not covet them in lust. We do not build bathhouses for enjoyment and for being purified in their water, because the heat of the sun warms us during the daytime, and nightly dew washes our body. We do not need to burn stone and produce plaster for plastering our houses, because the caves are sufficient for us which God has made; so we do not need craftsmen and weavers to make chairs for sitting and garments for clothing, because the dust protects us well during sleep just as it will be at the end <of our lives>. With regard to all this

(1) אין אנו צריכין להעזר איש באחיו בכל מאומה* ולא יעבור איש ממנו לבני
(2) גילו כי לא יתכן לחכם לעבור את בני גילו שהם כדמותו כצלמו כי בוראינו
אחד (3) ואין לאחד ממנו יתרון על חבירו בגבול היצרי* ולפי שאתם דורשים
טובות (4) העולם הזה אתם צריכים להתלמד חכמינו המליצה להתייעץ במלים
צחות (5) לבעבור תתפארו על [...] ותשתררו עליהם ומפני שאנו ממירים את
עצתכם (6) נבוז צחצוח המלים ותקונם אך חפצנו תוכן הענינים* עד אשר הכרנו
(7) חכמת המליצה* ואין אנו רואים ללומדה כי בנויה היא על שוא מהתלות אשר
(8) אנו מרחיקין אותן* אמנם רצוננו להתלמד החכמות הנותרות אות ומופת (9)
והאותות הראויות הנאמנות אשר לא יבואם עקלקלות נדיב וכן אין אנו חפצים
(10) את חפציכם מרוב הנגינות והתענוגות בפרדסים ובערוגות אולם כאשר (11)
יטה לבב אחד ממנו אל תענוגו ישים את לבו לקרוא חידות הראשונים
וקורותי{הם} (12) ובזה יתן ללבם מרגוע ומוסר* ואם חפץ להשתעשע
ולהתנאות ישא עיניו (13) השמימה וראה הכוכבים המשמחים את הלב*
והתמונות הערוכות המזהי{רות} (14) ואז יראה מוטב שבתלאות והנפלא בהן*
וכן יביט אל אור השמש הזורח אל (15) כל פנות העולם ונופיה הנוצרים על קצות
הארץ* וכן יביט אל הים אשר (16) נכחנו הירוק אשר לא יהמה* ולא יסער* ולא
יעבור שפתיו* כאשר הימים אשר (17) אצלכם עוברים שפתיהם ובזה מנפלאות
החכמה הנותנים נפלאה* מאד (18) לרואיהם* וטוב לו להביט אל הנפלאות
האלה* לחרות בשמחתם* ולהביט אל האילנות (19) אשר אתם נוטעים בידיכם*
הבניינים אשר אתם עושים* ותשכרו לכם אנשים (20) ככם אשר אין לכף יתרון
עליכם בצורה ובמעשה* ואשר אתם מתנאים לעשות (21) מכלי הזמר והנגון הם
שמע קול עופות וזמירים ונועם קולם וצפצופם טוב (22) לנו מכל כלי זמריכם
ונגוניכם אשר יודעים לעשותם אם ייטב בעינינו* (23) ואתה אלכסדר אני יודע כי
כל מה שספרתי לך לא תוכל להתאפק לעשותו* (24) ואף אם העידות בעצמך כי
תעשהו* אולם אין לך -שים- להאשימך על זאת (25) למען הטבע אשר נתן בך
שלא תוכל להחליפו ואיך יוכל אדם לעשות (26) על יצרו שהיתה תרבותו
בארצות אשיא ואודניה ואפריקיה אשר אנשיה (27) בהתקבצם במערכת המלחמה
חושבים לכסות עין הארץ מרוב גדודיהם

we do not support each other in anything, and none of us surpasses one of his compeers, for a sage cannot surpass his compeers who share his shape and appearance. Our Creator is one and no one is superior over another within the limit of inclination.

If you seek the goodness of this world, you need to be trained by our sages in rhetorics and in deliberating in pure language for the reason that you will exalt yourselves above <the sages> and dominate over them. Since we distort your advice, we despise polished and improved language, but we prefer the contents of matters above the knowledge of rhetorics. We do not see why we should study it, because it is based upon the idleness of comedies from which we stay far away. We truly want to learn the remaining sciences through proof and example, suitable and reliable proofs by which a noble will not get into perverseness. We do not desire what you desire with respect to the numerous gardens and the pleasures in orchards and flower beds. However, when one of us inclines to gladness, he devotes his attention to the reading of riddles and chronicles of the ancients and in that he will find quietness and morality. Whoever desires to amuse himself and please himself will fix his eyes upon heaven and watch the stars, which gladden the heart, and the arrayed radiant images. Even the most troubled will look and marvel at them. He will also watch the light of the sun which shines in all corners of the world and its shining reaches all ends of the world. He will also watch the green sea in front of us which does not roar and rage or cross its bounds, unlike the seas at your place which cross their bounds. These are the marvellous things of wisdom which are very miraculous to those who see it. It is right for him to watch these marvellous things, to be rejoiced about them, to watch the trees you have planted, and the buildings you have erected. You corrupt people like you who do not have any profit of being in your form and shape, since you enjoy to make musical instruments and songs. To us the sound of bird-song and their pleasant singing and twittering is better than your musical instruments and your songs which we could also compose, if it would be righteous in our eyes.

Concerning you, Alexander, I know that concerning all that I told you you do not have the capability to perform it, even though you may testify by yourself that you can perform it. However, you cannot be blamed for that because of the nature which has been put into you. You cannot change it and how could one rule over his inclination whose culture lies in the countries of Asia or Europe or Africa, of which the people in assembling to wage war believe to cover the entire earth with their numerous troops,

(1) כי מדי משלם על גדוד רב ויגברו על הממלכות אז יהיו נקראים בשם האנשים
{יתר} (2) ואתם בצייכם ורוב גדודיכם באתם בים הגדול הנקרא אוקיינוס הסובב
את כל (3) הארץ ולא די לכם כל זאת עד אשר אמרתם להוריד עופות מן השמים
-ולצנח- (4) ולנצח חיות השדה ותשימו לכם פרסכם -קרובה- קבורה ותחשבו כי
כל זה האלהים (5) הגידו לכם עם עבדיו הנביאים והמלאכים עד אשר חשבתם כי
כוכב הצדק (6) שהוא אחד מאלהיכם היה אוהב את ההון והרוח ולכן הוא אות
לכם* ותאמרו (7) כי שני אלוהות הם מעידים לכם בבקשת הרוח והנאוף והזנות
ותמלאו בטניכם (8) בבעלי בשר החיים והמטעמים המתחלפים לכמה עניינן
ותחשבו כי בצומכם (9) יום או יומיים מספר {כ} פרתכם בהם את אשמותיכם
אשר עשיתם על המאכל וכן (10) תחשבו כי האל ציוה אתכם לשחוט בעלי חיים
ולהעלות עולות לפניו מהם (11) לבעבור התרצות אליו וכמה הייתם מטיבים לו
העליתם את עצמכם לפניו לעולה (12) אם היו דבריכם אמת* ואין אנו רואים כל
אשר מבקשים מטובות העולם הזה (13) בלתי מסבות לשנוא את אחיו עד כי
מקצתם ילכו רכילים בין שני מלכים ויגלו (14) ביניהם לבעבור חרחר ריב
בתוכם ולא תרפו הצורה אשר ברא חופשית עד (15) אשר תקחוה לכם ותעבידוה
ותפריחו את שופטיהם לדון לכם כפי רצונכם וכפי (16) חקכם ולמקצתכם תמונת
דינם ותשימו מהם שרים ועבדים האל ברא אתכם (17) צורה אחת ומחומר אחד
קורצתם יחדיו ועוד תהדרו במשפט פני בעלי חיים (18) על האלהות כפי
דעתכם* ולא תדעו כי אחד ברא כל הנמצאות וכי הוא מושל (19) עליהם
ומנהיגם* אחרי כן חקקתם בנימוסיכם כי כוכב מאדים מקריבין לפניו את (20)
החזיר ונוסכים לפניו דמו לכיוונו* וכוכב שבתי התיישים* ולצדק שורים* (21)
ולנוגה בני יונה* וכוכב כנפי העופות* וללבנה ולמנארבה הכומרת האיים (22)
ולאתנו אם [... ...] וכי ארכלוס ציוה אתכם לכסות היכלו בעלה -היכלו- התאנה
(23) והיכל כניסוס כשושנים ואתם נותנים הכוכבים והמלאכים קצבים או זובחי
(24) בהמות שתתרצו להם בדמים ובשר או בעלי שחוק שאתם מתזינים בוצנים
(25) ועלי תאנים הן הריעה מאד ומחשבותיכם עליהם ותסירו מהם כבודם* ואם
(26) תאמרו כי האלוהות ציוו אתכם כן מאד קלותכם בעיניהם ואם תעשו את זה
(27) מלבבכם ולא בעצתכם הן הרחקתם מהם רצונם ואתם מחוייבים להם והם

because by completing a large army they want to be victorious over the kingdoms, then their name will be more famous to the people. You come with your navy and your numerous troops to the great sea which is called Ocean which surrounds the entire world and it is not yet enough for you until you have said to shoot down the birds of heaven and to triumph over the beasts of the field, and you put your <net> to be buried and you believe that God foretold you all this by His servants, the prophets, and by the angels. You even believe that the star of Jupiter, one of your gods, loves wealth and profit and therefore he is an example for you. You say that there are two gods who testify before you to request profit, adultery and whoredom. You fill your bellies with the meat of animals and with delicacies, mixing several kinds.

You argue that through your fasting of one or two days you will atone for the sins you have committed with regard to food. You believe that God has ordered you to slaughter animals and to bring burnt-offerings before him in order to appease him. You would do much better if you were to bring up for him yourselves, if your words would be true. We do <not> perceive that all that one desires of the goods of this world does not happen without turning to hate his brother, until some of you start to spread slander between two kings and spy for both of them, so that quarrels spread out among you. You do not weaken the image, in which <He> has made you free, but you seize it and enslave it, and you need your judges to judge you according to your will and according to your law, to some of you in exchange for their justice. You fix from them commanders and slaves, whereas God has created you in one image and from one material you are shaped together. Yet, you honour the judiciary more than the gods in your mind.

Do you not know that One created all existence? He rules over it and leads it. You have still written in your laws that one should sacrifice a pig to Mars and offer his blood as libation to him, and goats to Saturn, and bulls to Jupiter, and doves to Venus, the wings of birds to Mercury, and young goats to the moon, to Minerva the priestess, <a night-owl> to Athena. Hercules has commanded you to cover his temple with a figleaf as well as the temple of Cupido, adorned with roses. You bring up before stars and angels butchers or slaughterers of animals in order to appease them with blood, or jesters who adorn themselves with plants and fig-loaves. It is bad and your thoughts about them <are bad>; you remove their honour. If you say that the gods gave you commandments <to do> so, then you are frivolous in their eyes; if you do this from your heart and not according to your counsel, then you have moved far away from their will. You are obliged to them and they

(1) מקציפים עליכם והנכם מכל צד במעלה מעוטה ונקלה* ויהי כאשר קרא אלכסדר (2) האגרת הזאת חרה אפו בהתקלחו בנעבדיו ובהתהללו באליליו ויצו להשיבו (3) באגרת כפתשגן הזה* מאת אלכסדר מלך מלכים בן המלך אמון האליל והמלכה (4) אלנפריוש אל דרדרנרוס שלום* ראיתי דברי אגרתך ובינותי בתפלתך וזדון (5) לבך כי חשבת אשר עם אל נבון המה יחידים בין עממי הארצות יען תאהבו (6) האמת בפיכם ובמעלליכם ותחשוב כי המלאכות והאומניות אשר עושים כל (7) בשר הם חטאים ופשעים לפני האלוהות וכי המלאכות אשר יתכנו לאנשים (8) בטבע לכם ובתוכן רב בעלי החיים נתנם האל בהם לאפס ולאין וכל אשר נתן (9) בנצח הלב ובגירתו חטאת ופשע הוא* ובשלשת אלו דברים הרביתם מאד* (10) עד אשר העליתם עצמכם כמעלת האל המחוייבת עבודתו* ואנחנו רואים כי (11) המעלה הזאת אשר נתתם בעצמכם שוא ושקר היא אמנם הצדק והמשפט (12) הוא אשר אשים לפניכם חשבתם כי אין מנהגכם לחרוש את האדמה ולא לזורעה* (13) וכי לא לנטוע האילנות* ולא לבנות בתים* ולא לשכון באהלים* ולא לרכב על (14) בהמות ולא ללכת בלב ים וכי אין אנשים במקומכם עוגבים על הנשים* ולא (15) נשיכם על האנשים ותחשבו כי כל זה תום נפשיכם וברות עצמכם* אמנם לא כן (16) כי על כן אינכם חורשים את האדמה לפי שאין לכם ברזל שעושין ממנו כלי (17) החריש והקציר ועל שאינכם בונים בתים כי אין בכם כח להצב החומר כי (18) אין בכם בהמות לרכוב עליהם* ולא אוניות וציים שתלכו בהם ויציק אתכם (19) הדלדול* ותאבו לרעות העשבים כמו הבהמות* ואינכם בזה -בלעב- בלעדי (20) כדמות הצבועים והאריות אשר לא מצאו בעלי החיים ישובו נרפים לרעות (21) העשבים וגדולי הארץ לתמוך את רעבונם* ולהעמידם על נפשם בגרוע מהם (22) את אשר נאות מהם לכן דבריכם אלה אשר אתם עיר׳כים בכח ובהפצר ואתם (23) עומדים עליכם ואנחנו ושוכנים בארצות האלה השמנות והטובות לא הציקנו (24) הזמן לשכן בארצותיכם הרזות והרעות שבנו נכיאים ונרפים להתכלכל כאשר (25) אתם מתכלכלים ובהזידכן בנשים ותזידו בכם משפטכם אתם חרצתם ברעותיכם (26) וגדולי הארץ והעשבים המביאים את רטב גשמ{י}ם ועל כן אין לכם תאוה בנשים (27) ועתה למן היום והלאה אל תתגאו בדבריכם עלינו שלא תוכלו להתגאות ובל [תאמרו]

and they are furious at you. You are in every aspect inferior and despised."

When Alexander read this letter, he grew very angry about the raging against his idols and the praise of his own gods. He ordered a letter <to be written> in reply. This is its digest: "Alexander, the king of kings, son of king Ammon, the god, and queen Olympias, to Dindimus, greetings. I have seen the contents of your letter and understood your horror and your insolence. You thought that <you> are the only intelligent nation among the peoples of the world, because you love the truth you speak and your deeds. You think that the crafts and arts people practise are grave iniquities to the gods. Only the crafts which are planned for the character of men, are yours. In his great plan God has given the animals in vain and for nothing. So all that He gave for ever in mind <to maturity> is sinful and offensive. You have said much about these three things and exalted yourselves to the rank of God to whom you are obliged to worship. We consider this rank which you have given to yourselves, vain and deceitful.

Surely, I will place fairness and justice before you. You think that you are not accustomed to plough the land, nor sow it, nor plant trees, nor build houses, nor live in tents, nor ride on animals, nor travel by sea, nor do men at your place dote upon women, nor your women upon men. You believe that this is for the sake of the uprightness of your soul and that you are created that way, but that is not true. You do not plough because you do not have iron to make implements for ploughing and harvesting, and you do not build houses because you cannot erect stones, because you do not have animals to ride on or ships or a fleet to sail with. Poverty oppresses you and you desire to eat grass like animals and you behave like hyenas and lions who, when they do not find animals, return in exhaustion and eat grass and the crops of the earth to relieve their hunger and to sustain by what is bad to them rather than what is pleasant to them. Therefore you are forced to keep your words and to insist on them strongly and greatly. We, inhabitants of fertile, rich countries, if time would press us to reside in your poor, bad countries, we would become disabled and weak to nourish ourselves like you do. What you said maliciously about women and what you have settled in your law with evil intent, <that happens> when you decide to eat the crops of the earth and grass which brings the wetness of rains. Therefore you do not have lust for women. Do not pride yourselves about your arguments against us from this day onward, because you do not have any reason to pride yourselves. Do not say

(1) עניותכם ומכנוכם חסד האלהים עליכם הוא יען האלהים ברוך הוא לו חפץ
(2) בדבר זה ברא בעולמו כל המנעמים לאין יתרון וכן כל אשר נתן באנוש
מדקות (3) המלאכות ופלא האומניות היתה מתנתו להיות יותר מלבעליה החיים
ההוגי{ם} (4) ואותם אל החטאת והפשע נכונים ונועדים ומן היקר והכבוד
גרושים ודחוקים* (5) ואמנם המהלל והכבוד הואלנו כי אנחנו נוחים על הגזרה
-ה-אנושית ומשלימי{ם} (6) כל אשר נתן -עליכם- בנו אלהים מן הכח הטבעי
והיצורי ונבקש מעלות המעשי{ם} (7) ונוסיף עליכם ודורשים לנו אנו החסידים
והצדקות ונבחרה מעשה חוסן (8) ויקר כי האלהים ברא את התמורות והחליפן
בעולם לבעבור יאחז אדם כל (9) דבר מהם בעתו ויקבל כל מקרה איש אל אחיו
ואנחנו אוחזים מכל דבר כמשפט (10) ונותנין אל כל ענין חוקו ואמתו וכאשר
מסבות הגלגל מתחלפות בשקיעתם (11) וזריחתם כן אודות האנוש בחייו
נעתקות מעניין אל תמורתו ונצנעות מדבר (12) אל חילופו כי הילד חפצו ורצונו
להתעלל ולשחוק ובחור ועלם בקשתו בתנוע{ה} (13) ותשמיש והזקן מחשבתו
נופלת משני העניינים האלה ונדבקות אל התנועה וההזרה (14) אשר הילד אין בו
כחֹ לעשות מעשה כי לא תניע תמימותו והבאה מתמים (15) כל כסותיו כי הגיע
אל תוקף חייו והזקן נפטר מכל כי הוא עובר ובטל מן העולם* (16) והטוב לאדם
לתת אל כל זמן מזמני חייו הדבר הנאה  לו והמתיחש אליו לבלתי יחשך (17)
כוחו ותוקפו מעשות העיניינין  הנלוים אליו והדברים אשר הרחיב לו האלהים
(18) עשות ולקחת מכולם מדה בינונית וטובה ואז תהיה מחייתו מתוקה
ומשובחת (19) בעולם הזה ולא תהיה זנוחה ונקלא לעולם הבא עקב אשר לא
לקח מדבר הרבה (20) ממשפטו וחוקו הנכון לו ואשר נטש נחלתו ואחזותו אשר
הנחילו האל בעולמו (21) הוא נבל את עצמו ויטוש את צביונו ולא שמח בחלקו*
וכן מנעליכם אשר אתם (22) דורכים בו ולכן יתכן לאדם לקרוא את תושייתכם
תושיית משוגעים* ולא יתכן (23) לנבון לקוראה תושייה* ככקרא דנדוש אגרת
זאת השיבו עליה באגרת בפתשגן (24) הזה* מאת דנרוס כהן אלברא קמה
לאלכסדר הנקרא מלך מלכים שלום* הנה (25) הרחבת במליך לבלי חק כי
תח׳נתת  על עצתינו וחידתינו ותהתל על מעללינו ומעלינו* (26) ותבאר את
חקכם  ותושייתכם ואני אומר לך כי אנחנו לא נחשב את הזה לנצח (27) אך הוא
לנו אוהל ומעצר אל המקום האמתי אשר באו אבותינו בו ולכן לא נכון

that your poverty and misery is God's favour to you. God, blessed be He, does not desire this. He created in His world all the delicacies for free. All that He put into the human race of the finest crafts and marvelous arts, is his gift to become more than just animals who are ready and destined to commit sin as well as separated and remote from glory and honour. Indeed, praise and honour is for us, because we rely upon the human decision and approve all that God has given us from natural and productive force. We aspire to the virtues of deeds; in addition to that we seek for ourselves benevolence and charity and we prefer richness and glory, because God created all changes in the world, so that man would receive each thing in its time and would get each fortune for his brother. We established for everything its justice and we gave each matter its law and its truth. Just like the turning of a wheel, changing what is beneath and what is above, are the matters of a man in his life, moving from one matter to another and travelling from one thing to another. A child wishes to be naughty and to play and a boy or lad wants movement and intercourse, but an old man's thought drops both matters and attaches to movement and warning which a child is unable to do. His honesty does not move on and all its garments <are taken off>, when he has reached the prime of life. The old man is detached from everything, because he leaves and departs from the world. It is therefore good for a man to spend all his time on something that is fitting for him and is related to him without loosing his strength and vigour from doing the things that are attached to him and which God has extended to him to perform. He also should keep to a good, average quality, then his life will be sweet and laudable in this world and not be worthless and scorned in the coming world, because he did not take much from this world against justice and law which are correct to him. By leaving his heritage and estate which God bequeathed to him in this world, he degraded himself, and he left his pleasure; he did not rejoice over his share. This is the footwear by which you walk. Therefore every one is fit to call your wisdom mad, and no intelligent person would call it wisdom."

When Dindimus read the letter, he replied in another letter. This is its purport: "Dindimus, priest of the Brahmans, to Alexander who is called the king of kings, greetings. You said too much illegitimately and you attack our counsel and our law and you mock our works and deeds. You explain your own law and wisdom. I say to you that we do not believe this world to be eternal but to us it is a temporary place and a transition to the true world, where our ancestors have already arrived. Therefore it is not proper

(1) לנו לצאת מן העולם הזה [..ת] פשע וחטאת פן נלאה בדרך אשר אנחנו (2)
נכפים ללכת בה ועל כן נמנע מאגוד הון ומצבור זהב וכסף בעולם המסע (3)
ואשר החטיאות אותנו כי אנחנו משימים את עצמינו כאלוהות אין אנו (4)
חוטאים בדבר זה* אמנם אתם חוטאים בו כי כל אשר אגרתם מרוב המטמוני{ם}
(5) ותבצעו את שאינו שלכם ותבקשו למשול על העולם בדבר הזה תחשבו (6)
להדמות כאלהים ולגבור על מלכותו ויצוריו* ואשר אמרת כי האלהים ברא (7)
בעולם החליפין והתמורות אמת הוא אך לא בראום לבעבור יאחז אדם (8) מכולם
אלא למען יראה הטובה ויאספה אליו ויכיר הרעה ויבדל ממנה (9) ואז יתום בו
הדעת אשר הפלא לו האלהים מכל בעלי חיים בדעתו למאוס (10) ברע ולבחור
בטוב* ואתם געלתם את הדעת ותסברו כי החרוץ והכסף (11) והפנינים יהיו
מפסיקין לכם והם אינם משביעים רעבוניכם ולא מרוים אתכם (12) לצמאכם ולא
תהיה נפשכם ברה וזכה בקניינכם* אמנם משברים צמאכם (13) המים*
ומשביעים רעבונכם המאכלים ומזכים את נפשותיכם החכמות* (14) והכסף
והזהב אשר תשימו להם יוצאים מכל זה עד אשר הרחבתם בעלי (15) הכסף
והזהב ותנשאום למעלה ואם הם פושעים כאשר מתעמרים תהיו (16) גם אתם
פושעים באהבכם אנשי רשע* אחר התנשאות עלינו בבניינכם (17) אשר אתם
בונים* ובעלי החיים אשר אתם מקריבים ואוכלים* וכל זאת (18) יתכן שתנשאו
בו על אנשי בליעל ולא עלינו ולא ידעתם הגאון והגובה (19) הייתם בושים
להתגאות באשר הוא שמצה לכם אמנה המהלל והיקר הוא לבעלי (20) הנזירות
ומודרי ההנאה מהעולם הזה המטהרים מהטמאות בו* וכקרא (21) אלכסדר
האגרת הזאת שלח לו פתשגן הזה* מאת מלך מלכים אלכסדר בן (22) אמון
האליל והמלכה אל נפריוש אל דרנוס שלום* אבל קראתם עצמכם קדושי{ם}
(23) בהיותכם נפרדים ומנודים מתוך בני אדם אשר לא יוכל כל בשר לעבור (24)
עליכם ואין בכם כח להעתיק ממקומכם ואתה שמה כלואים תחשבו כי (25)
הדלת והמסכנות אשר בתוככם באתם עדיהם ברצונ{כ}ם -ומחק{ר}כם-
ומחקרכם (26) ואתם לא באתם עד הנה בלעדי בהכרח ובהפצר ואין בכם עצמה
להפרד (27) מכל הנמסר אליכם ולכם רואים החכמים ובעלי הדעת כי אתם בני
צדקה

to get out of this world <committing> sin and iniquity, lest we will be wearied on the way we are compelled to go. That is why we refrain from accumulating wealth and piling gold and silver in the transitional world, because that is a cause of sin to us, making ourselves into gods; we will not be sinful in that! You are offensive at this point, because every time you gather wealth you take profit of something that is not yours, and you try to rule over the world; in that matter you think that you resemble God and to reign his kingdom and his creatures. What you said about God who created changes and permutations, is true, but he certainly did not create them so that man could make use of them all, but only for discerning and accepting goodness and recognizing and leaving evil. Then he will be rightminded <and understand> how God has made him more miraculous than any living being through his knowledge to detest evil and choose goodness. You have been averse from that knowledge and you argue that fine gold, silver and pearls are enough for you, however, they never satisfy your hunger and never quench your thirst. Your soul will not be pure and clean because of your property. Indeed, water stills your thirst and food satisfies your hunger and wisdom favours your souls, but the silver and gold you own, excel in all of this, so that you have made way for those who possess silver and gold, and you exalt them highly, even when they are criminals. When you behave wickedly you too are criminals in your love towards bad people. After that you have exalted yourselves over us with regard to the houses you build and the animals you sacrifice and eat, in all that you may be proud more than scoundrels, but not more than we. You do not know <true> glory and excellence; you would be ashamed to be proud of something that is infamous to you. <True> praise and glory is attributed to ascetic people who vowed abstinence from this world and purify themselves from its impurities."

When Alexander read this letter, he replied as follows: "The king of kings, Alexander, son of the god Ammon and queen Olympias, to Dindimus, greetings. By calling yourselves holy, whereas you are separated and banished from people and by the fact that no one can pass on to you and you are not capable of departing from your place, you are imprisoned there. You believe that your poverty and misery came to you by your own will and contemplation. You came thus far out of sheer necessity and stubborness, and you are incapable to separate from your tradition. Sages and people of knowledge look at you, because you are righteous people,

(1) אשר יש לאדם לחמול עליכם ולהתפלל לאלהים שיעלה מעליכם הרעה אשר אתם (2) בה וירחיב לכם גבולי טובותיו* ויפרח לכם שערי מזונותיו* ויקל מעליכם רוע (3) חייכם* ומשפט הוא על הנבון* ועל החכם לרחם על בני גילו וצלמו ואל אלהים (4) אני שואל ומתחנן לגלות לכם עתרת שלום וצדקה מתת לכם אחרית ותקוה (5) למען תשכילו עוד בכל אשר תעשון* אחרי כן צוה אלכסדר להציב במחנהו (6) על נהר פישון עמוד אבן גבוה ולחקות עליו מכתב אני המלך אלכסדר באתי (7) עד המקום הזה וציויתי להציב את העמוד הזה על שפתו* אחרי כן (8) נסע משם אל בקעה גדולה ושמה אכתאיא וסביב לבקעה יער אילנות (9) עצומים נושאים מגדים נפלאים ובתוכו אנשי שדה גדולים בגוייתם בעצם (10) גזית בני ענק ולבושיהם כותנות עור* וכחנות {הצבא על} הבקעה צבאו גם הם המדברי{ם} (11) אליהם ובידיהם חניתות ארוכים* וילחמו עם אנשי אלכסדר עד אשר הרגו מהם (12) פרשים* ויצום אלכסדר להרים קול סער גדול מאד* וכאשר שמעו האנשים (13) ההם קול ההמון ותרועתם ולא שמעו מאז קמו נסו לקולם העירה וידביקו אות{ם} (14) אנשי חיל ביער וימת מהם עם רב* ויהי מספר ההרוגים בו ל״ד* וימותו מאנשי (15) מאנשי אלכסדר קי״ז ויעמדו שם ג׳ ימים נזונים מחית היער ופרי האילנות* (16) ויהי ביום הרביעי הלכו אל יאור קרוע במקום ההוא ויחנו שם בשעת ט׳ מן (17) היום וימצאו איש עצום וארוך* ועליו שיער כשיער החזיר ויצו אלכסדר (18) לתופשו ויבואו אליו ולא ברח ממקומו ולא זע מהם עד הגיעם אליו ויביאוהו (19) לפני אלכסדר* ויצו להפשיט נערה אחת מן הבתולות את לבושה ולהגישה (20) לפניו* וכראות האיש הפרא חטפה ורצה לברוח עמה ויאמר אלכסדר לאוחזו (21) ולשורפו באש ויעשו כן* אחר כן נסע משם ויחן בהר ששמו ארמנותין (22) ומראש הפסגה היתה שרשרת זהב תלוייה ומגעת לארץ ומשלבת היתה (23) ומספר השלבים אלפים אשר היו עולים בהם על ראש הפסגה* ויצו אלכסדר (24) את חילו לחנות בתחתית ההר* וילן שם הלילה ובבקר ציוה להקריב נסכים (25) לאלוהותיו ויקח עמו מקריאי משרתיו ויעל עמהם בשרשרת ההיא אל ראש (26) הפסגה* וכאשר חנו בראש הפסגה מצאו שם מושב ובניינו יפה* וכותליו (27) ועמודיו ומפתנו זהב סגור* ושם המושב מושב השמש ואציל המושב

for whom one wants to have compassion and to pray to God to remove from you the evil in which you are, and to extend to you the borders of His goodness and to open the gates of His delicacies and to decrease the badness of your life. It is right to any erudite man and sage to take pity on his compeers in his image. To God I ask and implore to reveal to you the crown of peace and justice, that you may be granted a hopeful future so that you will become sensible about all what you do."

After these things Alexander ordered a high column of stone to be erected in his camp at the river Pishon and a text to be engraved on it: "I, king Alexander, have come to this place and ordered this column to be erected on the shore."

Afterwards he marched thence to a big valley called Actea, and around the valley there was a forest of huge trees, bearing fantastic fruit; in it there were huge people with giant bodies, wearing leather skirts. When the army encamped there, those people who spoke to them attacked with long lances, and they fought with Alexander's men until they killed some horsemen. Alexander ordered them to scream loudly. When those people heard the enormous noise and shouting they had never heard it before, and they fled to <their> city and the soldiers pursued them in the forest and many were killed to the number of 34. Of Alexander's men 117 were killed, and they stayed for three days, nourished by the delicacies of the forest and the fruit of the trees. On the fourth day they marched thence to a river near that place, and they encamped there at the ninth hour of the day. They encountered a tall man with the hair of a pig, and Alexander ordered <his men> to catch him and to bring him before him. He did not run away from where he was and he did not move until they approached him and brought him before Alexander. He ordered <his men> to undress one of the virgins and to bring her close to him. When the savage man saw her, he snatched her and wanted to run away with her. Alexander ordered him to be seized and be burnt in fire. So they did.

After that he marched thence and he encamped on a mountain called Adamantinum and from the top of the mount was hanging a golden chain reaching down to earth; it was linked together. The number of the links was 2000, along which one could climb to the top of the mount. Alexander ordered his army to encamp at the foot of the mountain and he stayed there during the night. In the morning he ordered libations to be brought up to his gods. He took with him his noblest servants and he climbed with them along that chain to the top of the mount. When they arrived at the top, they found a residence, beautifully built with walls, columns and threshold of pure gold. It was called the residence of the Sun, and near the residence

(1) היכל זהב ועד לשער ההיכל דליות כרם מקשה זהב ובהם אשכולות (2) זהב וענביהם פנינים* ויבא אלכסדר אל המושב ההוא וימצאו שם ערש (3) גבוה והוא של זהב* ומרכבו משי וזקן יפה תואר יושב עליו* ואוכל לבונה (4) ושותה שמן הקטב* וכאשר הביט אלכסדר ושריו אל הזקן ההוא השתחוו (5) לו יחדו ויקבלם בסבר פנים יפות ויאמר להם אבל יש את נפשכם לבא (6) לפני האילנות הקדושים אשר לשמש ולירח ולהעמיד אתכם ולגלות עליהם (7) ולהנבא לכם מחשב לבבכם ולהודיעכם מה יהיה באחרונה* וכשמוע אלכסד{ר} (8) שמח מאד ויאמר הן יש את נפשינו בדבר הזה וישב אותו הזקן {דבר} (9) ויאמר לו אם אתה טהור אשר לא נטמאיתה באשה מימיך ולא שלחת (10) ידך בדבר חרם וגזילה ועושק ואשמה אתה וריעיך בוא וקרב אל (11) האילנות כי לא יתכן לאשר אינן קדושים ולא אמת לגשת אליהם -ויאמרו (12) לו אין אנו טהורים בכל המעשה הזה אשר דברת* ואף גם בזאת (13) לא נחדל מגשת אליהם- ויאמרו לו אין אנו טהורים בכל המעשה הזה (14) אשר דברת ואף גם בזאת לא נחדל מגשת אליהם* ויקם הזקן ממושבו (15) ויאמר אליהם אם כן אפוא ינצל כל אחד כל אחד מכם העדי שעליו והמלבושי{ם} (16) היקרים* ויצו אלכסדר את סגנו תלמי ואלטינן ניציבו ובדרנקוש רוזנו* (17) -ללפש לפש- לפניו את בגדיהן* ולהסיר את חותמיהם* אחר הפשיט (18) אלכסדר החלי* ומלבושי העדי אשר עליו* ויצו שארית עבדיו לעמוד (19) לפני המושב* וילך אלכסדר ושלשה משרתיו אליו ולפניהם הזקן ויבואו (20) עד יער אשר היה בהר ובו אילנות עצי גופר* ועצי זית ושרף (21) האילנות ההם לבונה ובוצרים מהן שמן הקטב* וגובה אילנות (22) היער ההוא יותר מק׳ אמות ובינם אילן ופא{י}רותיו מרובים והיה (23) עמם את כל שאר האילנות עד לא היה בו עלה ולא פרי ועליו (24) עוף גדול יפה ולא היה {כ}ברכלת התוכיים ואזנים כעין הזהב* (25) וצוארו ושאר נוצותיו משובצות כתשבץ הפסים ולו זהב אשר (26) לו נוצה מזהירה כעין השושנה ויתמה אלכסדר על תאר העוף (27) וישם עליו מבטו ויאמר לו הזקן שם זה העוף פאניק* וכאשר

was a temple of gold. Up to the gate of the temple there were vine branches of massive gold with clusters of gold and grapes of pearls. Alexander entered that residence and they found there a high, golden couch, overlaid with silk, and an old man of beautiful appearance was sitting on it, eating incense and drinking oil of the *caltrops*. When Alexander and his commanders watched that old man, they bowed down to him and he welcomed them amicably. He said to them: "If you like, come to the holy trees of the Sun and Moon and put yourselves before them and reveal yourselves to them. They shall foretell you your plans and inform you about your end." When Alexander heard it, he rejoiced exceedingly and said: "We wish to do this." The old man replied: "If you are pure and never became impure through a woman, and if you and your friends did not perform anything offensive in matters of confiscation, theft or robbery, then come and get near to the trees, because it is only fitting that holy ones come to them but it is not right to get close to them." They said to him: "We are not pure in any way you told, but we will not refrain from getting close." The old man stood up from his couch and said to them: "If so, then each one of you must strip himself of his ornaments and take off his precious clothes." Alexander ordered Ptolemy, his lieutenant, and Antoninus, his commissioner, and Perdicas, his officer, to take off their clothes and to remove their seals. After that Alexander took off his necklace and his ceremonial dress. He ordered the remaining servants to wait before the residence. Alexander and his three servants followed the old man. They came as far as a forest on a mountain with cypresses and olive trees. Those trees <smell of> burning frankincense and secrete *caltrops*-oil. The height of the forest trees was more than one hundred cubits. Among them there was one tree with many <branches> obscuring all the other trees, without leaf or fruit. Above it was a beautiful, huge bird, not as <the marketable> poultry, with ears like gold and its neck and feathers chequered by stripes and with a tail of one feather shining like a lily. Alexander marvelled at the figure of the bird and watched him. The old man said to him: "The name of this bird is Phoenix."

(1) דבר הזקן והגיד שם העוף לאלכסדר פרש העוף כנפיו ויעף וילך הזקן (2)
לקראת מהלך העוף עד בואם אל שני האילנות השמש והירח וישתחו הזקן (3)
לפניהם ואלכסדר ושריו השתחוו ויאמר הזקן לאלכסדר אם תרצה לשאול (4)
במדעך הדבר אשר אתה מבקש לשאול* ועמוד לפני אי זה מן האילנות (5) תרצה
כי בעומדך לפניו ישיב לך דבר על השאלה אשר נקשרה במורשי (6) לבבך*
והתשובה לא יקשיבנה אדם זולתך* ויאמר לו אלכסדר ובאי זה (7) לשון
ישיבני* השיבו דע לך {אילן} השמש יפתח לך דבר כלשון הודו* ויתום (8)
בלשון יון* ואילן הירח יעשה תמורתו* יחל בלשון יון ויכלה בלשון הודו* (9)
ויגש אלכסנדר אל שני האילנות יחבקם ויחשב בלבו הדבר אשר מבקש (10)
לשאול לאמר הישוב אל ארצו מקדון אם לא השיבו אילן השמש בלשון (11)
הודו* הוי אלכסנדר בהשענך עלי ותבטח על שמי מעת ילדתיך וקי{י}מת (12)
חפצי ועשית רצוני על כן כבשת את הממלכות* אולם הדבר אשר (13) אתה
חושב לשוב מקדוניה לא תעשהו* ויאמר לו אילן הירח הן קרבו ימיך (14) למות
אלכסדר* ועתה ימיתך האיש אשר אתה מסבר* ויחשוב (15) בנפשו שאילתו
לאמר אתה האילן הקדוש הודיעני מי ישלח ידו בי (16) להורגני השיבו לא יתכן
להודיעך מי הוא פן תהרגהו ותהיה נבואתי (17) נבואת שקר* אכן דע כי לא
תמות הרג כאשר תירא* כי אם על ידי (18) סם המות ועוד ימים אחדים* ובעת
הזאת תמשול על כל מלכי הארץ* (19) כאשר תרצה* ויאמר הזקן רב לך
אלכסדר נלכה ונשובה אל המקום (20) אשר באנו משם* ויסב הזקן וישב עמו
אלכסדר ושלשת משרתיו אשר (21) באו עמו ויבאו אל מושב השמש וישב הזקן
בערסו ואלכסדר ורעיו (22) באו אל המחנה בתחתית ההר ויעתק משם עד בואו
אל מדינת פרארבקא (23) ויחן שם נעצב ודואג* וכאשר ידעו אנשי העיר בבאו
הבילו לו שי (24) מחפצי מדינותיהם עורות יקרות מעורות הדגים כעין עור נמר*
ועורו{ת} (25) הנקראים סלאכה בלשון הגרית* ואורך כל אחד ו' אמות שלימות
ובארץ (26) הזאת הר בראש המדינה בנויה מאבן גזית* ולא היו האבנים טחות
בסיד* (27) ולא בזולתו* ומלכות המדינה היתה ביד אשה אלמנה ושמה קלולש
קנדאשש*

## 272a

When the old man spoke and told the name of the bird to Alexander the bird spread its wings and flew. The old man followed him until they arrived at the two trees of the Sun and Moon and the old man prostrated himself before them and Alexander and his friends with him. The old man said to Alexander: "If you have something on your mind to ask, stand before the tree you like. When you stand before it he will reply to the question that is tied to the ponderings of your heart, and nobody will be able to hear the answer except you." Alexander said to him: "In which language he will reply?" The old man said to him: "Know that the tree of the Sun will start to speak in Indian and will finish in Greek, whereas the tree of the Moon does the opposite: it will start in Greek and finish in Indian."

Alexander approached the two trees and embraced them and he considered asking whether he would return to his land Macedon or not. The tree of the Sun replied to him in Indian: "Woe unto you, Alexander, you have relied upon me and put trust in my name from the time of your birth. You have fulfilled my desire and performed my will; therefore you have conquered the kingdoms. However, as far as your return to Macedon is concerned, you will not perform it." The tree of the Moon said: "Your days have come to die, Alexander, and a man whom you trust will kill you." He thought about questioning him, saying: "You are the holy tree, inform me about <the man> who will stretch out his hand against me to kill me." He replied: "I cannot inform you about his identity, lest you kill him and my prophecy turns out to be a lie. You must know, that you will not die by murder, as you fear, but by deadly poison in a few days; in that time you will rule over all the kings of the world whom you wish <to rule>." The old man said to Alexander: "It is enough, Alexander, let us go and return to the place we came from". The old man turned back and Alexander and his three servants returned with him. They arrived at the residence of the Sun and the old man returned to his couch and Alexander and his friends came to the encampment down the mountain." He marched thence to the land of Prasiaca and encamped there grieved and troubled.

When the people of the city knew about his arrival, they brought to him from the specialities of their provinces precious fish-skins like the skins of panthers. These skins are called *salaba* in Arabic; the length of each <skin> is six full cubits. In that land was a mountain, on the top of which a city was built from hewn stone, and the stones were not put together by plaster and not by anything else. The kingship of that city was in the hands of a widow whose name was Cleophilis Candacis,

(1) ויכתב אלכסדר אליה כפתשגן הזה* מאת מלך מלכים אלכסדר בן המלך אמון (2) האליל והמלכה אלנפריוש אל קלולשקנדאשש המלכה שלום* אנחנו צוינו לעשו{ת} (3) צלם הזהב בדמות האלוה אמון להוליכו אל ההר אשר מדינתך בנוייה עליו (4) ולהושיבו שם על כסא המלוכה אשר הוא יושב עליו כעת בהיכלו* והיה (5) -בעת- בעת בא הספר הזה אלייך לכי אל המקום אשר ישב בו הצלם כי הנני (6) הולך שמה ותהיה השתחויתך אל הצלם הזה נכח השתחויתי* ויבא הספר (7) אליה ותקראהו ותשיבהו ביד מלאך שלוח מעמה אגרת ותשור לו מנחה* (8) מאת קלולש קנדשש אל מלך מלכים אלכסדר שלום* ידוע ידענו כי האלוה (9) אמון היה בעזרך* וכי הוא עזרך במלחמת אנשי מצרים* ויכנע (10) מלכות פרס והודו* ושאר האומות לפניך* ודע לך כי האלוה אמון לבדו (11) לא עשה כל זה*אך בעזרת האלוהות הקדושים אשר נלוו אליו* ואנחנו (12) ממרבית הדעת אשר נתן אלהים והטהרה ומתרכבת בתוכו לא נראה כמש{פט} (13) ללכת להשתחוות לצלם אמון לבדו* רק הנני הריצותי לכבוד הצלם עטרת (14) זהב מפותחת באודם ופנינים* והעטרה תלוייה בראש שלשלאות זהב (15) ממולאים במיני האבנים המתנוססות אשר יצוה מלך מלכים האלהים יהיה (16) בעזרו לתלות את העטרה הזאת בהיכל אמון* ויהיה כבוד להיכל ותקרובת (17) לזה האלוה* ושלחתי לנאמני המלך ושריו המשרתים את פניו משקל זהב (18) מופז ק׳ ליט* וג׳ עמודי זהב* וק׳ עופות מן העופות* המופלאים הידועי{ם} (19) אצלונו סיתפוס בק׳ כלולי זהב ציד ק׳ עבדים כושיים* ומאתיים קופי{ם}* (20) וד׳ דנסוריץ* והם בעלי חיים נפלאים ידועים במדינות ההם* ושלוש (21) מאות מיני זמר* וחמשים פילים* וארבע מאות עורות נמרים* והנה לך (22) עצי הובניס* ואני פוגעת במלך מלכים* ומתחננת אליו לקבל תשורתי (23) זאת* וישיבני דבר המשל על כל קצוות העולם* או נותר ממנו קצה* ותתן (24) מנחתה זאת במשרת איש אחד מקריאה והיה יודע לצייר* ותצווהו (25) לחוק צלם אלכסדר בטבלה אחת ויהיה מעיין היטב בצורתו ויביאה (26) עמו אליה* ויבא האיש עדיו ויתן לפניו כל אשר היה נושא ממנחת (27) המלכה* ויצר דמותו ויביאהו אל המלך ותעלו עליה מאד ותצוהו לחקקה

**272b**                                                               

and Alexander wrote a letter to her and this is its text: "The king of kings, Alexander, son of king Ammon, the god, and queen Olympias, to queen Cleophilis Candacis, greetings. We have ordered a golden statue to be made in the form of the god Ammon and be carried to the mountain, on which your city is built, and be placed there upon the royal throne which is in the temple. When you deal with this letter, go thither to that place, where the statue <will be erected>, because I shall arrive there. You will prostrate yourselves before the statue next to me."

The letter came to her and she read it and replied to him by a letter, sent through her messenger, together with a present: "Cleophilis Candacis to the king of kings, Alexander, greetings. We know that the god Ammon came to your aid and helped you in the war against the Egyptians and subjugated before you the kingdoms of Persia and India as well as other kingdoms. You must know that not only the god Ammon did this, but also the <other> holy gods who escorted you. We, in our vast knowledge that God has given us <in> purity <that has been placed in itself>, do not consider it right to go prostrating ourselves before the statue of Ammon alone. I have quickly brought in honour of the statue a golden crown, encrusted with carnelian and pearls, and the crown is hung at the top with golden chains, overlaid with different kinds of wonderful stones. The king of kings, may God help him, will command this crown to be hung in the temple of Ammon as an honour to the temple and as an offering to this god. I have always sent to the trustees of the king and his officers who serve him the weight of 100 litres of fine gold, and three bars in gold, and one hundred miraculous birds known to us as Psithacos in one hundred golden cages, via one hundred Ethiopian slaves, and two hundred apes and four rhinoceroses, and these are the most miraculous beasts in those provinces, and three hundred musical instruments, and fifty elephants, and four hundred skins of panthers, and ebony wood. I beg the king of kings and implore him to accept this gift of mine and to answer me, if he will rule over all the corners of the world or will still leave <me> a corner." She put this present of hers into custody of one of her close servants, and he was skilled in drawing, and she ordered him to draw the likeness of Alexander on a board and he <drew> him, studying him well and brought it with him to her. The man came to <Alexander> and gave him what he had brought from the present of the queen, and he drew his picture and brought it to the queen. She praised him about it and summoned <him>

(1) בכותל בית משכבה ולה ג׳ בנים ולכל נתנה מלכות במדינותיה שימלך עליה
(2) ושם האחד קנדאלש* ושם השני מרסיקוס* ושם השלישי פראכתור* ויצא
(3) קנדלאש ממשלתו עם אשתו ואנשיו לבקר פני אמו ויפגעהו בדרך מלך (4)
בינקה בגדוד עצום וילחם בו ויכנע קנדלאש לפניו אחר אשר נפלו חללים* (5)
מחילו וישבו את אשתו וימלט קנדאלש עם שארית אנשיו עד מחנה אלכסדר (6)
לבעבור התעצם בו להשיב אל אשתו ויבא בתוך המחנה לילה ויקח{ו}הו שרי
(7) הצבא ויביאהו לתלמי סגן אלכסדר* וישאל אליו מה שאלתו השיבו אני (8)
קנדאלש בן המלכה קלאלש באתי עד מלך המלכים להיות לי לעזרה מן (9) הפגע
אשר פגעני ויספר לו מקרהו ויצו להציב לו קובה ולשבת שם (10) עד קחתו עצת
אלכסדר בדבר הזה* וימהר תלמי וילך לילה לפני אלכסדר (11) ויודיעהו את
מקרה האיש ובקשתו* ויאמר לו אל קובת המלכות אשר ליושב (12) על מטתי
ולבוש בגדי מלכות* והתעטר בעטרת מלכות ושאל לו כאילו (13) אתה אלכסדר
מה מעשיו ומה שאלתו* וכאשר יספר לו אודותיו ציוה ויבואו (14) לפניך
אנטיקון הטפסר ומלאך שלח אלי לקראני* ואבא עליך כאילו אני (15) אנטיקון
ואני אספר לך ענייני העולם מפי המרגלים שלי במדינות* ואז (16) תשאל לי
עצה* ויעש תלמי כן* וכאשר עמדו לפני אלכסדר ויאמר לו (17) אלכסדר אדע
המלך העצה הגדולה הנכונה אצלי אם על המלך טוב (18) לשולחני עם העלם
אל המדינה אשר הוא אומר כי שם ביתו ואצוה (19) את אנשי המדינה במצותיך
להשיב לו את ביתו אם לאו תשרוף המדי{נה}* (20) באש ואינני יועץ למלך
לשלוח אחר זולתי ויאמר אליו קנ{ד}אלש אמנם (21) כמוך מאנשי הבינה
והמליצה יתכן מלכות* ויאמר לאלכסדר כן דברת (22) ועתה לך ועשה כן ויצאו
אלכסדר והעלם מתוך המדינה וישובו האנשי{ם} (23) אשר באו עמו עד חנותם
במדינת ביבראקה* ומלכה הביא אשת קנדאל{ש} (24) בבירתו וישימה
במשמרת* וכבא אלכסדר אל המדינה קרא בקול גדול (25) ויאמר אנשי ביברקה
אני מלאך שלוח מאת אלכסדר וכה מצוה אתכ{ם} (26) להשיב את העלם הזה
אל ביתו* ואם לא אבעיר מדינתכם באש* וכשמ{עם} (27) את הדבר הזה הלכו
יחד אל הבירה -ויבעו- ויבקעו את שעריה ויוציאו

to engrave it upon the wall of her sleeping chamber.

She had three sons, and to every one she had given dominion over her provinces so that he could rule over it. One was called Candaulus, the second Marsippus and the third Carator. Candaulus went forth from his kingdom with his wife and men to visit his mother, and on his way he encountered the king of Bebrycia with a vast army. He fought against him until Candaulus was defeated by him after many of his army were slain. They captured his wife, and Candaulus escaped with a few of his men in the night to the camp of Alexander in order to urge him to get back his wife. He entered the camp in the night and the commanders of the army seized him and brought him to Ptolemy, Alexander's lieutenant. He asked him what he requested. He replied: "I am Candaulus, the son of queen Candacis. I have come to the king of kings to ask his help in the mishap that has struck me." He told him what had happened to him and <Ptolemy> ordered him to be put into a compartment and to stay there until he would have taken counsel from Alexander in this matter. He went to Alexander in the night and informed him about what had happened to the man and what he desired. He said to him: "Go back to the royal compartment where he sits on my bed, and wear royal garments and put on the royal crown and ask him as if you were Alexander about his deeds and about his request. After that he has told you about his affairs, you order Antigonus, the officer, to appear before you, and send a messenger to call me and I shall come to you, as if I am Antigonus, and I shall tell you what is going on in the world through my spies in the provinces. Then you will ask for counsel."

So Ptolemy did. When they stood before Alexander Alexander said to him: "I know, o king, a great, honest advice: if it pleases the king, to send me with the young man to the land in which, according to his words, his family is. I shall order the men of the land by your command to give back to him his family; if not, then you will burn the city with fire and I do not advise the king to send anybody else but me." Candaulus said to him: "People like you with understanding and eloquence could possess a kingdom!" He said to Alexander: "You have spoken well and go forth to do so."

Alexander and the young man went forth from the land together with the men who came with them until they encamped in the city of Bebrycia. Its king brought Candaulus' wife to his palace and put her into custody. When Alexander came to the city of Bebrycia, he lifted up his voice and said: "Bebrycians, I am the messenger sent by Alexander. He commands you to return this young man to his family. If you do not do this, I shall burn your city by fire." When the Bebrycians heard this matter, they went together to the palace and broke through its gates and took out

(1) משם אשת קנדלאש וישיבוה אל אישה וישתחו העלם לפני אלכסדר (2)
וישבח ויודה את האל ואותו* ויאמר לו הנני הולך לאמי לבקר (3) את פניה ולו
תלך עמי אליה אני אשלם לך גמול כל אשר עשית עמי (4) וייטב בעיניו ללכת
אתו לבעבור ראות המלכה אמו כי שמע הוד יופי{ה} (5) ויאמר אלך אולם לא
אוכל ללכת עמך עד קחתי רשות מאלכסדר (6) וילכו שניהם יחדו אל המחנה
וישאל אלכסדר עצה מתלמי וירשהו (7) ללכת וילכו דרך הרים ורכסים גבוהים
עד לב השמים והיה כבד (8) מאד עליתם והיו מכונים דידאלוס ועל ההרים האלה
עצי ארז ושטה (9) עצומים ופירות נפלאים ובהם כרמים נושאים אשכולות ענבים
(10) גדולים אשר לא יוכל כל בן חיל לשאת אחד מהם ובהם פירות אגוזים (11)
ועוצם גופן כאתרוג הגדול וכגשת קנדאלש למדינת אמו קדם אליה (12) מלאך
מן האנשים אשר עמו וכאשר שמעה כי הוא בא אליה ואנטיקון (13) טפשר
אלכסדר עמו ציותה את שאר בניה וכל צבאה לצאת לקראת{ם} (14) בכבוד
גדול ותלבש בגדי מלכות ותשם עטרה על ראשה* ותשב (15) על כסא זהב נוכח
שער המדינה* נשא אלכסדר עיניו וירא את המלכה (16) נשאה חן בעיניו ותבט
אליו המלכה ותכירהו כי הוא אלכסדר אולם (17) לא גלתה לבן אדם* ותקם מפני
אלכסדר ותקחהו בידו ותביאהו אל (18) בירתה ותשב עמו במושב מלכותה*
והמושב קירותיו וספונו זהב (19) סגור ורצפת אודם פטדה ובו תבנית נאות
ממולאות וצבעונים (20) יקרים מעלות המושב דר ירקרק כעין אבן פטדה מיחל
בפנינים (21) ובמעלות חקוקות צלמי תמונת הפילים והסוסים ורוכבים עליהם
(22) כעין פרשים והיתה מושלת בתוכו גלות מים מתוקים נובעים על (23) שטח
הפנינים והאבנים יקרים ועומדים אל שתי צלעות הגולה* (24) ותצוה המלכה
לערוך המאכל ויביאו שולחנות הובניס והעץ נקרא (25) צנדל בלשון הגרית*
והעץ ההוא מהודו ועליהן קערות פטדה (26) וגביעי אבן השהם ומהם גביעים
חרושים מאבני אודם ותאכל (27) המלכה עם אלכסדר במושב ותחזק בו המלכה
ללון עמה בלילה

Candaulus' wife and returned her to her husband. The young man bowed down to Alexander and he praised and thanked God and him. He said to him: "I am on my way to my mother to visit her. If you would go with me to her, I shall repay you all you have done for me." It seemed right to <Alexander> to go with him in order to see his mother the queen, because he had heard the fame of her beauty and he said: "I shall go, still, I cannot go with you until I get permission from Alexander." They went both to the camp, and Alexander asked advice from Ptolemy, and he gave him permission to go.

They went along high mountain ridges to the middle of heaven, and it was very arduous to climb upon them, and these were the Didalos mountains with huge cedar trees and acacia plants upon them and miraculous fruit and vineyards and huge clusters of grapes which could not be carried by one strong man, and nuts as large as the big citron. When Candaulus approached the city of his mother, he sent on to her a messenger from among his men. When the queen heard that he was coming to her with Antigonus, Alexander's officer, she ordered her other sons and her entire army to greet them with great honour, and the queen dressed herself with royal garments and put the crown on her head, and sat on the golden throne opposite the gate of the city. Alexander lifted up his eyes and saw the queen, and it pleased him. She looked at him and recognized him as Alexander, but she did not tell it to any of her men.

She stood up and took Alexander by the hand, and brought him into her palace and she sat with him in her royal residence. The beams and ceiling of that residence were pure gold and the floor of the residence was spread over by carnolean and topaz with wonderful images, bedecked precious colours. The stairs of the residence were of greenish stone like topaz decorated with pearls, and upon those stairs images were engraved of elephants and horses with riders on them. Within it ran a stream of fresh water, flowing over a floor of pearls and jewels, standing on both sides of the stream. The queen ordered dinner to be arranged, and they brought tables of ebony which is called *sandal* in Arabic. That wood <comes from> India. On them stood bowls of topaz and goblets of onyx. Some goblets were made of carnolean. The queen ate together with Alexander in the residence and she urged him to spend that night with her.

(1) ויהי בבקר ותבוא המלכה ותמשכהו ביד ימינו ותביאה אל ערש זהב (2) אשר יושבת בו בטוב לבה עליו אבנים יקרות מאבני אודם והיו מתנוצצות (3) כשמש ומרגלות הערש הזאת הובניס וצנדל עומדים על גלילים אשר (4) מושכים אותם כ׳ פילים והמלכה ברצותה להשתעשע בפרדסי בירתה (5) היתה מצוה להביא פילים למשוך על רצפת הבירה וכשבתה עם אלכסד{ר} (6) על הערש צותה ויביאו הפילים למשוך הגלילים ויעתק הערש ממקו{מה} (7) עם שניהם וכראות אלכסדר תנועת הערש אשר הוא יושב עליו נפלא (8) מאד בעיניו ויאמר לה אלו ראו זאת במדינות יון נחשב להם ליקר ולתפ{ארת}* (9) ולא היה אז עמהם איש זולתם ותאמר לו אמת דברת אלכסדר כי זה (10) היו חומדים ומפארים יען לא ראו מימיהם אולם אינו נחשב לנו כל כך (11) וכשומעו בקראה אותו בשמו נחפז ונבהל ותפול עליו חרדה גדולה (12) וכראותה כי נשתנו מראה פניו אמרה לו מדוע יר{י}את ותפחד בשמעך את (13) שמך ויאמר אליה כי השם אינו שלי כי אנטיקון שמי ותאמר לו אל תשכחני (14) אלכסדר כי לא יועיל לך לחשך ביום הזה* ועתה בא ואראך מאין ידעתי (15) שאתה אלכסדר* ותביאהו החדרה בית משכבה ותראהו הצלם אשר צלמו (16) חקוק בו* ותאמר לו הכר נא לצלמך הוא זה ויבט בו היטב ויכירהו וישתע (17) וינע לבבו והפחד החל בו ותאמר לו הוי מעריץ ממלכות ומכניע תחתיו (18) ממשלות פרס והודו וגובר על מדינות תובל וכוש ומפיל עמים חללים (19) לרגלים ומשפיל כל מלכיות הארץ לפניו מה תחזה כעת בתוקף עצמך כי הנך (20) היום ביד מלכות קנדאסיא איפוא גאותך ועברתך* ואיפה גבורתך וילדותך* (21) הלא ידעת כי בן אדם בשר ודם לא טוב לו להתפאר ולהתהלל כי לא ידע איך (22) יצעדו בו הזמנים והעתים* וכי מחשבתו תכחש* ועצתו תופר* ויוסיפו דברי{ה} (23) אל אלכסדר שברון ואימה עד אשר נקשו ארכובותיו זה לזה ושיניו חרקו ויסב (24) את פניו ויפן כה וכה וליחת פיו נראתה מעוצם כעסו ותאמר לו מה הליחה (25) אשר עלתה בפיך וחורי אפך בעברתך ולמה תיפן לימנך ולשמאלך הנך (26) היום בידי ותוקף מלכותך לא יועיל לך עתה* ויאמר אליה אלכסדר חרון אפי (27) על עצמי הוא כי אין חרב בידי ותאמר לו* ולו יש חרב בידך מה היית עושה*

**274a**

In the morning the queen pulled him by his right hand and brought him to the golden couch where she used to sit when she was in a good mood. On that couch were jewels of carnolean shining like the sun. The feet of this couch were of ebony and *sandal*, standing upon rotating platforms pulled by 20 elephants, pulling over the floor of the palace. When she sat with Alexander on the couch, she ordered the elephants to be brought to pull the rotating platforms, and the couch moved, while they were both on it. When Alexander saw the couch moving, while he was sitting on it, he marvelled at it exceedingly and said to her: "All this befits the Greeks, but not you; you can say what you like." He said: "If they were able to see this in the provinces of Greece, it would be considered as glory and splendour." At that moment nobody was there except them and she said to him: "You have spoken the truth, Alexander, because this is desired and glorified, when it has never been seen before, but we do not consider it thus." When Alexander heard her mentioning his name, he was horrified and he was seized by a very terrible trembling. When the queen saw his face changing, she said to him: "Why do you fear hearing your name?" He said to her: "This is not my name; I am Antigonus." She said to him: "Do not deny it to me, Alexander, because it will not be profitable to obscure it today. Now, come and I shall show you how I know that you are Alexander." She brought him to her sleeping-quarters, and showed him the board upon which his image was engraved. She said to him: "Please recognize, if it is your image." He looked at it well and recognized it and he got afraid and shook and feared.

She said to him: "Woe unto him who is the pride of kingdoms, who subdued the empires of Persia and India, who triumphed over the provinces of Tubal and Ethiopia, who made people fall slain at his feet and humiliated all kingdoms of the world before him. How do you see your strength now, being in the power of queen Candacis today? Where is your pride and your rage? Where is your might and your youthfulness? Did you not know that you are a man of flesh and blood? It is not good for him to extol himself and to glorify himself, because he cannot know what days and times will bring him. His plan will be annulled and his counsel cancelled." Her words added to Alexander's despair and fear until his knees were knocking and his teeth were grinding. He turned his face to all sides and foam appeared on his mouth because of his fierce anger and she said to him: "What is this foam coming upon your mouth? Why are you angry and wrathful? Why do you turn to your right and to your left? Now you are in my power and your royal authority will not help you." Alexander said to her: "My anger concerns myself, because I do not have a sword in my hand." She said to him: "If you had a sword in your hand, what would you do?"

(1) ויאמר עתה הרגתיך ואחר כך הרגתי את עצמי* ותאמר לו אמנם בתשו{בתך} (2) זאת הודעת חוזק ידך ותוקף לבך ובמשפט הנחילך האלהים גדולה וממשלה (3) מכל אשר היו לפניך* ועתה אל תירא ואל תחת אלכסדר כי הנך ביד אשה (4) אשר תעזרך* ולא תרף ידה ממך עד שובך אל מעגלתך מפני חסדך אשר (5) עשית עם בני והנה נפשי תחתיך לכל מי אשר יבקש לשלוח ידו בך ועתה (6) סתור עיניך כי כלתי בת פוור מלך הודו אשר פראכתור בני ל-א-ו ידעה אותך (7) לא נוצלת מידה* כי היתה הורגת אותך תחת אביה אשר הרגת והנני (8) מבליגה ומתאנה לך להצילך מידה* ועתה צא עמדי אל מושב המלכות ותקח{הו} (9) בידה ויצא עמה החדרה וכבר שב לאיתנו וייטב מראה פניו {והושיבהו} על ערש נכח (10) ערשה ותשלח ותקרא לשלשת בניה וקריאי אנשיה ותאמר אליהם דעו כי (11) אנטיקון זה עלינו לגמלו כחסדו אשר עשה עמנו ולכבוד מלך מלכים אלכסד{ר} (12) אשר שלחו אלינו ואני דורשת מאתכם לנהוג לו כבוד כמוני ולהדרו ולהרחיבו* (13) ויאמר אליה פראכתור בנה יודעת את כי אלכסדר הרג את פוור חותני ובתו (14) אשתי מבקשת לתת בידה אנטיקון להרגו תחת אביה* ותאמר לו לא נכון (15) לעשות כן ואין עליו משפט מות* אך עלינו לעשות עמו חסד ולא נהרגהו (16) פן יהיה לנו לשמצה* ויעמד קנדלא ויאמר לו דעה כי אנטיקון בא בע{י}רבוני (17) והנה נפשי תחתיו בעודני חי לבלתי יגש אדם לנגוע בו* השיבו פראכתור (18) אחיו לו חדלתני אותו כי עתה הרגתיך והוא עמך* וירבו הדברים ביניהם* (19) וכאשר ראתה המלכה גערה בהם ותהס אותם* ותאחז ביד ימין אלכסדר (20) ותביא אותו הבירה ותאמר הלא -א- דברתי אליך לאמר כי רוחי עליך* ועתה (21) הבה עצה ודבר הלם* ויאמר לה לכי והעמידני לפני בניך המריבים עד (22) דברי עמהם ותעש כן* וכאשר בא אליהם לאמר* דעו כי מותי לא יחשב (23) לאלכסדר למאומה* כי היום בחילו אלף איש במקומי* אכן הנני אשיא אתכם (24) עצה אשר תמלא רצונכם ואני את נפשי אציל* ועתה תאמינו לי עד (25) שובי לאלכסדר* ואני אשבע לכם בכל עומק שבועה אשר תרצו* ואעידה (26) לכם כרצונכם להעמיד אלכסדר לפניכם ותעשו בו כטוב בעיניכם ותאמר לו (27) היטבת לדבר ותסב פניה אל פראכתור ויאל אלכסדר כל אלה חזקה כי

## 274b

He replied to her: "I would kill you and afterwards kill myself." She said to him: "By your answer you have shown your strength and power and God has rightly bequeathed to you greatness and kingship more than to any of your predecessors. Now, do not fear and do not tremble, Alexander, because you are in the power of a woman who will help you. Be not discouraged from returning to your circle because of your favour which you showed to my son. Behold, I protect you from anyone who wishes to attack you. Now, conceal your matter, because my daughter-in-law is the daughter of Porus, the king of India, who <is married to> my son Carator. If she knew about you, you would not be saved from her, because she would kill you <to avenge> her father whom you have killed. I shall pluck up courage and protect you to save you from her hand. Now, go with me to the royal residence."

She took his hand and went forth to the chamber. He recovered and was pleased by her beauty. She placed him upon a couch opposite her couch and she called for her three sons and her notables and she said to them: "You must know that we have to favour this Antigonus for all that he did for us and in honour of the king of kings, Alexander, who has sent him to us. I demand from you that you honour him like me and extol him and gratify him." Her son Carator said to her: "You know that Alexander killed my father-in-law, Porus, and his daughter, my wife, implores you to give her Antigonus so that she may kill him <to avenge> her father." She said to him: "It is not correct to do so and he is not guilty of death; we have to favour him, and we shall not kill him, lest we be defamed." Candaulus rose and said to him: "Be it known to you that Antigonus came under my protection; upon my soul, as long as I live nobody will touch him." His brother Carator replied: "Leave him to me, otherwise I shall kill you and I shall kill him with you." They went on arguing.

When the queen saw their rebuke, she silenced them. She took Alexander's right hand and brought him to the palace. She said: "Did I not say to you that I <risk> my life for you, now, here with your advice and sensible talk." He said to her: "Go and put me before your quarelling sons and I shall speak to them." So she did. When he had come to them, he spoke to them as follows: "You must know, O kings, that my death does not mean anything to Alexander, because in his army there are thousand like me. Nevertheless, I shall advise you how you may fulfil your wish and how I shall save my life. Believe me until I return to Alexander, and I shall swear any solemn oath you like. I testify to you in accordance with your wish to produce Alexander before you. Then you can do with him as you please." She said to him: "You have given very good counsel." She turned her face to Carator. Alexander swore every solemn oath

(1) אלכסדר יעמיד לפניו במעמד ההוא ותצו בנה קנדלש ללכת עמו עד באו אל (2) חיל אלכסדר ויצאו מעמה ללכת אל מעגלות אלכסדר וילינו בלילה בתוך מערה (3) אחת ויאמר קנדלש לו המערה הזאת מדמים חכמינו כי האלוהות ירדו שם (4) לאכול והיא מערה טהורה* והמעתיר שם מתקבל* ויבא אלכסדר אל תוך המערה (5) ויפלל שם וימצא בתוכה ענן וערפל* ובתוך הערפל כוכבים מאירים ומול (6) הכוכבים עומדים מלאכים וביניהם מלאך עצום ונורא ועיניו מנוצצות -כעין- (7) כניצוצת השמש* ויחרד אלכסדר בהביטו אל המלאך* ויאמר המלאך שלום עליך (8) אלכסדר ויען לו אלכסדר ויאמר מי אתה האלוה ויאמר לו אני קשיש המושל (9) אל כל קצות הארץ* ובהיותי עמך גברת על כל ממלכות עד אשר לכדת ממשלו{ת} (10) הרבה מכל המלכים אשר היו לפניך ואני הייתי לך לעזרה בבנותך המדינה (11) אשר קראת על שמך* אחר כן נראה אליו במקום ההוא מלאך אחר אשר (12) מראהו נורא מאד יושב על כסאו ויאמר אליו מי אתה האלוה השיבו לי אוריקול (13) הנקרא סרפיס אשר האלוהות מרהיבים אותי וכל היצורים נשענים עלי ואני (14) העמדתיך בארץ הלוכים והנני נראיתי עליך במדינות האלה ויאמר אליו אלכס{דר} (15) אני מתחנן אליך האלוה סראפיס שתודיעני יום מותי* השיבו לא יתכן להודיע (16) לשום אדם את יום מותו פן יעמידם ויחלישם מבלתי עשות עבודת העולם (17) הזה אשר עליהם ולכן לא אוכל להודיעך הדבר הזה כי לא תורה עליו החכמה (18) אולם אודיעך כי המדינה אשר בנית על שמך יהיה לך מבצר ותוקף עצום (19) וילחמו עליה מספר מן המלכים אחריך ובמדינה הזאת תהיה קבורתך* וכאשר (20) כילה סרפיס מדבר נעלה הענן והערפל אשר נראה לאלכסדר נעלם מעיניו המראה (21) אשר ראה וכעלות השחר נסע אלכסדר עם קנדלש עד בואו מחנהו ויצו לתת (22) לקנדלש מלבושים יקרים ומתנות וישלחהו וילך אל עירו* אחר כן נסע אלכסדר (23) משם עד בואו במשעול צר בין שני הרים ובמשעול ההוא פתנים עצומים (24) ולהם קרניים בראשם ובקצוות הקרניים אבן מזהירה כזוהר אבן תרשיש ובמקום (25) ההוא אילנות הקצח ופרי הנקרא בלשון הגרית אלסנדרוס אשר היו פתנים נזוני{ם} (26) מהם* ויעתק משם אל מקום אחד קרוב לו ויפגע שם בהמות עצומות ופרסותיהן (27) שסועות כפרסות החזיר* ואורך כל פרסה מה׳ ג׳ אמות והיו הבהמות ההם כראשי

**275a** 137

to bring Alexander right there before him.

She ordered her son Candaulus to accompany him until his arrival at Alexander's camp. They went away from her to the circle of Alexander and they spent the night in a cave. Candaulus said to him: "Our sages believe that the gods descend into this cave to eat. This is a pure cave. Whatever request someone makes is granted." Alexander entered the cave and prayed there, and clouds and fog appeared there. In the fog were bright stars and opposite the stars angels were standing and among them one large fearful angel with eyes shining like the sun. Alexander was terrified when he watched the angel. The angel said: "Peace unto you, Alexander!" Alexander replied: "Who are you, O god?" He answered: "I am Sesonchosis (the Ancient), who rules over the corners of the world. I was with you to conquer all kingdoms so that you reigned over more than all kings before you. I shall aid you, when you build the city which bears your name." After that another very fearful angel appeared at that place, sitting upon his throne. He said to him: "Who are you, O god?" He replied: "I am the oracle called Serapis. All gods pay homage to me and all creatures depend upon me. I have put you in the land of the Libians and I appeared to you in these lands." He said to him: "I implore you, O god Serapis, to tell me when I shall die." He replied: "It is not proper to tell people when they will die, lest they stand still and become weak and do not perform their work in this world to which they are assigned. Therefore I cannot inform you about it, because it is not the doctrine of wisdom. However, I inform you that the city which you built and which bears your name will be a very strong fortress and a number of future kings will wage war against it. In this city you will be buried." When Serapis had finished speaking, the clouds and fog were lifted and the vision that Alexander saw disappeared from his eyes.

At dawn Alexander marched on with Candaulus until he arrived at his camp. Alexander gave orders for Candaulus to be given precious garments and gifts, and he sent him away and <Candaulus> returned to his city.

Alexander marched on from there until he came to a narrow path between two mountains, and on that path there were large vipers with horns on their heads. At the ends of their horns were stones shining like topaz. There were also fennel trees and fruit called *palisander* in Arabic from which the vipers nourished themselves.

He departed thence to another place nearby, and he encountered huge animals cloven-hoofed like pigs, and the length of each of their hoofs was three cubits, and those animals had <pigs'> heads

(1) וזנבים כזנב האריה ועל ההרים אשר סביב למקומות האל פרסים עצומים (2)
כעצם העזניה* והיו הפרסים ההם מכים בכנפיהם את פני הפרשים והרגו (3)
מאנשי החיל מספר רב* ויצו אלכסדר המלומדים בקשת מאנשי הצבא (4) לירות
החצים נכח העופות ולקלע באבן בפני הבהמות* ובתאנה הזאת (5) סרו מתוך
החיל אחרי אשר הרגו מהם מאתים וח׳ רגלי* ויסע (6) משם וילך עד פגעו יאור
רחבו כ״ב מילין וחצי* וסביב ליאור ההוא קנים (7) אחרים ועבותים* ויצו
אלכסדר לכרות הקנים ולעשות מעבר לעבור בו אל (8) היאור ההוא וכשמוע
השכנים במקום ההוא בעלות אלכסדר אליהם שלחו (9) אליו מנחה מדגי הים
טובים וחפצים יקרים ממדינותיהם מהן קערות (10) דר ירקרק נושאת קערה אחת
מהן ג׳ הינין מטעמים* ומהם שני הינין* (11) ומלבושי עורות הדג הנקרא לאל
מהרים* ובים ההוא דגים כזבובים טוב (12) טעם אשר לא ימצא בכל הדגים טעם
טוב ממנו* והיו לשם אילנות תותי{ם} (13) עצומים משקל התות הא׳ ר״ן
ליטרין* וסביב לקנים ההם היו שוכנות (14) נשים יפות תואר ופרע -ראשן- שערן
עד שוקיהן* לולי שהיו להן שיניים (15) כשיני החזיר והכלבים* וכתופשם בן
אדם היו מחזיקות אותו לעצמן* (16) ולא היו מרפים ממנו עד מותו* ויצו
אלכסדר להרוג כל הנמצא מן הנשי{ם} (17) ההן* ויעתק מן האור ההוא עד
בואו אל שפת ים אוקיינוס הסובב את (18) כל הארץ* ויגיע עד קצה מקומו אשר
חושבים האנשים כי בריחי השמי{ם} (19) הנקראים קוטבים סומכים לשפת הים
שם* ויפגע על שפתו השנית טירו{ת} (20) בצורות* ובנינים ומגדלים גבוהים
אשר היו ממצב ארכלוש המקדוני* (21) ויצו אלכסדרוס להחריב את הכל
וישימם תל עולם* אחרי כן הלך (22) הלוך ונסוע אל חוף הים וירא אי קרובה מן
היבשה ובה נשים מדברו{ת} (23) בלשון יון* ויצו אלכסדר מקצה החיל לעבור
עליהן במשוט ולשאול את (24) עניינם וישליכו עצמם מאנשי החיל אל תוך הים
לשוט אל האי ההוא (25) וינערום בתוך הים סרטנים עצומים אשר היו על השפה
ההיא בים* (26) וכראות אלכסדר נעתק מן המקום ההוא אל מדינה ושמה
מנא-פר-ס מנאפרס (27) ואנשי בעלי החיל ויצא אליהם משם ריבוא רגלי*
וחמשים ריבוא

and lions' tails. On the mountains surrounding those places were huge vultures like the osprey, and these vultures were hitting the faces of the horsemen with their wings, killing a large number of soldiers. Alexander commanded the bowmen to shoot with their arrows at the birds and to throw slingstones at the animals. Upon this <occasion> they turned aside, but not after they had killed 208 foot-soldiers.

He marched thence and came to a river, about twenty-two- and-a-half miles wide. Long, thick reeds surrounded the river and Alexander commanded <his men> to cut the reeds and to make a passage for crossing over that river. When the inhabitants of that place heard that Alexander was marching against them, they sent him a gift consisting of good fish from the sea and precious things from their provinces: bowls of greenish pearl, each bowl carrying three hin of delicatessen; some of them contained two hin, and four garments of skins of so-called sea-calfs. In that sea swam fish like flies. They had a very good flavour; a better flavour cannot be found among any other fish. There were huge mulberry-trees; the weight of these mulberries was 250 litres. Around those reeds lived beautiful women with their hair down to their hips and with pigs' and dogs' teeth. When they seized a man, they held him and did not let him loose until he died. Alexander ordered all the women found to be killed.

He marched from that river until he arrived at the shore of the Ocean that surrounds the entire world. He reached the place that people consider to be the axes of heaven. They are called poles, stuck into the sea-shore there. He found on the opposite shore fortified castles and buildings and high towers, founded by the ancient Hercules, and Alexander ordered <his men> to destroy them all and to ruin them for ever.

Afterwards he went on and traveled along the sea-shore and he saw an island close to the continent, on which there were women speaking the Greek language. Alexander ordered some of his troops to cross over to them in paddle-boats in order to become informed about them. The soldiers threw themselves into the sea to paddle to that island, but huge crabs which live on the sea-shore scared them off.

When Alexander saw this, he departed from that place to a city called Manardus, whose people are valiant. He set out from there with 10,000 foot-soldiers and 50,000

(1) פרשים ויערכו עמו מלחמה חזקה עד אשר נפלו חללים הרבה משתי
המער{כות} (2) ותעז יד צבא אלכסדר* ויערכו מלחמה שנית עד אשר נפלו
המנא פרסים (3) בן רגלי הצבא* וישבו את מלכם ושמו קלמוס* ויצו אלכסדר
לשורפו באש* (4) וכאשר נגע בו האש הרים את קולו ויאמר דע אלכסדר כי עוד
מעט ואתה (5) תהיה עמי* ויבן אלכסדר כי קוצר ימיו מודיעו* ויסע משם לבוא
בתוך (6) המדינה ההיא ויחשוב כי חרבה היתה מרת החללים אשר הפיל ממנה
ויעבור (7) בראש אנשי הצבא ויבא במדינה טרם צאת אנשי העיר אליו* וימצאו
שם (8) מספר רב מן הפרשים ושלופי חרב וילחם עמם הוא לבדו וישען אל בירת
(9) החומה להתעצם בו בלתי יוכלו לצאת אליו מאחריו ויסב את פניו
הנלחמי{ם} (10) מעל לחומה וילחם בה לבדו ויורה אליו אחד מאנשי החומה
בחץ נגד לבו (11) ויקבל הוא בידו החץ ויבא בתוך חיל המדינה וירץ אל הרובה
בחמת כוחו (12) ויהרגהו עד אשר הגיע צבאו לבוא וישמעו את קולו בתוך
המדינה* (13) וימהרו להכנס בתוכה ויהרגו כל הנותרים שם מאנשי המלחמה*
ויסע משם (14) ויפגע אי בין שני יאורות והיו באים אליו אל מעבר צר בין שני
היאורות* (15) ושם האי מפיארבהה* ויצבאו גבורי האי ובהם רובים אשר מורים
בחצי{ם} (16) בלולים בסם המות ויהרגו המון מהחיל* וילן שם אלכסדר על
שפת המעב{ר} (17) בלילה ההוא* ויחלום והנה האליל אמון נראה אליו ויאמר
לו לא תירא מן (18) החצים האלה ועתה קח מהעשב אשר במקום הזה לפניך
והשקת ממימיו כל (19) חללי המלחמה ותשוב נפשם אליהם ויחיו* ויהי בבקר
שב אלכסדר להלחם (20) שני באנשי האי ויצו את החלוצים לקחת מן העשב
אשר הראהו האליל* (21) ויעשו כן וכאשר היו נפגעים בחצים טועמים מן
העשב וחיים* ובדבר (22) הזה הבקיעו את העיר ויהרגו כל אנשים ויחריבוהו*
ויעתק משם עד (23) בואו בראשית ים סוף שהוא ים הגדול האדמדם ויחן
בתחתית הר (24) אשר שם ויעל אלכסדר אל ראש ההר וימצא שם מן העוף
הנקרא פרס (25) ויצו לצוד מהם בכל אשר תמצא ידם וברדתו מן ההר ציוה את
האומנים (26) להציב לו כסא ברזל ולעשות לו עמודים גבוהים אשר יכול לשבת
בכסא (27) ולאחוז בעמודיו ולתלות מן העמודים שרשרות ברזל ולעמוס קצות
מהשרש{רות}

## 276a

horsemen, and they engaged in a fierce battle until many were slain of both camps. However, Alexander's army prevailed. They waged a second war until all the people of Manardus were overrun by Alexander's army, and they captured their king, called Calamus. Alexander ordered <his men> to burn him with fire, and when he drew near the fire he lifted up his voice and said: "You must know, Alexander, that in a little while you will be with me." Alexander understood that he told him about the shortness of his own life.

He marched on thence into that city and he thought that it was in ruins because of the many slain in it. He marched at the head of the soldiers and entered the city, but before the men of the city set out to him they found a few horsemen and swordsmen. He fought with them alone and leaned against the city wall as an enforcement so that they would not come behind him, and he turned his face to the fighters from the wall and he fought against them alone. One of the bowmen of the wall shot an arrow at his heart, and he caught the arrow with his hand. The army arrived at the city and he ran to the bowman in true strength and killed him. When his army entered, they heard his voice in the city and they hurried to get in, and killed all surviving soldiers.

He marched thence and came across an island between two rivers, and they could get at it via a narrow crossing-place between the two rivers. The name of the island was Minerva, and the soldiers of the island engaged in battle, and among them were bowmen who shot arrows, tipped with deadly poison and they killed many soldiers. Alexander spent the night on the bank of the crossing-place. In a dream the god Ammon appeared to him and said to him: "Be not afraid of these arrows. Take from the herb of this place and pour its juice on all the slain and their spirits will revive and they will live." The following morning Alexander returned to a second battle with the people of the island and he ordered the armed men to take the herb which the god Ammon had shown to him. So they did and when they were hit by the arrows, they tasted from the herb and stayed alive. Thus they breached the city and killed all its people and ruined it.

He departed thence until he arrived at the beginning of the Sea of Reeds, which is the large Red Sea, and he encamped there at the foot of the mountain which was there. Alexander climbed to the top of the mountain and he found there a kind of bird called vulture, and he ordered <his men> to hunt them with anything they had. When he descended from the mountain, he ordered the craftsmen to construct for him an iron seat and to make high poles so that he could sit in the seat and hold its poles, and to hang iron chains from the poles and to connect the ends of the chains

(1) על הפרסים ויערוך עמו ויכין לכסא בריה ומזון* וכאשר נקשרו רגלי (2) הפרסים אל השרשרות ההמה פרשו בכנפיהם ויעופפו וישאו את הכסא (3) עמהם ויעלו מעלה מעלה קרוב לשמים* ויבט אלכסדר למטה ממנו והארץ (4) נראתה כמין כדור* ובהביטו אל הארץ נשבה רוח סערה ויעופפו הפרסים (5) לעלות ולא יכלו לעופף עוד ויורידם הרוח ויפול הכסא אל מקום שמו הבקע{ה} (6) הכרותה ובין חיל אלכסדר מהלך י׳ ימים* וייגע אלכסדר בדרך מאד* ויגע (7) אל חילו אחרי התייאשם מתשובתו אליהם* ויהללו האלהים אשר הצילו (8) בדרך* ויהי ככלותו -בדרך- לעשות את התואנה הזאת* שב להתאנות (9) איך יבוא בתוך הים עד התהום* ויצו ליודעי אומנות לעשות כלי זכוכי{ת} (10) להציל לו תיבת הזכוכית המזהיר למען יבא בתוכה ויעשו כן ויבא (11) בתוכה ויצו לקושרה בעבותי פשתן ולתלותה בהם ויתן העבותים (12) ביד רוזניו ויצום להורידו אל תוך הים ויהיו העבותים בידיהם עד אשר (13) ע{ח}תה להם וישליכו את התיבה אל תוך האדמדם ואלכסדר בתוכה עד (14) אשר נשקע אל תהום ויפן ויבט שם בעלי חיים נוראים* ומיני הדגה (15) וההבהמות העצומות אשר נפלאו מאד בעיניו* וגם אילנות ופירות (16) אשר רועים בהמות הים מהם ולא ספר אלכסדר מצורות בעלי החיים (17) ההם ותבניתם בלתי מעט מהרבה כי אמר פן יהרסהו שומעיו ויסיבוהו (18) וכאשר הגיע עתו אשר התנה לעבדיו העלוהו מתוך הים וישב אל (19) מחנהו* ויעתק עמהם וילך הלוך אל חוף הים האדום* ויבוא אל מקום (20) אשר פגע בהמות והיו להם קרנים במצחם* והקרניים ההם מלוטשים (21) כחניתות המרוטים* ואשר נגחו בקרניהם אלה מן הפרשים החמושי{ם} (22) נקבו השירינות אשר עליהם ויפילום מעל סוסיהם מתים ארצה ויתגברו (23) אנשי החיל להלחם בבהמות האל ויהרגו מהם ח׳ אלפים ות״ן בהמה במספר* (24) ויעתק משם אל יער שצומח בו הכסף השחור וימצא שם פתנים גדולים* (25) ולהם קרנים כקרני האקו והיו נוגחים בהם כל הקרב וימיתו מאנשי החיל (26) מספר עצום* ואנשי החיל הרגו מהם כאשר יכלו* ויעתק משם (27) ויפגע במקום חיות נוראות ושמם בשפלוס וראשיהם כראשי הסוסים

with the vultures. He arranged and prepared in the seat a place for provisions. When the feet of the vultures were chained, they spread out their wings and flew and they carried the seat with them and they ascended very high, close to heaven. Alexander looked down to the earth which appeared to him as a kind of globe. When he watched the earth a stormy wind blew and the vultures wanted to get higher, but they could not fly any further. The wind made them descend, and the seat fell down on a place called the Hewn Valley, at a distance of ten days from Alexander's army. Alexander was exhausted from the journey and he reached his army after they had already lost hope of his return. They praised God who had saved him during the journey.

When he finished performing this trick, he found a cunning way how to descend to the depths of the sea. He ordered his craftsmen to make glass for a casket of bright glass so that he could get in. So they did, and he got in and he ordered them to connect it with flaxen ropes and hang it in them. He put the ropes into the hands of his officers and he commanded them to bring him down into the sea. They held the ropes in their hands until <the moment he had told them>, and they threw the casket into the Red Sea with Alexander in it until he sank down to the depths. He turned and watched there terrible animals and kinds of fish and huge beasts which were marvellous in his eyes and also trees and fruit among which the sea animals were pasturing. Alexander told very little about the shape and appearance of these animals, for he said that his listeners would <attack him> and declare him to be a liar. When the time had come that he had indicated to his servants, they pulled him up from the sea and he returned to his camp.

He departed with them and went along the shore of the Red Sea. He arrived at a place where he encountered beasts with horns on their foreheads. These horns shone like polished, sharpened spears, and they gored with their horns some of the armed horsemen and they pierced their armour plate and they made them fall dead from their horses, on to the ground. The soldiers took the courage to fight against them, and they killed 8450 of them in number.

He departed thence to a forest where black peppercorn grows, and he found there big vipers with the horns of a wild goat, who struck everyone who approached <them>. They killed a large number of soldiers, but the soldiers killed them as much as they could.

He departed thence and encountered at some place terrible beasts called Cynocephali, with heads of horses

(1) ולהם גויות עצומות ושינים ארוכים ובהתנפחם יוצאים מנחיריהם שביבי (2) אש ושורפים כל אשר סביבם וימיתו בנשימתם מן החיל מספר גדול* ויבואו (3) אנשי הצבא בתוכם כאיש אחד ויהרגו מהם רבים והנשארים הרה נסו* (4) ויעתק משם ויעבר יאור משפתו אל שפתו ויצאו עליה מן הארץ ההיא שרצי{ם} (5) גדולים כעוצם גורי הכלבים והיה לנמלה מהם ו׳ רגלים ושיניה כשיני הכלבי{ם}* (6) ועינם שחור ותהרגנה הנמלות מספר רב מבהמות החיל* והיו הנמלות חופרו{ת} (7) הזהב מן האדמה ושוטחות לשמש* וכאשר יגש אדם אל הזהב לקחת לו ממנו (8) נושבות אותו ומת מחמתו* ויסע משם וילך דרך חריץ בין שני הרים גבנונים* (9) ועליהם אנשי שדה עצומים* וגוייתם כבני ענק ועין אחד ביניהם בתוך (10) מצחם וילחמו בחיל אלכסדר מקצות היום עד גברו עליהם אנשי החיל ויבריחו{ם} (11) וילך אל אי -הים- קרוב לשפת הים ובו שוכנים אנשים אשר אין להם ראשים* (12) מכתיפם ולמעלה ועיניהם ופיותיהם בקרביהם ואורך כל אחד מהם י״ב זרתות (13) ורוחב גוייתם ז׳ זרתות ועינם כירקרק חרוץ ובו בהמות כתואר הסוסים (14) ורגלי כרגלי החיות ואריות קומתם ו׳ זרתות* ורוחב גוייתם י״ב זרתות (15) וילך לפנים היער ההוא ויפגע שם בריאות בתואר בני אדם ולהם שוקיי{ם} (16) ארוכים ושחורים ואורך השוק כי״ב שוקי שאר בני אדם* והגוף אורכו (17) כ״ו שוקיים וזרועותם צחים ורגליהם אדומים* וראשיהם עגולים* ונחיריה{ם} (18) ארוכים ועבים* ויצא מתוך האי ההוא ויחן בבקעה רחבת ידיים ויעמוד שם (19) ימים מספר כי סוסו בוספאל חלה חוליו עד נטה למות וישאר אלכסדר במעגל{ה} (20) ההוא ויחל אולי יקל מעליו חוליו ולא נעתק משם עד מות הסוס* ויחר לו מאד (21) כי היה לו עזרה פעמים רבות ממלחמות חזקות* ולא יכול אדם לרכוב עליו (22) זולתי אלכסדר ובמות הסוס ציוה אלכסדרוס לקוברו ולהציב על קברו מצבה (23) ויבן מדינה וקרא שמה בוספלייא על שם הסוס* ויסע משם וילך אל מקום (24) ידוע במאלטמה ויובילו אליו אנשי המקום מנחות ה׳ אלפים פילים ומאה (25) אלפים עגלות נושאות מיני מגדנות וזמרת הארץ* ויעתק משם עד בואו (26) בירת ארתחשסתא המלך וימצא בתוכה כלים נפלאים ומשכיות נפלאות* (27) ובניינים נפלאים ובחדר הבירה עופות לבנים כעין בני יונה אשר היו

and huge bodies and long teeth. When they were breathing flames came out of their nostrils, burning everything around them. Many soldiers were killed by their breath. The soldiers went forth together against them and killed many of them; the others escaped to the mountains.

He departed thence and passed over a river from bank to bank, and large reptiles came out of the earth very much like dog puppies and the ants among them had six feet and dogs' teeth and a black eye. The ants killed many strong beasts. The ants were digging up gold from the ground and spreading it in the sun. If a human being came near to take some gold, these ants would breathe at him and he would die from the heat.

He departed thence and went through a valley between two steep mountains on which tall people of the field lived, with bodies of giants and with one eye in their forehead. They fought against Alexander's army for some part of the day until the soldiers overpowered them and caused them to flee.

He departed to an island near the sea-shore, where people lived without heads from their shoulders and above it. Their eyes and their mouths were at their breasts, and they were twelve spans long and their bodies seven spans wide. Their eye was completely greenish, and there were also beasts like horses with the feet of wild beasts and lions, and their stature was six spans and their bodies twelve spans wide. He went on in that forest and found creatures like humans, with long, black thighs, and their thighs were twelve spans <longer than> the thighs of humans. Their bodies were twenty-six <spans> long. The thighs and their arms were bright and their feet were red, and their heads round and their nostrils long and thick.

He went from that island and encamped in a wealthy valley and stayed there a few days, because his horse Bucephalus became ill and was about to die. Alexander stayed in that environment and waited, because the horse could maybe recover from his illness. He did not depart thence until his horse died. Alexander was angry at himself, because the horse had helped him so many times in heavy wars, and this horse had never been ridden by anyone else but Alexander. When he died, Alexander commanded <his men> to bury him and to erect a tombstone above his grave. He built a big city and called it Bucephalia according to the name of the horse.

He departed thence to a place known as Al-Ma wa-l-Shams. The people there brought to him presents like 5000 elephants and 100,000 charts carrying choice fruit and products of the land.

He departed thence until he arrived at the palace of king Artaxerxes, and he found there precious vessels and wonderful images and fine buildings. In the inner room of the palace were white birds like doves,

(1) יודעים ומכירים כל החולאים הבאים עדיהם היחיו החליים אם לא אשר (2)
היה בין החיים מחזירים פניהם אליו ומביטים בו ומיקל מחליו וחי ואשר (3) היה
בן מות מחזירים מאחריו ומת* ויסע משם עד באו בבלה ויפגע (4) בדרך פתנים
ולהם שני ראשים* וד׳ אזנים* וארבע עינים* ומוצצות (5) בשביבי אש ויפגע
עוד שם בהמות כתואר הקופים ולהם שמונה (6) רגלים* וח׳ עינים* ולהם קרניים
בראשם* -והממנגחות- והמנגחות אותו (7) בקרניהם כמת פתאום* וכבא
אלכסדר מדינת בבל מלאכי כל הממלכות (8) מוחילין אותו במסים ואשכרים
מהם מלאכי קרתניאה* ומהם מלאכי (9) אפריקייה וספרד* ומלאכי לומברדייא*
ומלאכי עיי צקלייא וסראקניא (10) ושאר מדינות מערב כי בגדולת שולטנות
אלכסדר והדרו נכנעו כל הממלכות (11) לפניו ויצאו לבא תחת ממשלתו ולסור
אל משמעתו ולהתברך בשמו* (12) וכבואו בבלה ציוה לכתוב אל אנפריוש אמו
ואל אריסטוטוליס רבו אגרת (13) לספר להם כל הטובה אשר עשה לו האל* ואיך
הכניע לפניו הממלכות* (14) וערך המלחמות אשר נלחם בארצות הודו וכוש
ומספר הגדוד אשר (15) קרה וגדודי חיות הנוראות אשר פגע בארצות והצמחים
והאילנות (16) הנפלאים אשר ראה וכבא איגרתו להם השיבו אריסטוטוליס
באגרת (17) כפתשגן הזה* אל מלך מלכים אלכסדר מאת אריסטוטליס צעירו
ועבדו (18) דברי שלום ואמת* הן נפלינו מאד מדברי האגרת מרב האותות
והמופ{תים} (19) אשר עיניך ראו והיד החזקה אשר היתה לו מאת האלהים
וממשלתו (20) הגדולה והעצומה מכל אשר היו לפניו* ואני משבח ומודה אשר
עשה (21) עמך להפליא* אשריך המלך הגדול* ואשרי רוזניך וסרניך
המשרתי{ם} (22) את פניך תמיד ומביטים אל המסעות המתנוססות אליך*
ואמנם המשילך (23) במלאכים לא כחש אך צדק ואמת ונכוחה דברו* אחרי כן
ציוה (24) אלכסדר להציב תמונות זהב סגור* וקומת כל אחד כ״ה אמות ויצו
(25) לחקוק עליהם כל קורותיו ותולדותיו אשר מצאוהו ומספר הממלכות (26)
אשר השחית והערים והמדינות אשר משל עליהם* ויצג (27) התמונה אחת
בארצות שנער ושישך* והתמונה האחת

knowing and telling all ill people who came to them if they would recover from their illness or not. If he was among the living, they turned their faces to him and looked at him and he would be relieved from his illness and live. If he was about to die, they turned their faces from him so that he died.

Alexander departed thence until he arrived at Babylon. On the way he came across vipers with two heads and four ears and four eyes and <spitting> flames. There he also came across animals like monkeys with eight feet and eight eyes. They had horns on their head; when they gored someone, he would instantly die.

When Alexander came to the province of Babylon, messengers of all the kingdoms waited for him with tributes and donations. Among them were messengers from Carthage, from Africa and Spain, and messengers from Lombardia, messengers from the island of Sicily and Sardia, and from all the provinces of the West, because in the greatness of his rule Alexander had subdued the kingdoms and they went forth to come under his rule and to submit to his authority and to bless his name.

When he came to Babylon, he ordered a letter to be written to his mother Olympias and to his teacher Aristotle to tell them about all the good things that God had performed for him and how he had subdued before him the kingdoms, and about the wars he had fought in the lands of India and Ethiopia, and the number of armies he had encountered, and the herds of awful beasts he had met in their countries, and the plants and trees he had seen.

When his letter arrived, Aristotle replied him in a letter in this digest: "To the great king of kings, Alexander, from Aristotle, his youngest servant, true greetings. Behold, we were very amazed at the words of <your letter> because of the numerous omens and signs your eyes have seen, and because of the strong hand which <you> had from God and his great and mighty sovereignty more than anyone before <you>. I glorify and praise Him for doing miraculous things to you. Blessed be the great kings and blessed be your officers and commanders who served you for ever and watched on <your> travels the miracles, occurring to you. Surely, He has likened you to the angels, not <a man of> deceit, but of justice and truth and honestly speaking."

Afterwards Alexander ordered <his men> to erect images of pure gold, the stature of each one twenty-five cubits. He ordered <them> to engrave upon them his complete history as it had happened to him, and the number of kingdoms he had devastated and the cities and lands over which he had ruled. One of the images was set up in the lands of Sinear and Babylonia, and the other

(1) בארצות פרס* ובעת היותו בבלה ילדה שמה אשה ילד נפלא בצורתו (2) ויחתלהו בבגד ויביאהו אליו* והילד הזה מראשו ועד חלציו תארו כתואר (3) בני אדם אבל נתחיו העליונים כולם נחלשים ומתים ולא היה להם תנועה* (4) ומחלציו ועד רגליו כתאר בהמה ונתחיו התחתונים היה לו בהם תנועה (5) וחיים וכראותו הצורה קרא לכל כהניו וחכמיו ויראם אותו* וכראותו (6) הגדול שבכולם* צעק במר נפש ויאמר אמנם אדוני המלך הגדול הגיע (7) קצך השיבו אלכסדר איככה* השיבו כי חצי הצורה הזאת העליונית אשר (8) היא כתואר בני אדם ואין לה תנועה אות היא ועדות על מלכותך המתנהל (9) על מנהג האנוש אשר נחה תנועתו ותכלה ממשלתו* והחצי התחתוני (10) הננו דומה לתואר הבהמה אות היא על המלכים הבאים אחריך שידמו (11) בעצתם ובמעשיהם נגדך בדמות הבהמות וכשמוע אלכסדר דבריו (12) הורידו עיניו דמעות ויקרא אח* ויאמר כוכב הצדק מה מאד היטבת (13) לי הארכת חיי והוספת על ימי עד כלותי זמני טובות העולם ותכונותיו (14) אשר הוחלתי וציפיתי לעשות* ועתה אחרי העידות בכך אני מתחנן (15) אליך לתת אסיפתי אסיפה טובה ועריבה* ובמדינה אתיניא היה איש (16) מגדוליה ושמו אנסיבטרוהי ויתנכל להמיתו ולו אחים ובנים שרי צבאו{ת} (17) אלכסדר וגם הוא קרוב למלכותו ומשרת את פני אלכסדר ושר האופים והמשקי{ם} (18) אשר לו ושם בני אנסיבטרוס האחד יובאש* ושם השני אליאש ואנסיבטרוס (19) קנה סם המות מאחד הרופאים אשר בארץ מקדון ויתנהו בכלי ברזל (20) ויחתום עליו וישלחהו אל יובאש בנו ביד קלאנדרוס אחיו ויתנהו -בכלי (21) ברזל- קלאדרוס ליובאש ויצפנו עמו* ואלכסדר ראה בחלום הלילה כאלו (22) זה אנטיבטרוס מכהו בחרב אשר בידו וממיתו* וישלח בבקר ויקרא (23) לכל חכמיו ויספר להם החלום* ויאמר לו האחד חושב אני כי אנטיברוס (24) זה אינו שלם עמך והוא מרמה לשלוח ידו בך* ואלכסדר לא שת לבו אל (25) דבריו ובלילה ההיא הליץ אחד ממשרתי המלך על יובאש בן אנטיברו{ס} (26) על לא חמס* ויצו אלכסדר להכותו ויחר אף יובאש בצוותו להכותו (27) מבלי אשמה* ובקבל עלי דברי שקר ויתנכל להשקותו את הסם אשר

in the lands of Persia.

At the time that he was in Babylon, a woman bore a son of an amazing shape. They swaddled him in a garment and brought him to <Alexander>. This child was from his head to his loins like a human being, although his upper part was paralysed and dead and without movement. From his loins to his feet he was like a beast and this lower part of him below was moving and alive. When Alexander saw this shape, he called for his priests and sages, and he showed it to them. When the most important among them saw it, he screamed bitterly and said: "My lord great king, your end is drawing near." Alexander replied: "How can this be?" He replied: "The upper half which has the appearance of a human being and does not move is a sign and proof of your kingship, led by human wisdom; its motion stops, so your rule will stop. The lower half resembling the shape of a beast, is a sign of the kings who will come after you and who will be like animals in comparison to you in their counsel and deeds." When Alexander heard his words, his eyes shed tears. He wailed and said: "Star of Jupiter, you would do me a great favour if you would prolong my life and add to my days until I have completed my time in the good things and qualities of the world which I hoped and expected to carry out. Now that you have testified about this, I implore you to make me pass away well and pleasantly."

In the city of Athens one of its great men was Antipater, who planned to kill him. His brothers and sons were commanders of Alexander' armies and also he himself was close to his royalty and served Alexander. He had <two sons>, the chief of butlers and of bakers. One of the sons of Antipater was called Iobas; the second one was called Elias. Antipater bought a deadly poison from one of the physicians in the land of Macedon and put it into an iron vessel and sealed it and sent it over to his son Iobas via his brother Cassander. Cassander gave it to Iobas to be hidden with him. Alexander saw in a nocturnal dream somebody like Antipater striking him with a sword in his hand and killing him. In the morning he called for his sages and told them his dream. One said to him: "I think that Antipater is not on friendly terms with you. He plans to stretch out his hand against you." Alexander did not pay attention to his words.

That night one the king's servants tattled unjustly about Iobas, the son of Antipater, and Alexander ordered him to be struck. Iobas became angry about his command to strike him while he was innocent, because he had accepted a false testimony, and he planned to give him the poison

(1) נכמס עמו* ויהי היום ואלכסדר יושב על כסא מלכותו בבית המשת{ה} (2)
ויובאש הושב על כנו ויבקש אלכסדר ממנו לשתות והוא עומד על (3) ראשו*
וימהר יובאש ויסך בכוס מן הסם אשר עמו ויושיטהו לאלכסד{ר} (4) וכשתותו
נשתנה מאד פניו ויאחז צירים ויאמר אל היושבים למולו (5) הנני אוחז בגופי
כאלו חרב חדה שקעה בי ואיני יודע מה זה ועל (6) מה זה ויכבד עליו החולי
ויקם מעל המשתה ויבוא בית משכבו ויצו (7) אל המסובים לפניו לאכול ולבלתי
יקומו מעל המשתה* ואף גם זאת (8) לא יוכלו האנשים לשבת* ויקומו יחדיו
מרוב חבלי אדונם וחוליו וילכו (9) אחריו אל הבית הפנימי בית משכבו לשמוע
מה משפטו מחוליו ולא היה (10) אחד מהם מרמה כי היתה יד יובאש בדבר הזה
כי אמרו אולי תלאת (11) הדרך היה* וכאשר ישב על ערשו מאת יובאש שאל
להביא לו נוצה (12) להקיא בה כל המשתה והמאכל כי היתה בבטנו כובד גדול*
וילך מהר (13) ויבללה בסם ההוא ויתנה אליו* וכאשר שמה בפיו הוסיף עליו
כובד (14) חליו וחבליו וישליכה מידו וישאר מיצר ומחל על ערשו* ויהי לו
בעליית (15) משכבו חלונים פתוחים נשקפים אל נהר פרת* ויצו לפותחם וילך
הלוך (16) על ערש משכבו ותלך עמו רושנאן אשתו והיה חפץ אלכסדר בלכתו
(17) על ערשו להפיל עצמו מן החלונות ההם על נהר פרת* לבעבור ישאוהו (18)
מים ויטבע בהם וימות* ויחפוץ לאחוז בחלונות ההם ויחלש ולא יכול (19) לקום
כי גבר חוליו עליו* וכאשר ניגש אל החלונות ויחפוץ להשליך עצמו (20) בתוכם
הבינה אשתו רושנאן מעשהו והיא היתה משרת אותו ותחבקהו (21) ותפרוץ בו
לבלתי עשות זאת ותשא את קולה ותבך ותאמר לו -הוז- (22) הוי מלך איך תרצה
להרוג את נפשך* ואיה קנאתך וגבורתך* וימאן (23) אלכסדר ויאמר אנא מאתך
רושנאן רעיית נפשי* ואיילת אהבתי (24) לנוטשיני ואשליכה עצמי אל המים
האלה ואל ידע אדם במותי ותשתחו (25) רושנאן לרגליו ותבך ותתחנן לו
להעביר את מחשבתו ואמרה (26) איך תחפוץ להמית עצמך מלך מלכים כי
תיטוש אנשיך באפילה (27) אחריך ותעזבם עזוב ותרפה מהם לא תפקוד איש
עליהם וינחם

**278b**

to drink which was hidden with him. It came to pass one day that Alexander sat on his royal throne in the dining hall, and Iobas was already reinstalled, and Alexander asked him for a drink while he was standing at his head. Iobas quickly poured some poison into his cup and held it out to Alexander. When he drank, the colour of his face changed and he was seized with pains. He said to the guests opposite him: "Something like a sharp sword is sliding down in my body. I do not know what it is and what is this all about."

His illness grew worse. He rose from the banquet and went into his bed-chamber. He ordered the guests before him to eat and not to rise from dinner. Even then the people could not stay seated, and all rose up because of the severe pains and illness of their lord and they went after him to the inner-house where his bed-chamber was to hear what the development of his illness would be. Nobody suggested that Iobas had anything to do with this, because they said: "Maybe the hardship of the journey is the reason." When he sat on his couch, he asked Iobas to bring a feather so that he might throw up the drink and food, because he had a heavy feeling in his belly. Iobas went quickly and smeared it with that poison and gave it to him. When he had put it in his mouth, he had even more pains and became more ill. He threw it away from his hand and lay on his couch in pain and anguish. In the upper storey of his bed-chamber were open windows, with a view over the river Euphrates. He ordered them to be opened, and he went to his sleeping-couch. Roxane, his wife, went with him, and Alexander intended to go to his couch in order to throw himself out of those windows into the river Euphrates so that he might be carried away by the water and be drowned and die. He wanted to hold those windows, but he was too weak and could not stand up, because the illness overpowered him. When he reached the windows and wished to throw himself from there, his wife Roxane who served him, understood his intention and she embraced him and took hold of him to stop him from doing this. She lifted up her voice and wept and said to him: "Woe unto the king, why should you want to kill yourself and where are your zeal and your might and where your power?" Alexander resisted and said: "Please, Roxane, my dear love, my lovely woman, leave me and I shall throw myself into this water and nobody will know how I died." Roxane bowed down at his feet and wept and begged him to abandon this plan of his and she said: "How can you want to kill yourself, king of kings, and leave your people in darkness behind you. You forsake them and let them alone without putting them in charge of a leader."

(1) אלכסדר וישמע לקולה* ויצו ליובאש המשרת את פניו להביא אליו שמעון
(2) סופרו* ויהי כאשר בא אליו הסופר ציוהו לכתוב אל אריסטוטוליס רבו (3)
כדברים האלה* אני אלכסדר מצוה אותך אלופי הגדול לקחת מבית אוצרי (4)
מאה דרכמוני זהב* והדרכמון מאה ליטרי' ותכן הכל מאה אלפים (5) רטל זהב
ולשולחו אל הכהנים הכומרים* ומסעד לעבודת ההיכל אשר (6) תציבו על קברי
למען יהיה הזהב הזה חוזק לה ונאה על העוברים אותי (7) ומתפללים ובדעתי
באמת כי קצי קרב וכי מלאו ימי תחתי ומי ימשול (8) על הגדוד ומי יניחנו עד
ישאו גוייתי אל אלכסדרא ולא מצאתי איש (9) נבון ונבחר לדבר הזה זולתי תלמי
-נ- סגני בדעתי חסדו וחורץ דעתו (10) ואחרי נתתי לו מצרים לממשלה אגפיה
ואפריקייה ומדינות תימן וכל (11) מדינות מזרח השמש עד בואך ארץ בכתראס
וקלופטרא אשר גירש (12) פיליפוס אבי יקח לו לאשה* ואם תלד רושנאן אשתי
זכר יהיה לה מלכות (13) גדול אחרי ושימו שמו כאשר תרצו* ואם נקבה תלד
יהיה לה מלכות (14) מקדון וכל ההון אשר תאצור בירתי תתנו לרושנאן אשתי*
ותהיינה (15) מחלוק המלכים על כל ממשלתי כאשר אערוך לך* ביטון ימשול
על (16) מדינת אלריא* אפרסטיוס מולך על מדינת מדי* וסינור על מדינת (17)
ששאניה* ואנטיקון בן פיליפוס על מדינת יקונייא* פריזיא הגדולה (18) ולאון
מדינת יקוניא* ונארקוס מרעהו על מדינת תלסיא ובנפיליא* (19) ופסאנדר על
מדינת קדייא* ומאגרור על מדינת לור* ויגיעון על (20) מדינת [תת]ייא*
ופיליפוס אחי על מדינות פלוניאש* ושאול{קוס} ונקנור (21) בן אנטיחוס
ימשול על המבצרים ולא ימושו קסאנדר ויובאש בני (22) אנטיברוס ממשלתם
ועבודתם אשר הם [כ]יום בפדיונות ובצדקות* (23) ועתה לא יעבר מעדותו זה
הדבר* ונציבי החייל ימשלו על הממשלה (24) אשר היו בה ויקרא דרור לאנשי*
ויוסיפו אשר היו לו לעבדים וישלח{ם} (25) וילכו אל ארצם ויאמר להם המליכו
בן טבאל* וכאשר כתב אלכסדר את (26) המצוה הזאת נרעדו השחקים ויגדלו
הברקים ותרעש מדינת בבל (27) כולה ויצא שם במדינה כי מת אלכסדר* וכל
מקדון אשר שם רכבו כולם [לא אמות כי אחיה]

### 279a

Alexander was comforted and listened to her. He ordered his servant Iobas to summon Simeon his scribe. When the scribe arrived, he ordered him to write to Aristotle, his master, the following words: "I, Alexander, command you, my great and eminent master, to take from my treasure one hundred golden drachma – one drachma is one hundred litre – together 100,000 litre of gold, and to send it to the priests as a support to the worship of the temple which you will build over my grave, so that this gold will sustain it and be helpful for those who come to visit and to pray. I know for certain that my end draws near and that my days are completed. <I have searched for someone> who will rule over the army and lead it until they carry my body to Alexandria. I have found no one wiser and more suitable for this matter than my lieutenant Ptolemy, because I recognize his love and his sharp insight. I gave him dominion over Egypt and all its regions and Africa and all the countries of the South and the East as far as the land of Bactria. He shall take Cleopatra, whom my father Philip had divorced, as his wife. If my wife Roxane bears a son, he shall be given a great kingdom, and put his name anywhere you like. If she bears a daughter, she shall have Macedon. Give my wife Roxane all the wealth kept in my palace in Babylon. I arrange the divisions of the kings over my dominion in this manner: Phiton shall rule over the land of Illyria, Acropatus shall rule over the province of Media, Sironias shall rule over the province of Susannia, Antigonus, the son of Philip, over the province of <Scantus and> Phrygia Major, Leonnetus over the province of Scantus, Nearchus, his dominion will be over the province of Tessalia and Pamphylia, Cassander over the province of Arcadia, Meander over the province of Illyria, Lismiacus over the province of Thracia, Philip, my brother, over the provinces of Poloponesus, Seleucus and Nicanor, the son of Antichus, will rule over the fortresses. You will not remove the dominion and service of Cassander and Iobas, the sons of Antipater, because now they <bring> ransoms and alms. Let nothing of this testimony be violated. The military governors will rule over their own kingdoms and proclaim freedom to <my> people and grant to <their> slaves to be sent back to their land. He will say: let so-and-so be made king!"

When Alexander wrote this will, the clouds shuddered and flashed exceedingly of lightning. The land of Babylon was heavily shaken when it was announced in the land that Alexander was near death. All the Macedonians rode to him

(1) וילכו עד שער הבירה וירימו קול ויאמרו כי היו חפיצים להכנס ולראות (2)
אדוניהם* ואם ימנעם אדם מבא אל אדונם יכוהו בחרב* וישמע אלכס{דר} (3)
קולם וישאל מי הם ויאמרו לו כי הם המקידונים אשר נאספו לראותך (4) ויצו
להוציאו במטה אל מושבו ולהושיבו אל המטה* ויבואו אליו המקידונים* (5)
ויעמדו לפניו בכלי הנשק ויבך אלכסדר בראותם ויצום להפשיט מעליהם (6)
הנשק ויפגע בם שלא יחדשו דבר אחרי מותו וימשלו על המדינות כמשפ{ט} (7)
אשר חרץ להם וינהלום אל נכון* ובדברו אליהם עלתה שועתם בבכי דמעה (8)
ויאמרו לו אנא אדונינו המלך הגדול הודיענו נא מי ימשול עלינו אחריך* (9)
השיבם הנה ציותי ואערוך את כל האנשים אשר יהיו מושלים על הארצות* (10)
יאטש דבר מלכות מקדון ואתנהו בידכם להמשל עליכם בן טבאל*ויחלו (11) את
פניו להמליך עליהם בר דקוס כי בא בתוכם* ויצו אלכסדר ויביאהו (12) לפניו
וימליכהו עליהם ויצוהו לקחת לאשה את רושנאן אשתו* ותעל (13) זעקת ההמון
בבכי וישתחו כולם אל אלכסדר וסרני העם כורעים לו ונושקים {על} (14) ידו
ועליו היה עומד זקן אחד ממקדון ושמו אסקלופוס ויקרא בקול (15) גדול ויאמר
אוי לכם עם מקדון איכה תתנחמו ואיכה תמצאו ארוכה למכתכם (16) הן היה
לכם תחת פיליפוס אדוניכם תמורה טובה באלכסדר המלך הגדול (17) אשר גבר
על כל הממלכות והבליגה ממשלתו על כל הממלכות ותקצר (18) נפש אלכסדר
ויך בידו על מצחו ויאמר אל תזכיר שמי במלכותי כי כבר (19) נשחת ונמס אכן
אבכה על מקדון איך יכרת מלכותה ויחרב שלטונה* (20) ויבכו כל העומדים שם
ויקראו בגרון ויאמרו איך תעזבנו אלכסדר ותרף (21) ידך מעל גדודיך והמון
צבאיך מי יתן ונגופה ונמות עמך כי מה מדי (22) חיינו אחריך* אחרי כן ציוה את
רוזניו וסרניו ופיליפוש אחיו למשוח (23) את גוייתו במותו במור ולבונה ולשאת
אותו ארץ אלכסדריא שבמצרים (24) ולקוברו שם* ויתן זהב וכסתות אל היכל
אבולון* וכן ציוה לתת לכל היכלות (25) מדינות יון* ויהי במותו חנטוהו רופאיו
וילבישוהו תכריך מלכות ויתנו על (26) ראשו עטרת זהב ויישם בארון זהב*
וישאו אותו כל צבאות מקדון ארץ (27) אלכסדריא ויבך תלמי סגנו אחרי הארון
וכה אמר בלכתו הה מלך מלכים

and came to the gate of the palace. They lifted their voice and said that they wished to enter in order to see their lord. If they would be prevented from approaching their lord, they would use the violence of the sword. Alexander heard the shouting and asked: "Who are they?" They said to him: "The Macedonians have gathered themselves to see you." He commanded <them> to take him out with the bed to his residence and to make him sit on the bed. The Macedonians came to him and stood armed before him. Alexander wept when he saw them. He ordered them to take off their arms and he begged them not to take them up again after his death and to rule over the countries in justice as he had decided, and to lead them righteously. When he spoke to them, they shouted crying, and in tears, and they said to him: "Please, our lord great king, let us know who will rule over us after you." He replied to them: "I have commanded and arranged all the men who will rule over the provinces. I have left the matter of the kingdom of Macedon to be decided by you that so-and-so will reign over you." They implored him to make Perdiccas king over them, because he was the oldest among them and Alexander summoned him to be brought to him, and they made him king over themselves. He ordered him to take Roxane as his wife. The crowd shouted tearfully and all together prostrated themselves before Alexander, and the military captains bowed down to him and kissed his hand. One Macedonian elder who was called Speleucus, rose and said with a loud voice: "Woe unto you, people of Macedon, how will you be consoled and what medicine will you find for your illness, because you have had a good recompense for your lord Philip in his son Alexander, the great king who triumphed over all empires and expanded his dominion over all kingdoms." Alexander grew restive and beat with his hand on his forehead and said: "Do not mention my name over my kingdom, because it is already ruined and melting away. Truly, I weep about Macedon, how its rule will be cut off, its might will be destroyed." All who stood by wept and screamed and said: "How can you leave us, Alexander, and forsake your numerous troops and armies. It is better for us to be struck and die with you than to live on after you!"

After that Alexander ordered his governors and lieutenants and his brother Philip to anoint his body at his death with myrrh and incense, and to carry him to Alexandria in Egypt, and to bury him there. He gave gold and <bags> to the temple of Apollo, and he ordered the same to be given to all temples in the provinces of Greece.

After Alexander's death his physicians embalmed him and dressed him in a royal robe and put on his head a royal crown and he was placed in a golden coffin. All the troops of Macedon carried him to the <city> of Alexandria. Ptolemy walked crying behind his bier. When he was going, he said: "O king of kings,

(1) אלכסדר הן שחת במותך מן העמים מאשר שיחת -במותך- בחייך (2) והכל הולכים אחריו באבל גדול ובמספד עד בואם עיר אלכסדרייא שבמצרי{ם} (3) ויקברוהו שם בערוגה אשר ציוה לבנותה על שמו* נשלם זה המעשה בעזר (4) -כל- יוצר כל מעשה* ואלכסדר היה לו קומה קצרה ותוארו ארוך ועיניו (5) מזהירות* ועינו אחת דומה לאדמימות* ומראהו נורא מאד*וזוהר עיניו (6) כברק מנוצץ* ושאר נתחיו בינוניים ונקבים ואיש חיל מאד* ויחי שתים (7) ושלשים שנה* ובשמונה עשרה לשניו* גבר על כל הממלכות בלעדי שבע (8) שנים* ובשארית שנותיו כבש כל המדינות כחפצו* ויכנעו כל הממלכות תחתיו (9) כרצונו ולא ערך אליו מלפניו* ויבן שתים עשרה עיר* וכולם קראם על שמו (10) אלכסדריא שבמצרים ולא עמדה לאיש מלפניו משרתיו ומלכותו כאשר (11) הגיעה אחריתו ותכליתו וימת* ושני חיי אלכסדר שלשים (12) ושתים שנה* ובן שמונה עשרה התחיל להלחם עד שהיה בן עשרים וחמש (13) שנה נצח עשרים ושנים מלכים ויכנע את כל הגוים תחתיו ויום מולד (14) אלכסדר כזרוח השמש ביום רביעי כבוא השמש מת* ויתר דברי אלכסדר וכל אשר עשה וימי מלכותו שתים עשרה שנה הנם כתובים על ספר (15) מלכי מדי ופרס ת"ם

**280a**

Alexander, you have cast down in your death many more nations than during your life". Everyone followed him crying bitterly and mourning exceedingly until they arrived at the city of Alexandria in Egypt, and they buried him there in a <park> which he had commanded to be built there after his name. Here this story ends.

Alexander was a man of short stature, but he looked tall<er> with bright eyes; one eye tended to red and its appearance was very frightening and the light of his eyes sparkled by lightning. The other parts and pores looked fairly good and he was a very powerful person. He lived for thirty-two years. When he was eighteen years he was victorious over all kingdoms within seven years. The remaining years he conquered all cities according to his will and subdued all kingdoms to his authority just as it pleased him. This was unsurpassed. He built twelve cities and he named them all after his name <like> Alexandria in Egypt. No one of his royal servants <were able to stand the fact> that his time and end had drawn near to die.

Alexander lived for thirty-two years. He was eighteen years old when he started to wage war until he was twenty-five years old. He defeated twenty-two kings and subdued all nations to his authority. Alexander was born at sunrise on the fourth day. He died at sunset. The rest of Alexander's words and deeds and the twelve years of his kingship are described in the Book of the Kings of Media and Persia. Finished.

**Annotations to MS Paris**
**(references to MS London according to page numbers in the 1992 edition)**

**241b**

6 נתקיבור : נקתניבור, ר׳ טור 22. 7 עליו : צ״ל עליהם. 11 מלאה גשמים : צ״ל מלא הגשמים. 17 נתקיבור : נקתניבור, ר׳ טור 22.

**242a**

1 [ויקח] : השווה לכ״י לונדון, ע׳ 38 : ויתחפש וילבש בגדים אחרים. 3 כמנבג : צ״ל כמנהג. 12. [צו״ר] : כך בכה״י, כנראה טעות כתיבה. 19 אמנה : צ״ל אמנם.

**242b**

1 [אבנים יקרות ממלכו{ת}[ ] : השווה לכ״י לונדון, ע׳ 40 : ועל מולדות הממלכות.

**243a**

3 עמך : עמה. 6 הזרע : להוסיף : מן. 20 ונופח : צ״ל ונוצח. 26 מקפץ ומדלג : שה״ש ב 8: : מג על ההרים מקפץ על הגבעות.

**243b**

10 ותתחלחל המלכה : אסתר ד 4:. 15 ותרעש הארץ : תה׳ יח 8: ועוד. 23 ולא דמה בצורתו את פיליפוס וגם לא לאמו : השווה לכ״י לונדון, ע׳ 56 : לא דומה לאביו ולא לאמו.

**244a**

1 א {י} ני בך : השווה לכ״י לונדון, ע׳ 46 : לבבי אינו שלם עמך. 18 שא נא עיניך : בר׳ יג 14:.

**244b**

26 ציותי : צ״ל צויתי.

**245a**

2-3 בשפה רפה : השווה לכ״י לונדון, ע׳ 50 : בשפה גאוה. 24 עליהם : צ״ל אליהם.

**245b**

2-3 ויהי ויהי : כפול בכה״י. 3 צר : צ״ל שר. 6 משמחה ליגון : על-פי אסתר ט 22: : מיגון לשמחה. 20-21 סגר אלהים את רחמה : ש״א א 5: : וה׳ סגר רחמה.

**246a**

18 ויאנש: צ״ל ויאנח.

**246b**

5 אותה: כלומר: את המלחמה. 13 ובולון: צ״ל אבולון. 14 לבני: צ״ל לפני. 15 ושמו זקודה ויאמר: השווה לכ״י לונדון, ע׳ 56: ותאמר אליו כומרת. 17 ונטו צללי ערב: יר׳ ו:4: ינטו צללי ערב. 26 אונקיו׳: אונקיות.

**247a**

3 על: צ״ל אל. 20 חומר: צ״ל חמר. 24 הסמים: השמים.

**247b**

10 נקתינבור: צ״ל נקתניבור. 18 השלימו: צ״ל השלים.

**248a**

16 הגשול: צ״ל הגדול. 23 מסנה: צ״ל מחנה.

**248b**

17 מה: להוסיף: אמר. 21 לעבוד: צ״ל לעבור.

**249a**

10 ממזרח שמש עד מבואו: תה׳ נ:1. 11 הרקים: אולי צ״ל הריקים? 19 ועתה שתים אני נוטל עליך בחר לך אחד מהם: השווה לכ״י לונדון, ע׳ 66: ועתה בחר לך משתי העצות. 24 מעך: צ״ל מעל. 27 מלכי: צ״ל מלאכי.

**249b**

7 הלמלאכים: צ״ל המלאכים. 15 ודתודיהם: צ״ל ודתותיהם. 19 אקרה: צ״ל ואקרב.

**250a**

4 השלים: צ״ל השליש. 7 וקחהו: צ״ל וקחוהו. 25 יהודוהו: על-פי תה׳ מה:18: על-כן עמים יהודוך. 26 שלו׳: שלום.

**250b**

26-27 כעלות השחר: ש״א ט:25. עד צאת הכוכבים: נח׳ ד:15.

**251a**

8 וגם טעמך טעמם לא טוב בטעמו : השווה לכ״י לונדון, ע׳ 74 : אמנם זה רע למראה ורע למאכל ומי יודע אם אלסכנדרוס דומה אליו. 20 נסע ולך את ספקו : כנראה שיבוש בכה״י.

**251b**

2 תר״צח׳ו : צ״ל תצרחו. 8 ואיבי : צ״ל ואויבי. 9 איבים : צ״ל אויבים. 10 הנקרא מוסיקא בלשון הגר : המעתיק לא ידע כי הוא שם עצם יוני. 16 וגבור׳ היה גבור : כפול בכה״י. 27 למן : צ״ל מי.

**252a**

10 איביך : צ״ל אויביך. 15 משלטנתו : על-פי המלה הערבית, צ״ל משלטונותו.

**252b**

2 השר [.....] : אולי להגיה על-פי ע׳ 253a, ט׳ 6 : דומסתינוס. השווה לכ״י לונדון, ע׳ 80 : ויעמוד עליהם דומישתיאנוס. 3 נכסים [...] : להוסיף : כי אסף.

**253a**

1 המרותם : צ״ל המירותם. 7-6 אל המהפכת ואל הצינוק : יר׳ כט :26. 8 השבות{ם} : צ״ל שיבותם. 19 ועל : צ״ל ואל. 26 מסיעת : צ״ל מסיעה.

**253b**

5 הבה נתחכמה לו : שמ׳ א :10. 7 ומעבודת{ם} : צ״ל ומעבודתכם. 8 ותחיו לי : אולי צ״ל ותחיו לפני. 9 אהרג : צ״ל אהרוג. 11 ואחרי : להוסיף : כן. 12 ]מהם : צ״ל ומהם. 13 כי : צ״ל בי.

**254a**

13 לא : צ״ל לנו. 17 הבה נתחכמה : שמ׳ א :10.

**254b**

10 וכל רז לא אנס ליה : דנ׳ ד :6. 22 וימתו : צ״ל וימותו.

**255a**

7 מלחמלה : צ״ל מלחמה. אחרי : צ״ל אחריך. 25 לא תקום : השווה לכ״י לונדון, ע׳ 96 : ומחשבתך לא תקום ולא תהיה.

**255b**

2 לא לדאוה : אולי להגיה : לדאבה. 10 בלשון : להוסיף : הגר. שבתו : צ״ל שבתי. 15 הנפלים : צ״ל הנפלטים. 23 טעותו : לא ברור. ויתרע : צ״ל ויכרע.

**256a**

12 שפלות: להוסיף: מאסו.

**256b**

17-18 זנב-שוע-נעלים: לא ברור, זנב שועלים? 19 בגרלי: צ״ל ברגלי. 20 אל׳: אלהים?

**257a**

5 אליו: להוסיף: ויבא. 9 לקחה: צ״ל לקח.

**257b**

2 משפיל הרמים: על-פי ש״ב כב 28: על רמים תשפיל. ומרים השפלים: על-פי איוב ה:11: לשום שפלים למרום. השווה לכ״י לונדון, ע׳ 108: חי העולם המרים והמשפיל. חדשים לבקרים: איכה ג:23. 9 ארץ: צ״ל ארצי. 13 ובמחנות: אולי צ״ל ובמתנות? 18 אחד: צ״ל אחת. 22 מדינותיו נתונות לו וגם כן בטל: שיבוש בכה״י.

**258a**

8 לאלכסדר: להוסיף: להודיע. 17 ויעשו: להוסיף: כן. 25-26 מעלות השחר ועד צאת הכוכבים: נח׳ ד:15. חמרים חמרים: שמ׳ ח:10. 27 ההוא: צ״ל ההיא. היה: להוסיף: רואה.

**258b**

5 רדום והכוס: צ״ל רדות והכות. 25 קבלעם: שיבוש בכה״י, השווה לכ״י לונדון, ע׳ 110: ויקבל דריוש את החרב. 26 ויגוע: צ״ל ונגוע.

**259a**

8 כצל עובר: תה׳ קמד:4. 26 לכת: צ״ל לכם. עוברי: להוסיף: דרך.

**259b**

2 שיש לאמי עלי: השווה לכ״י לונדון, ע׳ 114: ואני נשבע לכם בנביאדש אמי. 3 טובה: להוסיף: לאנשים. אשר: להוסיף: הכו. 7 דריוש: צ״ל אלכסדר. 9 וימהר ויחלטה מהם: על-פי מ״א כ:33: וימהרו ויחלטו הממנו. 11 עדותם: להוסיף: אמת. 18 השתחינו: צ״ל השתחוינו. 19 אלכסד{ר}: צ״ל דריוש. 24 שרי פרס: להוסיף: משתה.

**260a**

5 ארש: צ״ל אשר.

**260b**

20 אשר: להוסיף: עשה. 26 מי האיש הירא ורך הלבב: דב׳ ב:8.

**261a**

24 בלבו: צ״ל בלב. 26 וארבע: השווה לכ״י לונדון, ע׳ 122: וארבע מאות פילים. ועל כל פיל: השווה לכ״י לונדון, ע׳ 122: ועל כל פיל שני גגות עץ ועל כל גג שלשים איש גבורים חמושים כל אלה שולף חרב.

**261b**

17 אובריו: צ״ל איבריו. 25 מלך: צ״ל מלכה. 27 והנני הנני: כפול בכה״י. אלינו: צ״ל אליך.

**262a**

21 רבות: צ״ל רבים. יוצאות: צ״ל יוצאים. 23 ואם תטש המלחמה: על-פי ש״א ד:2: ותטש המלחמה.

**262b**

2 נצחך: צ״ל ננצחך. 7 כתר: צ״ל כתב. 9-10 אשר אשר: כפול בכה״י. לבלד: צ״ל בלבד. 14בגבולינו: צ״ל בגבוליכם. 16 סוים: צ״ל סוסים.

**263a**

2 בנקרת הצור: שמ׳ לג:22. 8 טפחי׳: טפחים. 9 טעונות: צ״ל טוענים. 10 נושאור: צ״ל נושאות. 12 לקוחין: צ״ל לוקחין. 13 נוסי ברזל: לא ברור, השווה לכ״י לונדון, ע׳ 128: והיו לוחכים הברזל. קרים: צ״ל יקרים. 15 אלינות: צ״ל אילנות.

**263b**

20 אירא נתראדן: כך בכה״י, השווה לכ״י לונדון, ע׳ 130: וקורין את שמה אנשי הודו אודאנתראן (**odontetiranno**). 21 ותרפס: צ״ל ותרמס. הגרוה: צ״ל הרגוה. 23 קפחים רבות: השווה לכ״י לונדון, ע׳ 130: קפודים רבים.

**264a**

5 ובניהם: צ״ל וביניהם. 11 ירדו: צ״ל ירדה. 14 ויהם: צ״ל ויהס. 18 מלכינו: צ״ל מלכנו.

**264b**

10 נהרים: צ״ל בהרים. 14 בגדי חופש: לא ברור, השווה לכ״י לונדון, ע׳ 134: בגדי משי ושש. 16 מושך: צ״ל מוצק. 17 המזיקות: להוסיף: הבהמות. 23 רבים פרשים: פרשים רבים.

**265a**

6 כמה היו שונות ותאמרנה כי שונות מבשר: צ״ל כמה היו זונות ותאמרנה כי זונות מבשר. 16 כסוף: צ״ל בסוף. 18-19 אל ירך לבבכם: דב׳ כ:3. 22 להרבות: צ״ל לכרות. 26 הזאת: צ״ל הזה.

**265b**

18 הנחילנו: להוסיף: האל. 26 חתוך: אולי צ״ל התוה, השווה לכ״י לונדון, ע׳ 140: האלהים נתן לי. 27 ומתכות: צ״ל ומתכונת.

**266a**

2 המכתו: לא ברור, השווה לכ״י לונדון, ע׳ 140: ולולי זה לא היה ביניהם הבדל. 3 חדשה: השווה לכ״י לונדון, ע׳ 140: ולא עשה להם דבר. 4 בבא החרסה: על-פי שופ׳ יד:18: בטרם יבא החרסה. 11 ועל האילנות אל הקרקע: השווה לכ״י לונדון, ע׳ 140: והיו עומדים עלהאילנות עופות בעלי קול ערב וכאשר היו יורדים מעל האילנות לארץ. 12 תעברה: צ״ל מבערה. 13 אשר ממנו יפרד: בר׳ ב:10: ומשם יפרד. 19 עת: צ״ל עם. מתייאשים: צ״ל מתייחסים, השווה לכ״י לונדון, ע׳ 142: לאי זה אומה הם מתיחסים. 22 נכתב: צ״ל נכתבה.

**266b**

7 מהסתלק: צ״ל המסתלק. 9 באר היטב: דב׳ כז:8. 15 כמעשינו: כאן יש דילוג בכה״י, ר׳ ע׳

**,267a**

ט׳ 17. 16 נתבעטן: צ״ל נטבעתם. להתנכל: צ״ל להתנבל.

**267a**

4 הנבראים: צ״ל הנביאים. 10 בתדכם: צ״ל בדתכם. 16 ונתחי: דילוג בכה״י, ר׳ ע׳ 269בּ, ט׳ 17. 17 עלינו: צ״ל עליו. 23 לבך: להוסיף: אשר. 26 עלינו: צ״ל עליך. אליך מונעי: לא ברור, צ״ל נמנע ממך.

**267b**

2 נדרשה: צ״ל נדרוש. 8 כעץ הדעת: על-פי בר׳ ב:9. 14 עלה: צ״ל עלי. 19-20 שאין שאין: כפול בכה״י. 24 שומע מקרב: לא ברור, השווה לכ״י לונדון, ע׳ 148: וכאשר ישמע הצדק.

**268a**

1 ונגאלת: צ״ל ונגבלת. 2 לו: צ״ל לנו. 6 אותנו: צ״ל אותו. 7 גבורת: צ״ל גבורות. לגביר: צ״ל לגבור. 10 אנחנו: להוסיף: ואם נדע. הדבר: להוסיף: וזה. 19 אנשי יון אצל כל האומות: לא ברור, השווה לכ״י לונדון, ע׳ 150: אתם אנשי יון וכלל האומות טועים. 21 תתנאינה: צ״ל ולא תתגאינה. 24 מחם: צ״ל מחמם. רסיסי הלילה: על-פי שה״ש ה:2. רומנים: צ״ל רוחצים.

**268b**

4 חכמינו: צ״ל חכמתנו. 5 להתפאר על [...]: השווה לכ״י לונדון, ע׳ 152: להתפאר על חכמיהם. 15 ונופיה הנוצרים: לא ברור, השווה לכ״י לונדון, ע׳ 152: הנוצצים נצוציו. 18 לחרות: צ״ל חדות. 22 יודעים: להוסיף: אנו. 24 אין לך להאשימך: השווה לכ״י לונדון, ע׳ 154: ואין להאשימך.

**269a**

8 בבעלי בשר החיים: צ״ל בבשר בעלי החיים. עניינין: צ״ל מינין. 12 ואין אנו רואים: השווה לכ״י לונדון, ע׳ 154: ואנחנו נראה. 14 חרחר: צ״ל הרחב. ברא: להוסיף: האלהים. 16 האל: צ״ל והאל. תמונת: צ״ל תמורת. 17 פני: דילוג בכה״י, ר׳ ע׳ **266b**, ט׳ 15. 21 האיים: צ״ל הגדיים. 22 ולאתנו אם [... ...]: השווה לכ״י לונדון, ע׳ 158: ולתטנאם חברתה התלאים. 24 מתזינים בוצנים: לא ברור, השווה לכ״י לונדון, ע׳ 158: יאהבו הזונות והציצים והפרחים. 25 הן הריעה מאד ומחשבותיכם: לא ברור, השווה לכ״י לונדון, ע׳ 158: רעה מחשבותיכם.

**269b**

4 בתפלתך: צ״ל בתפלצתך. 5 המה: צ״ל אתם. 17 כי: להוסיף: ולא תחסרו, השווה לכ״י לונדון, ע׳ 160: ולא תחסרו כי אין לכם בהמות. 22 עיר׳כים: כך בכה״י, אולי צ״ל עורכים. 27 [תאמרו]: מלה בסוף הדף שלא מציינת את המלה הראשונה בראש הדף שלאחריו.

**270a**

1 ומכנוכם: צ״ל ומסכנותכם. 2 ברא: להוסיף: לא. 3 מלבעליה: צ״ל לבעלי. 5 הואלנו: צ״ל הוא לנו. 7 החסידים: צ״ל החסדים. 11 ונצנעות: להוסיף: ונוסעות, השווה לכ״י לונדון, ע׳ 162: נעתקים מענין אל ענין ונוסעים מדבר אל דבר. 13 ונדבקות: צ״ל ונדבקת. וההזרה: צ״ל וההזהרה. 25 תח׳נתת: כך בכה״י, צ״ל ותהותת. ומעלינו: צ״ל ופעלינו. 26 הזה: להוסיף: העולם. 27 ומעצר: צ״ל ומעבר.

**270b**

[ 1...ת]: אולי להגיה: מלאת. 2 מאגוד: צ״ל מאגור. 11 מפסיקין: צ״ל מספיקין. מחים: צ״ל מרוים. 19 אמנה: צ״ל אמנם.

**271a**

2 ויפרח: צ״ל ויפתח. 14-15: מאנשי מאנשי: כפול בכה״י. 16 קרוע: צ״ל קרוב. 27 ואציל: צ״ל ואצל.

**271b**

5 ויקבלם בסבר פנים יפות: על-פי משנה אבות א:טו. 13-14 ויאמרו...אליהם: כפול בכה״י. 15 כל אחד כל אחד: כפול בכה״י. 17 -ללפש לפש-: צ״ל לפשוט. 22 ופא{י}רותיו: גם בכ״י לונדון, ע׳ 168, צ״ל ופירותיו. 24 {כ}ברכלת התוכיים: כנראה על-פי יח׳ כח:16: ברב רכלתך מלו תוכך חמס, ר׳ גם מ״א י:22. 25 זהב: צ״ל זנב.

**272a**

9 יחבקם: צ״ל ויחבקם.

**272b**

18 ליט׳: ליטרין. 19 אצלונו: צ״ל אצלינו. ציד: צ״ל ביד. 24 מקריאה: צ״ל מקריאיה.

**273a**

3 ממשלתו: צ״ל מממשלתו. 6 התעצבי: צ״ל התעצם. 11 אל: להוסיף: לך.

**273b**

19 תבנית: צ״ל תבניות. 22 גלות: צ״ל גולת.

**274a**

1 ותביאה: צ״ל ותביאהו. 5 למשוך: להוסיף: הגלילים. 13 תשכחני: צ״ל תכחשני. 19 לדגלים: השווה לכ״י לונדון, ע׳ 178: לרגליו. 20 וילדותך: צ״ל ואילותך.

**274b**

6 סתור עיניך: השווה לכ״י לונדון, ע׳ 180: הסתר ענייניך.

**275a**

27 כראשי: השווה לכ״י לונדון, ע׳ 184: כראשי החזירים.

**275b**

7 אחרים: צ״ל ארוכים. 13 הא׳: האלה. 20 המקדוני: צ״ל הקדמוני.

**276a**

3 בן: צ״ל בין. 6 מרת: צ״ל ממרבית. 11 ויבוא בתוך חיל המדינה: צ״ל ויבוא החיל בתוך המדינה. 18 והשקת: צ״ל והשקה. 20 שני: צ״ל שנית.

**276b**

13 ע{ח}תה: לא ברור, השווה לכ״י לונדון, ע׳ 190: עד היום אשר מסר להם. 17 ויסיבוהו: השווה לכ״י לונדון, ע׳ 190: פן יכזיבוהו. 24 כסף: השווה לכ״י לונדון, ע׳ 190: הפלפל.

**277a**

6 ועינם: צ״ל ועינה. שחור: אולי צ״ל שחורה.

**277b**

1 החולאים: צ״ל החולים. החליים: צ״ל מחליים. 9 עיי: צ״ל איי. 20 ומודה: להוסיף: לאלהי האלהים, השווה לכ״י לונדון, ע׳ 194: ואני משבח לאלהי האלהים. 23 ונכוחה: אולי צ״ל ונכונה.

**278a**

17 ושר האופים והמקי{ם}: על-פי בר׳ מ:20.

**278b**

10 מרמה: צ״ל מדמה. 20 משרת: צ״ל משרתת.

**279a**

5 רטל: צ״ל ליטר. 25 בן טבאל: על-פי יש׳ ז:6, כלומר מי שתרצו. 27 [לא אמות כי אחיה]: מלים בסוף הדף שלא מציינות את המלים הראשונות בדף שלאחריו.

**279b**

10 יאטש: צ״ל ואטש. בן טבאל: ר׳ ע׳ **279a**, ט׳ 25. 26 ויישם: צ״ל ויושם.

**280a**

6 ויחי: נוסח ראשון. 11 ושני חיי: נוסח שני.

## INDICES

with Latin equivalents from *Historia Alexandri Magni (Historia de Preliis), Recension J2 (Orosius-Recension)*, edition of A. Hilka (1920). *Beiträge zur klassichen Philologie*, Heft 79 (Meisenheim am Glan 1976); Part Two is re-edited by R. Grossmann, in: *Beiträge zur klassischen Philologie*, Heft 89 (Meisenheim am Glan 1977).

### I. Personal Names

אבולין - Apollo: 246b,251b,255b,279b
אברטים - Enegetas: 264b
אל - God: 257b,261a,263b,265b,266b,267a,268a,269a-270a,273b,277b
אל עליון- Highest God: 245a
אלברא המה - Brahmans: 268a
אלברא קמה - Brahmans: 270a
אלהים - God: 242a,242b,244b,246a,247b,248b,253a,254a,257b,258a,259a-261a, 265a,265b,267b,268a,269a,270a-271a,272b,274b,276b,277b
אלהי השמים - God of Heaven: 253a
אלהי ישראל - God of Israel: 248b
אלטינן - Antoninus: 271b
אליאש - Elias: 278a
אלכנדר - Alexander: 260a
אלכסאר - Alexander: 244b
אלכסדנר - Alexander: 261a
אלכסדר - Alexander: 243b-280a
אלכסדרוס - Alexander: 277a
אלכסדרייא (נער) - Alexander: 250a
אלכסנדר - Alexander: 260a,260b,263b,264a
אלכרא - Brahmans: 266a
אלכרא המה - Brahmans: 266a-267a
אלכרא המלכה - Brahmans: 266a
אלנפדיוש - Olympia(di)s: 242a,252a
אל נפריוש - Olympia(di)s: 261a,270b
אלנפריוש - Olympia(di)s: 250b,255a,259a,266a,269b,272b
אלפנדיוש - Olympia(di)s: 249b
אלפריוש - Olympia(di)s: 252b
אמון - Ammon: 242b,243a,247a,255b,259a,259b,261a,266a,269b,270b,272b,276a
אמונתאן - Amyntas: 250b
אמילוס - Eumilus, Amilus: 255b,256a
אמירום - Homerus: 251a
אמירוס - Homerus: 251a
אמנתאן - Amyntas: 251a
אנבלוס - Anepolus: 256a

אניביטרוס - Antipatrus: 278a
אנטיברוס - Antipatrus: 278a,279a
אנטיחוס - Antichus: 279a
אנטיקון - Antigonus: 273a-274b,279a
אנישמאס - Anaximenes: 253a
אנסיבטרוס - Antipatrus: 278a
אנפריוש - Olympia(di)s: 277b
אספוים - Aspios: 264b
אסקלופוס - Asclepius, Speluncus: 279b
אפלאטון - Plato: 253a
אפרסטיוס - Oxiarches, Aristius: 279a
אריסטוטוליס - Aristoteles: 277b,279a
אריסטוטליס - Aristoteles: 244b,260a,277b
ארכלוס - Hercules: 269a,275b
ארכלימיטוס - Archelimeteus, Clitomedus: 251a
ארקיליאוס - Hercules: 246b
ארקרוש - Oxiacher: 254a
ארתחשסת - Artaxerxes: 241b
ארתחשסתא - Artaxerxes: 242a,247b,252b,256a,257b,258a,261a,277a
אשכלוס - Eschilus: 252b
אשמונאי - Hismenia: 251b
אשתרוגבוש - Strasagoras: 252b
אשתרוגוש - Strasagoras: 252a
אשתרוגורוש - Strasagoras: 252b,253a
אתנו - Athena: 269a

בדרנקוש - Perdiccas: 271b
בוסאפל - Bucephalus: 244b,261b,264a
בוספאל - Bucephalus: 244b,258a,277a
בורא - Creator: 266b-267b,268b
ביטן - Phiton: 279a
בליסתור - Talistrida: 261b,262a
בלסתור - Talistrida: 262a
בנוס - Nabunasar(us), Ninus: 258b
בעל - Baal: 259b
בר דקוס - Perdiccas: 279b
בראכנס - Parmas, Paremenos: 264b
בראמנוס - Parmenius: 257b
בראנאנוס - Persa barbarus: 257a
בראנוס - Persa barbarus: 257a
בראשיוש - Coxari: 255a
ברמיך - Parmenion: 257a
ברמניך - Parmenion: 248b

דומסתינוס - Demosthenes: 253a
דוריוש - Duritus: 259b
דיוניאוס בקוש - Dionisius Bacchus: 261a
דנדוש - Duritus: 270a
דניאל - Daniel: 248b
דניוס - Duritus: 266a
דנרוס - Duritus: 270a
דרגואניש - Rodogune: 259a
דרדרנוס - Duritus: 269b
דריוש - Darius: 245b,247b,248a,249a-251a,254a-260b
דרנוס - Duritus: 266b,270b

הגר(י) - Arabic: 249a,251b,261b,272a,273b,275a
הגרים - Arabs: 241b,248b
השם - Name: 248a,248b
השם המפורש - Ineffable Name: 266b

זקודה - Zacora: 246b

יגיעון - Lismiacus: 279a
יהודים - Iudaei, Jews: 247b
יובאש - Iobas: 278a-279a
יונים - Greeks: 254b
יוסניס - Pausanias: 246a
ייי - God: 244a,248a,253a,257b,260a
ירמיה - Jeremiah: 247b
ישראל - Israel: 248b

כוכב - Mercurius: 267a,269a
כורש - Cyrus: 259a
כושים - Ethiopians: 272b
כרמיונים - Parapomenos: 264b
כשדים - Chaldaei, Babylonians: 241b

לאן - Leonnetus: 279a
לטומיקוס - Clitomachus: 251b
ליטומיקוס - Clitomachus: 251b

מאגרור - Meander: 279a
מאדים - Mars: 269a
מארס - Mars: 267a
מטרנוס - Mitrias: 255a
מכבריוש - Mercurius: 255b
מנא פרסים - Mardosi: 276a
מנארבה - Minerva: 267a,269a

מקידונים - Macedonians: 279b
מרסיקוס - Marsippus: 273a
משה - Moses: 248b

נארקוס - Nearchus: 279a
נוגה - Venus: 244a,267a,269a
ניקולואוס - Nicolaus: 245a
ניקלאוס - Nicolaus: 245a
נקלואוס - Nicolaus: 245a
נקנור - Nicanor: 279a
נקסיאנוס - Anaximenes: 244b
נקתינבור - Nectanebus: 247b
נקתניבור - Nectanebus: 242a,243a,244a
נשתלוס - Nostadus: 255a
נתקיבור - Nectanebus: 241b
נתקניבור - Nectanebus: 241b,242a

סוקרט - Socrates: 253a
סידרסק - Oxydraces: 265b
סינור - Sironias, Scino: 279a
סליגואוס - Lysias, Elixias: 254b
סנדוס - Duritus: 266b
סראפיס - Serapis: 275a
סרפוס - Serapis: 247a
סרפיס - Serapis: 242a,275a

פאוור - Porus: 256b,257b
פווור - Porus: 261a,261b,262b,264a,274b
פוליפוס - Philippus: 251b
פיליפוס - Philippus: 242a-243b,244b-246a,249b,250b,252a, 252b,255a,256a,257a,279a,279b
פיליפוס (אח) - Philippus: 279a,279b
פליוטרא - Cleopatra: 245a,245b
פסאנדר - Cassander: 279a
פסתיוס - Ephestius: 245a
פראכתור - Percator: 273a,274b
פתיוש - Ephestius: 249a

צדק (כוכב) - Iupiter: 244a,267a,269a,278a

קלאדרוס - Cassander: 278a
קלאלש - Candacis: 273a
קלאנדרוס - Cassander: 278a
קלולש קנדאשש - Cleophilis Candacis: 272a

172

קלולש קנדשש - Cleophilis Candacis: 272b
קלולשקנדאשש - Cleophilis Candacis :272b
קלופטרא - Cleopatra: 279a
קלמוס - Calamus: 276a
קלסתיוס - Callisthenes: 244b
קנדאלש - Candaulus: 273a,273b
קנדלא - Candace: 274b
קנדלאש - Candaulus: 273a,273b
קנדלש - Candaulus: 275a
קסאנדר - Cassander: 279a
קשיש - Sesonchosis, Sinchusis: 275a

רוצנאן - Roxane: 259a
רושנאן - Roxane: 259b,278b-279b
רע אקראטוס - Democritus: 253a

שאולקוס - Seleucus: 279a
שבתו - Saturnus: 255b
שבתי - Saturnus: 244a,269a
שמעון - Simeon: 279a

תלמי - Ptoleaeus, Ariolus: 271b,273a,273b,279a,279b
תמאנס - Iuno: 267a
תמים - Parinias: 264b


## II. Geographical Names

אודניה - Europa: 268b
אוקיינוס - Oceanus: 262a,269a,275b
אוריה - Europa: 262b
אכתאיא - Actea: 271a
אל ערק - Illyri(c)a: 248b
אלביזנטא - Byzantium: 253b
אלדייה - Elleda: 254a,257b
אלימאן - Iemen: 250b
אליסיא - Cilicia: 248a
אלכידנייא - Albania: 260a
אלכנייה - Albania: 260a
אלכסדרא - Alexandria: 279a
אלכסדרייא (ארץ) - Alexandria: 279b
אלכסדרייא - Alexandria: 247b,264a,280a
אלמניא - Germania, Armenia: 245b
אלערק - Illyri(c)a: 250a

173

אלריא - Illyria: 279a
אלריק - Illyri(c)a: 246b
אנגוינה - Anchaia: 246a
אנטוכייא - Antiochia: 250a,254a,256b
אנכירה - Abdira: 253b
אנספיה - Aethiopia: 242a
אסיה - Asia: 251a
אפריקיה - Africa: 268b
אפריקייא - Africa: 247a
אפריקייה - Africa: 277b,279a
אקריתוס - Acritas: 247a
ארדנס - Acarna: 245a
ארדריקה - Andriaci: 254b
ארכיה - Arabia: 256b
ארכניה - Hyrcania: 260a
ארמנותיץ - Adamantinum: 271a
ארמניה - Armenia: 257a
ארמנייא (הגדולה) - Armenia: 254b
אשור - Assyria: 241b,248b
אשיא - Asia: 268b
אשכומודור - Scamander: 251a
אתיניא - Athena: 278a

בארחיאה - Parthia: 260a
בבל - Babylonia: 247b,248b,250b,277b,278a,279a
בגד שמש - Chorasmos: 264b
בוספאלייא - Bucephalia: 277a
בוראן - Boreum: 260a
בורסאן - Parthia: 258b
בחצאר - Buemar: 264b
בטרניא - Bithinia: 246a
ביבראקה - Bebrycia: 273a
ביברקה - Bebrycia: 273a
בינקה - Bebrycia: 273a
בכתראס - Baccaran, Bactran: 279a
בלוסיה - Pelysium: 242a
בנפיליא - Pamphylia: 279a
בראינה - in templum Dianae: 252a

גוראניק - Granicus: 250a
גורדאן - Gordien: 251a

דגלת - Tigris, Stragana: 255b,257a,258a,258b
דידאלוס - Didalos montes: 273b

הבקעה הכרותה - in loco campestri: 276b
הודו - India: 256b,257b,261a,261b,262b-265a,266a,272a,272b,273b-274b,277b
הודו (עיר) - India: 260b
הופיראש - Chophides: 264b
הים האדום - Mare Rubrum: 276b
הים האדמדם - Mare Rubrum: 276b

דיזאקון - Cizicum: 253b

חמת - Hamath: 241b

טברימן - mons Taurus: 256b
טפורי - Taphosiri: 247a
טרגון - Tragachantes: 246b

יהודה - Iudaea: 248a
יון - Graecia: 246a,246b,248b,252b,260b-261b,268a,272a,274a
יקוניא - Xanthes, Scantus: 279a
יקונייא - Xanthes, Scantus: 279a
ירושלם - Hierosolyma, Jerusalem: 247b,248a

כוש - Aethiopia: 274a,277b
כלדאין - Chaldaea: 254a
כלדונייאה - Calcedonia: 253b
כלנדוניה - Calcedonia: 253b
כניסטוס כשושנים - templum Cupidinis rosis ornatis: 269a

לבנן (הר) - Libanon, Temple area: 248a
לוברדייא - Lombardia: 246b
לוכים (ארץ) - Lybia: 275a
לומברדייא - Lombardia: 277b
לוקאדש - Lucrus: 254a
לור - (Il)lyria: 279a

מאלדייה - Elleda: 254a
מאלטמה - Ma al-Shams, ad fluvium qui dicitur Sol: 277a
מארחם - Miniada: 257b
מנאפרס - Menardus: 275b
מדי - Media: 241b,248b,261b,279a,280a
מפיארבה - Ambira, Minerva: 276a
מצרי(ם) - Aegypta, Aegyptus: 242a,247b,248a,252b,266a,279a-280a
מקדן (-ני) - Macaedon: 242a,243a,254a,246a,250a-251a,255a, 256a,257a,257b,259a,260b,261b,263a,272a,278a,279a,279b
מקדוניא - Macaedonia: 246a,251a,260b,261
מקדוניה - Macaedonia: 251a,272a
מקדונייא - Macaedonia: 244b,246a,248b,250a,254b,255b

מקדונייא - Lacedaemonia: 253b
מקדונייה - Macaedonia: 246a
מקתארה - Mactria: 257b
מרונייא - Amazones: 261b
מרזונייא - Amazones: 261,262b

נגב - Negeb, south: 262b
נילוס - Nilus: 266a

סאתיה - Scythia: 260a
סוריא - Syria: 247b
סליסיה - Cilicia: 256b
ספלן - Persepolis, Susa: 256b, 257b-259a
ספלוס - Persepolis, Susa: 255b
ספרד - Sefarad, Yspania: 277b
סקלייא - Sicilia: 247a
סראקניא - Sardia: 277b
סרדאן - Sardis: 251a
סרטיא - Thracia: 246a

עילם - Elam: 241b
עסייה - Asia: 250a

פישן - Phison, Ganges: 266a,271a
פלוגונא - Peflagonia: 256b
פלונייאש - Poloponesus: 279a
פליס (גשר) - Hellespontus: 251a
פלישתים (ארץ) - Philistea: 247a
פראברקא - Bebrycia, Prasiaca: 272a
פרגאסן - Prasiace, Phasiacen: 261a
פרוביגצא - Provincia, Phrygia: 245b
פרידיא (הגדולה) - Phrygia: 279a
פרס(י) - Persia: 241b,242a,248b-249b,250b,251a,252b,254a, 255a,255b, 256b-261b,272b,274a,278a,280a
פרקתנכנן - Promuntorium: 260a
פרת - Euphrates: 254b,255a,258b,278b
פתירוס - Pharanites: 247a
פתרוס - Aegypta: 241b

צור - Tyrus: 249a,250a,252b
צלותיאה - Plataea: 252a
צקלייא - Sicilia: 277b

קבלו דוקיה - Cappadocia: 256b
קדייא - (Ar)cadia?: 279a
קוסטנטינא - Constantinopolis: 253b

176

קוספייה - Caspia: 254a
קלאניץ - Mangli: 260a
קנדאסיא (ארץ) - Candacia: 274a
קפלוסייא - Cappalocia: 244b
קרונתיאה - Corinthum: 251b
קרנותיאה - Corinthum: 251b
קרתניאה -Carthago: 251b
קשיפיה - Caspia: 260b
קשפיה - Caspia: 260a

ראשתה - Restas: 264b
רגלה - Tigris: 255b,256a
רדוס - Rodus: 248a
רומא - Roma: 246b,247a
רוסה - Rosa?: 252b

שארש - Seres: 264a
שבשיר - Susis: 257b
שולאנא - Salona: 246b
שיירייא - Syria: 258b
שיירייה - Syria: 256b
שינוס - Xenis: 254a
שישך - Babylonia: 277b
שנער - Sinear, Babylonia: 241b,277b
ששאניה - Susannia: 279a

תבץ - Thebe: 251a-252b
תובל - Tubal, Parthia: 274a
תימן - Arabia: 279a
תיניאה - Athena: 252a-253b
תיניה - Asia?: 262b
תלסיא - Tessalia: 279a
תניאה - Athena: 252a,252b
תסליא - Tessalia: 246a
תרבריאוש - mons Taurus: 251a
תרתבמאן - partes Bactrinariae, locus Bactrianorum: 264a
תתייא - Thracia: 279a

177

## III. Terminology

אב - Ab, August: 262b
אגושתו - mense Augusto, August: 262b,266a
אגמן - hegemon(y), commander: 249b
אונקיה - uncia, ounce: 246b,258a
אוריקול - origo, oraculum: 275a
אידא נתראך - odontetiranno: 263b
אל מהרים - vitulus marinus: 275b
אלהנדסיא - handas(iyy)a, engineering; 261b
אלסלחפה - sulahfa, turtle (hl. frog): 264b
אלסנדרוס - palisander: 275a
אמה - cubit: 265a
אנכיתמוס - hippopotamus, ypotamus: 264b
אקלים - land, district: 265a

בשפלוס - Cynocephali: 276b

גימונש פישתוש - Gymnosophistes: 265b
גמטשת - ametistus: 258b

דנסורין - rinocerotes: 272b
דרכמן - drachma: 279a

הובניס - ebenea, ebony: 274a
הין - hin: 275b

זחל - Zuhal, Saturnus: 255b
זרת - span: 265a,277a

חומר - wine: 247a

טבלה - tabula: 272b
טפח - span, hand-breadth: 255b

יאבנוס - ebenea, ebony: 261b
יוליו - mense Iulio, July: 261a,266a

כשכאש - papaver: 250b
כשכש - papaver: 250b

לחן - melody, song: 251b
ליטר - litra, litre: 252b,264a,272b,275b,279a

מוסיקא - musica: 251b
מיל - mil, mile: 256b,275b

נפט - naphta: 253b

סיתפוס - aves psithacos, siptacos: 272b
סלאכה - salaba, skins: 272a
סנדל - sandal-wood: 261b

פאניק - Phoenix: 271b
פילוסוף - philosopher: 252b,253a
פילוסופייאה - philosophy: 251a
פלוספה - philosophy: 253a
פלספה - phalsapha, philosophy: 252b
פלפרנש - palafrenes, horses: 262b

צולגאן - saulajan, zocani: 249a
צנדל - sandal-wood: 273b,274a

שוק - thigh, (fore)leg :277a

תמוז - Tammuz, July: 261a

## Selective Subject Index

Adamantinum, Alexander climbs to the top of the mountain - 271a
Alexander, - appearance 280a
Alexander, - becomes king 246a
Alexander, birth and youth of - 243b
Alexander, death of - 279b
Alexander, funeral of - 279b, 280a
Alexander, last will of - 279a
Alexander, - visits Darius in disguise 255b, 256a
Alexandria, last journey to - 280a
Alexandria, - of Egypt 247b
Amazons, Alexander writes to the queen of the - 261b
Ammon, - appears in a dream 255b
Amontas, Alexander defeats - 251a
Anepolus, - recognizes Alexander 256a
Antipater, - plans to kill Alexander 277b
Aristotle, Alexander writes to his mother Olympias and to - 260a, 277b
Aristotle, reply from - 277b
Aristotle, master and teacher of - 244b
Athens, Alexander asks tributes of city of - 252a
Athens, discussions in - 252b
Athens, - accepts Alexander's rule 253a
Babylon, Alexander arrives at - 277b
Brahmans, encounter with the - 266a
Bucephalia, building of the city of - 277a
Bucephalus, Alexander rides on - 244b
Bucephalus, arrival of - 244b
Bucephalus, death of - 277a
Byzantium, Alexander arrives at - 253b
Candacis, Alexander meets - 273b
Candacis, correspondence between Alexander and - 272b
Candacis, - recognizes Antigonus as Alexander 274a
Candacis, three sons of - 273a
Candaulus, Alexander/Antigonus recaptures - wife 273b
Candaulus, Alexander defended by -
Candaulus, - asks Alexander's help 273a
Candaulus, - wife kidnapped 273a
Carator, - demands life of Alexander 274b
Caspia, Alexander arrives at - 254a
child, birth of a -, half dead, half alive 278a
Cleopatra, Alexander expels - 245b
Cleopatra, Philip marries - 245a
Clitomachus, Alexander grants - to rebuild Thebes 252a
cold, Alexander's army suffers from - 265a

Cynocephali, Alexander's soldiers killed by the breath of - 277a
Darius, Alexander marries daughter of - 259b
Darius, Alexander receives messengers of - 249a
Darius, correspondence between - and Alexander 249b, 250a, 255a, 257b
Darius, death of - 259a
Darius, Alexander kills assassins of - 259b
Darius, - sends gifts to Alexander 249a, 250a
Darius, wars between Alexander and - 256b, 257a, 258a
Dindimus, correspondence between Alexander and - 266b-271a
dogs, - trained in warfare 260a, 260b
Duritus, - ruler of Persia 259b
elephants, Alexander scares off - 261a, 261b, 264b
Euphrates, Alexander crosses - 254b
Euphrates, Alexander wants to commit suicide in - 278b
giants, encounters with - 271a
giants, one-eyed, - on mountains 277a
gold-digging ants, Alexander sees - 277a
Gymnosophists, questions of Alexander to - 265b
Hellespont, Alexander crosses the - 251a
Hercules, the god Apollo calls Alexander - 246b
High Priest, Alexander meets - 248a
High Priest, Alexander prostrates before - 248b
hippopotamus, Alexander's army kills - 264b
Homer, Alexander praises - 251a
Iobas, - offers poisoned drink to Alexander 278b
Jeremiah, Alexander buries the bones of - 247b
Jerusalem, Alexander visits - 248a
Lacedaemon, Alexander captures - 253b
Lysias, Alexander kills - 245b
Nectanebus, flight of - from Egypt 242a
Nectanebus, - meets Olympias 242a
Nectanebus, - foretells Olympias the visit of the god Ammon 242b
Nectanebus, death of - 244a
Nectanebus, - threatened by Persian army 241b
Nectanebus, - transforms himself into a dragon 243a
Nicholas, Alexander defeats - 245a
Nostadus, - writes letter to Darius 255a
Ocean, Alexander reaches the - 275b
old man, - guides Alexander 271b
Olympias, illness of - 250b
Olympias, renewal of - marriage with Philip 245b
Oxiather, Darius warned by his brother - 254a
Pausanias, - strucks Philip in combat 246a
people without heads, Alexander sees - 277a
Persepolis, Alexander besieges - 258b

Persepolis, Alexander enters - 259a
Persia, Alexander rules over - 259b
Philip, dream of - 243a
Philip, death of - 246a
Philip, marriage of - with Cleopatra 245a
Philip, physician of Alexander 257a
Philip, renewal of - marriage with Olympias 245b
Phoenix, Alexander is brought before the - 271b
Pishon, Alexander arrives at the river - 266a
Pishon, Alexander erects monument at the river - 271a
Porus, beauty of - palace 261b
Porus, correspondence between Alexander and - 257b, 261a
Porus, Darius calls for help from - 256b
Porus, defeat of - 261b
Porus, - killed by Alexander 264a
Ptolemy, Alexander's lieutenant - 273a
Red Sea, Alexander reaches the - 276a
residence of the Sun, Alexander reaches the - 271a
Rome, - makes peace with Alexander 247a
Roxane, - stops Alexander from committing suicide 278b
sea, Alexander descends into the depths of the - 276b
Serapis, oracle of - 275a
Simeon, - the scribe writes to Aristotle 279a
Socrates, Alexander recalls the death of -
Talistrida, queen of the Amazons 261b, 262a
Temple, Alexander visits - 248b
terrible nation, Alexander encloses - 260a
Thebes, Alexander besieges - 251b
thirst, - in the wilderness 260b, 263a
three-horned horse, Alexander's soldiers kill - 263b
Tigris, Alexander crosses - 255b, 258b
Tigris, Alexander escapes via the river - 256a
trees of Sun and Moon, the two holy - 271b
trees, the holy - predict Alexander's death 272a
vultures, Alexander flies with - to heaven 276b
women with long beards, Alexander meets - 265a